21世纪高职高专财经类能力本位型规划教材

中小企业财务管理教程

主　编　周　兵
副主编　刘红梅　金静静　宋晓芹　李锦祥

内容简介

本书广泛吸取了高职高专财务管理教学经验和教材建设成果,根据财务管理学科的新发展与高职高专应用型人才培养目标的要求编写。本书以企业财务管理实际业务流程为主线,采用项目导向设计编写思路,以项目任务为驱动因素,科学地阐述了企业财务管理的基本理论、内容、方法与实用技能。本书分为8个项目,包括财务管理入门、理财观念、编制财务预算、制定融资方案、制定项目投资方案、制定营运资金管理方案、制定收益分配方案、撰写财务分析报告。

本书以职业能力培养为宗旨,内容深入浅出,有较强的实用性,便于学生理解和掌握。

本书可作为高职高专院校财会类、管理类专业财务管理课程的教材,也可供财务工作者和自学者参考使用。

图书在版编目(CIP)数据

中小企业财务管理教程/周兵主编. —北京:北京大学出版社,2012.1
(21 世纪高职高专财经类能力本位型规划教材)
ISBN 978-7-301-19936-7

Ⅰ. ①中… Ⅱ. ①周… Ⅲ. ①中小企业—企业管理:财务管理—高等职业教育—教材 Ⅳ. ①F276.3

中国版本图书馆 CIP 数据核字(2011)第 265129 号

书　　　名:	中小企业财务管理教程
著作责任者:	周　兵　主编
策 划 编 辑:	赖　青　李　辉
责 任 编 辑:	李　辉
标 准 书 号:	ISBN 978-7-301-19936-7/F・3004
出　版　者:	北京大学出版社
地　　　址:	北京市海淀区成府路 205 号　　100871
网　　　址:	http://www.pup.cn　　http://www.pup6.cn
电　　　话:	邮购部 62752015　　发行部 62750672　　编辑部 62750667　　出版部 62754962
电 子 邮 箱:	pup_6@163.com
印　刷　者:	北京鑫海金澳胶印有限公司
发　行　者:	北京大学出版社
经　销　者:	新华书店
	787mm×1092mm　16 开本　14.5 印张　323 千字
	2012 年 1 月第 1 版　　2014 年 1 月第 2 次印刷
定　　　价:	28.00 元

未经许可,不得以任何方式复制或抄袭本书之部分或全部内容。
版权所有,侵权必究　　举报电话:010-62752024
　　　　　　　　　　　电子邮箱:fd@pup.pku.edu.cn

前　言

本书的编写基于高职院校财会类、管理类专业财务管理课程实施项目化教学的需要。它以中小企业财务管理工作为背景，按照教学所需的基础知识和典型工作任务设置财务管理入门、理财观念、编制财务预算、制定融资方案、制定项目投资方案、制定营运资金管理方案、制定收益分配方案及撰写财务分析报告8个项目。每个项目又基于学生的认知规律，按照"工作任务→相关知识→典型案例分析→任务指南→项目小结→职业能力训练"来编排，为提高课程学习的趣味性和互动性，在各项目中穿插了"知识卡片、理财技巧、财富故事"等小模块，内容丰富，生动有趣。本书具有理念先进、体例新颖、内容实用、便于互动的特色，有利于"教、学、做"一体化教学模式的运用。

通过本书的学习，学生能够认识中小企业财务管理工作，掌握预算管理、筹资管理、投资管理、营运资金管理、收益分配管理及财务分析的基础知识与基本技能，初步具备从事中小企业财务管理工作的能力，同时可培养自身团队合作的精神。

本书由江苏食品药品职业技术学院财会与经济贸易学院副院长、会计专业（群）带头人、部分骨干教师和企业合作编写。具体分工是：周兵（副院长、副教授、会计专业带头人、会计专业群带头人）编写项目1、项目4、项目5、项目8；刘红梅（讲师）编写项目2、项目6；金静静（注册税务师）编写项目3；宋晓芹（讲师、审计师）编写项目7。全书由周兵任主编，负责教材编写大纲的拟订及全书的写作组织与协调工作，刘红梅、金静静、宋晓芹、李锦祥任副主编。初稿完成后，由周兵负责对全书进行修订与总纂。江苏中央新亚百货股份有限公司财务总监李锦祥，对本书编写给予了很大帮助。

本书在编写过程中，淮安市逸达鞋业有限公司、淮安市天参农牧股份有限公司等企业为本书编写提供了相关素材，其财务负责人还多次参与编写研讨。编者还参考了部分同类教材、有关专业论著等相关文献资料，在此对相关作者表示诚挚的谢意！

本书在体例和内容上虽有较大的创新，但由于编者水平所限，书中不妥之处在所难免，敬请读者批评指正，以便修订时改进。

编　者

2011年7月

目 录

项目1 财务管理入门 1
工作任务 1
  任务 模拟公司创建方案设计 1
相关知识 2
  1.1 财务管理概述 2
  1.2 财务管理的内容 4
  1.3 财务管理的环节 6
  1.4 财务管理的原则 7
  1.5 财务管理的目标 9
  1.6 财务管理的环境 13
典型案例分析 20
任务指南 21
  任务 模拟公司创建方案设计 21
项目小结 22
职业能力训练 22

项目2 理财观念 25
工作任务 25
  任务1 利用资金时间价值确定付款方案 25
  任务2 利用风险价值指标选择投资项目 26
相关知识 26
  2.1 理财观念概述 26
  2.2 资金时间价值观念 28
  2.3 风险价值观念 35
典型案例分析 42
任务指南 44
  任务1 利用资金时间价值确定付款方案 44
  任务2 利用风险价值指标选择投资项目 44
项目小结 45
职业能力训练 45

项目3 编制财务预算 49
工作任务 49
  任务1 编制固定预算 49
  任务2 编制弹性预算 49
  任务3 编制现金预算 50
  任务4 编制预计财务报表 51
相关知识 51
  3.1 财务预算概述 51
  3.2 财务预算的编制方法 52

3.3 财务预算的编制 ·· 54
 典型案例分析 ·· 61
 任务指南 ·· 62
  任务1 编制固定预算 ··· 62
  任务2 编制弹性预算 ··· 63
  任务3 编制现金预算 ··· 64
  任务4 编制预计财务报表 ·· 64
 项目小结 ·· 65
 职业能力训练 ·· 65

项目4 制定融资方案 ··· 68

 工作任务 ·· 69
  任务1 利用销售百分比法预测外部筹资额 ·· 69
  任务2 权益资本筹资形式的选择 ·· 69
  任务3 债务资本筹资形式的选择 ·· 69
  任务4 经营风险的衡量 ·· 70
  任务5 财务风险的衡量 ·· 70
  任务6 综合风险的衡量 ·· 71
  任务7 最佳资本结构的确定 ··· 72
 相关知识 ·· 73
  4.1 筹资管理 ··· 73
  4.2 资金成本 ··· 90
  4.3 资本结构 ··· 93
  4.4 杠杆原理 ··· 96
 典型案例分析 ·· 98
  案例1 编制资金需要量计划 ··· 98
  案例2 利用资金结构决策方法选择筹资方案 ·· 99
  案例3 商业信用融资案例分析 ·· 100
 任务指南 ·· 101
  任务1 利用销售百分比法预测外部筹资额 ·· 101
  任务2 权益资本筹资形式的选择 ·· 101
  任务3 债务资本筹资形式的选择 ·· 102
  任务4 经营风险的衡量 ·· 102
  任务5 财务风险的衡量 ·· 102
  任务6 综合风险的衡量 ·· 102
  任务7 最佳资本结构的确定 ··· 103
 项目小结 ·· 104
 职业能力训练 ·· 104

项目5 制定项目投资方案 ··· 110

 工作任务 ·· 110
  任务1 利用现金净流量评价投资方案 ·· 110
  任务2 利用现金流量选择投资方案 ·· 111
  任务3 利用项目投资评价指标评价投资项目的财务可行性 ····························· 111
  任务4 利用贴现指标选择投资方案 ·· 112

目 录

  相关知识 ·· 112
   5.1 项目投资概述 ·· 112
   5.2 项目投资决策评价指标 ·· 115
  典型案例分析 ·· 122
   案例1 单一项目的投资方案决策 ·· 122
   案例2 多个项目的投资方案决策 ·· 123
  任务指南 ·· 123
   任务1 利用现金净流量评价投资方案 ·· 123
   任务2 利用现金流量选择投资方案 ··· 125
   任务3 利用项目投资评价指标评价投资项目的财务可行性 ························· 126
   任务4 利用贴现指标选择投资方案 ··· 129
  项目小结 ·· 130
  职业能力训练 ·· 131

项目6 制定营运资金管理方案 ·· 136

  工作任务 ·· 137
   任务1 确定最佳现金持有量之一 ·· 137
   任务2 确定最佳现金持有量之二 ·· 137
   任务3 信用政策的选择 ··· 137
   任务4 是否改变信用条件的决策 ·· 138
   任务5 新旧收账方案的决策 ·· 138
   任务6 确定存货的经济订货批量 ·· 138
  相关知识 ·· 139
   6.1 营运资金管理概述 ·· 139
   6.2 货币资金的管理 ·· 140
   6.3 应收账款的管理 ·· 143
   6.4 存货的管理 ·· 146
  典型案例分析 ·· 148
   案例1 利用信用标准、信用条件、收账政策等信用政策优化方案 ·············· 148
   案例2 信用政策的选择 ··· 150
  任务指南 ·· 151
   任务1 确定最佳现金持有量之一 ·· 151
   任务2 确定最佳现金持有量之二 ·· 151
   任务3 信用政策的选择 ··· 152
   任务4 是否改变信用条件的决策 ·· 152
   任务5 新旧收账方案的决策 ·· 153
   任务6 确定存货的经济订货批量 ·· 154
  项目小结 ·· 154
  职业能力训练 ·· 154

项目7 制定收益分配方案 ·· 161

  工作任务 ·· 161
   任务1 股利分配政策的选择 ·· 161
   任务2 剩余股利政策的应用 ·· 162
   任务3 不同的股利政策下股利的发放 ·· 162

  任务4 为实现预订的股利分配政策测算所需要的息税前利润 …… 162
 相关知识 …… 163
  7.1 收益分配概述 …… 163
  7.2 股利分配政策 …… 165
 典型案例分析 …… 168
  案例1 股利分配案例分析 …… 168
  案例2 股利政策案例分析 …… 169
 任务指南 …… 170
  任务1 股利分配政策的选择 …… 170
  任务2 剩余股利政策的应用 …… 171
  任务3 不同的股利政策下股利的发放 …… 171
  任务4 为实现预订的股利分配政策测算所需要的息税前利润 …… 171
 项目小结 …… 171
 职业能力训练 …… 171

项目8 撰写财务分析报告 …… 177
 工作任务 …… 177
  任务1 利用财务比率评价企业财务状况 …… 177
  任务2 运用杜邦分析法综合评价财务状况 …… 178
 相关知识 …… 180
  8.1 财务分析概述 …… 180
  8.2 财务分析的基本方法 …… 182
  8.3 财务指标计算与分析 …… 185
  8.4 财务综合分析 …… 191
  8.5 撰写财务分析报告 …… 195
 典型案例分析 …… 199
  案例1 运用杜邦体系分析方法分析 …… 199
  案例2 撰写财务分析报告 …… 201
 任务指南 …… 206
  任务1 利用财务比率评价企业财务状况 …… 206
  任务2 运用杜邦分析法综合评价财务状况 …… 207
 项目小结 …… 207
 职业能力训练 …… 208

附录 资金时间价值系数表 …… 214
 附表一 1元复利终值表 …… 214
 附表二 1元复利现值表 …… 216
 附表三 1元年金终值表 …… 218
 附表四 1元年金现值表 …… 220

参考文献 …… 222

项目 1 财务管理入门

 **学习目标**

知识目标	技能目标
（1）掌握企业财务管理的内容 （2）财务管理目标 （3）企业财务管理的环境 （4）公司创建工作程序	能确定模拟公司财务管理目标、财务管理内容，评价企业的财务环境

 **重点与难点**

重　点	难　点
（1）模拟公司财务目标 （2）模拟公司财务管理内容 （3）模拟公司财务关系 （4）模拟公司财务环境	模拟公司创建方案设计

工 作 任 务

任务　模拟公司创建方案设计

　　唐涛是一名 2011 年 7 月即将走出南京一所高职院校校门的市场营销专业的毕业生，此时正是世界金融危机时期，国家鼓励大学生自主创业，这已经成为新的就业潮流。他根据在大学中所学到的知识，以及利用假期参加各类实习所积累的一些工作经验，在反复进行可行性论证后，他拟在南京江宁大学城开设一家经营大学各类考试用书的书吧，主营业务为大学英语考试用书、专业上岗证考试用书，兼营文化用品。唐涛将面对书吧选址、场地承租装修、工商税务登记及员工招聘等千头万绪的工作。

【要求】
　　如果你是唐涛的财务顾问，你该如何替他规划、管理与处理好财务相关的问题？
【任务分析】
　　从财务管理角度，唐涛最需要解决的财务管理事项如下。
　　（1）书吧开业时需花多少资金？

（2）书吧的总体目标是什么？财务目标是什么？书吧在理财方面的基本原则是什么？需要处理的各种关系有哪些？

（3）资金从哪儿来？当本金不能满足投资所需时，该如何筹措？

（4）"书吧"该如何经营？在市场调研的基础上，是否需要制定周全的经营计划书，以及对经营策略、收入来源及其方式、成本控制等进行全面经营规划？

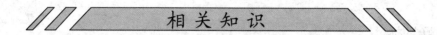

1.1 财务管理概述

1.1.1 财务管理的概念

财务，顾名思义，"财"者钱财，"务"者事务，财务就是管理钱财活动的事务，即企业再生产过程中的资金运动及其所体现的财务关系。企业的资金运动过程总是与一定的财务活动相联系的，或者说，企业的财务活动是围绕资金运动开展的，并在财务活动过程中体现各种财务关系。财务管理是基于企业再生产过程中客观存在的财务活动和财务关系而产生的，是企业组织财务活动、处理财务关系的一项经济管理工作，它是企业管理的重要组成部分。

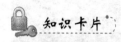

> 理财学作为一门复合性和专业性很强的学科，在当今社会日益受到人们的重视。从理财主体分类，可以分为公共理财学（即财政学）、企业理财学（即财务管理学）和私人理财学（即家政学）。

1. 资金

资金就是各种财产物资的货币表现及货币本身。在市场经济中，企业的一切财产物资都是有价值的，都凝结着相同的社会必要劳动，这种社会必要劳动的货币量化就是资金。资金是企业开展一切经济活动的血液和灵魂，没有资金企业就无法存在。

2. 资金运动

企业的再生产过程是一个不断循环和发展变化的过程。这一过程的开始总是通过各种渠道取得资金，如投资者投入或借入资金，这种把企业取得资金的活动称为资金筹集。从静态分析，企业所取得的资金总是表现为一定的财产物资，但从动态分析，企业资金总是不断从一种形态转化成另一种形态，也就是说企业的资金总是处于不断的运动之中，企业正是在资金运动中提供各种商品和服务，从而不断发展壮大。在企业再生产过程中，资金从货币形态开始，依次通过供应、生产和销售三个阶段，分别表现为不同的形态，最终又回到货币形态，这就是资金的循环。企业的资金循环是周而复始，不断重复进行的，这就是资金周转。有时，部分资金并不直接参与企业再生产过程，而是投资到其他单位，成为对外投资；还有部分资金并不总是处于企业再生产过程中，而是退出企业的资金循环和周转，如上缴税费、分配利润、归还债务等，这就是资金分配。

所以，企业资金的筹集、资金循环和周转以及资金的分配等统称为企业的资金运动，如图 1.1 所示。

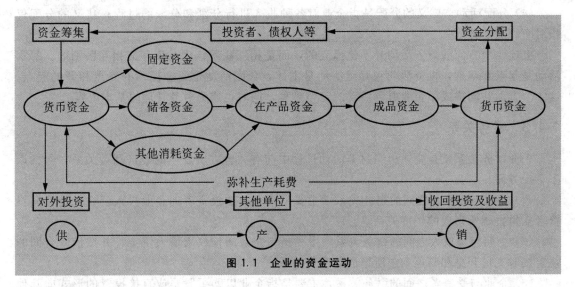

图 1.1 企业的资金运动

3．资金运动形式

从企业的资金循环和周转过程中，就某一特定时点而言，资金总是表现为一定的财产物资，这就是资金运动形式。从图 1.1 可以看出，企业资金运动通常表现为以下形式。

(1) 货币资金。货币资金是企业以现金、银行存款或其他可用于结算和支付形态存在的资金。企业因采购物资、发放工资、支付税费、归还债务等财务活动需要，必须持有适量的货币资金。

(2) 固定资金。固定资金是企业固定资产所占用的资金。企业为组织再生产过程，必须拥有厂房、设备等生产资料，且须根据企业生产需要进行固定资产投资和管理。

(3) 储备资金。储备资金是企业占用在各种材料物资上的资金。如何根据企业生产需要合理组织材料物资供应，是企业再生产能顺利进行的必要前提。

(4) 在产品资金。在产品资金是企业占用在生产过程中的资金。在产品资金通常由储备资金、固定资金和其他形式资金转化而来，是再生产连续进行的必要环节。

(5) 成品资金。成品资金又称商品资金，企业占用在产成品上的资金。就企业经营目标而言，企业商品能尽可能多地销售出去、资金尽可能快地实现回收当然是好事，但往往由于各种原因总有一些商品处于待售状态、资金不能及时回收，这就涉及如何进行销售管理，制定合适的销售政策。

(6) 其他资金。除上述几种主要资金运动形式外，企业资金还包括结算资金、在途资金、对外投资资金、分配资金等不同形式。

1.1.2 财务活动

财务活动是指资金的筹集、投放、使用、收回及分配等一系列行为，包括以下 4 个方面。

(1) 筹资活动。是指企业为了满足投资和用资的需要，筹措和集中所需资金的过程。

(2) 投资活动。企业投资可以分为两类：广义的投资和狭义的投资。前者包括企业内部使用资金的过程和对外投放资金的过程，后者仅指对外投资。

（3）资金营运活动。是指企业在日常生产经营过程中所发生的资金收付活动。

（4）分配活动。广义的分配是指企业对各种收入进行分割和分派的过程；狭义的分配仅指对净利润的分配。

上述4个方面的财务活动并不是孤立的，而是相互联系、相互依存又相互区别的。筹资活动是起点和基础，投资活动和营运活动是主体，分配活动是资金循环的终点和新的起点。这4个方面共同构成了企业财务活动的完整过程，同时也成为财务管理的基本内容。

1.1.3 财务关系

企业财务关系就是企业组织财务活动过程中与有关各方所发生的经济利益关系，包括以下7个方面。

（1）企业与投资者之间的财务关系，主要是指企业的投资者向企业投入资金，企业向投资者支付报酬所形成的经济关系。

（2）企业与债权人之间的财务关系，主要是指企业向债权人借入资金，并按借款合同的规定按时支付利息和归还本金所形成的经济关系。

（3）企业与受资者之间的财务关系，主要是指企业以购买股票或直接投资的形式向其他企业投资所形成的经济关系。

（4）企业与债务人之间的财务关系，主要是指企业将其资金以购买债券、提供借款或商业信用等形式出借给其他单位所形成的经济关系。

（5）企业与政府之间的财务关系，主要是指政府作为社会管理者，强制和无偿参与企业利润分配所形成的经济关系。

（6）企业内部各单位之间的财务关系，主要是指企业内部各单位之间在生产经营各环节中相互提供产品或劳务所形成的经济关系。

（7）企业与职工之间的财务关系，主要是指企业向职工支付劳动报酬过程中所形成的经济关系。

 课堂活动

> 假定甲公司向乙公司赊销产品，并持有丙公司的债券和丁公司的股票，且向戊公司支付公司债利息。假定不考虑其他条件，从甲公司的角度看，甲公司分别与乙公司、丙公司、丁公司和戊公司具体属于什么性质的财务关系？

1.2 财务管理的内容

由于资金的投放、使用和收回又称为投资，所以从整体上看，企业的财务活动由筹资、投资、分配三个环节组成。因此，企业的筹资管理、投资管理和利润（股利）分配管理便成为企业财务管理的基本内容。

1.2.1 筹资管理

筹资管理是企业财务管理的首要环节，是企业投资活动的基础。筹资管理对企业来讲，

项目1　财务管理入门

就是要分析研究如何用较少的代价筹集到足够的资金，以满足企业生产经营的需要。

1.2.2 投资管理

投资是企业财务管理的重要环节，是为了获得收益或避免风险而进行的资金投放活动。在投资过程中，企业必须考虑投资规模，同时，企业还必须通过投资方向和投资方式的选择，确定合理的投资结构，以提高投资效益、降低投资风险。

投资按不同标准有不同的分类，见表1-1。

表1-1　投资分类表

分类标准	类别	特点
投资方式	直接投资	指将资金投放在生产经营性资产上，以便获得利润的投资，如购买设备、兴建厂房、开办商店等
	间接投资	又称证券投资，是指将资金投放在金融商品上，以便获得利息或股利收入的投资，如购买政府债券、企业债券和企业股票等
投资影响的期限长短	长期投资	指其影响超过一年以上的投资，如固定资产投资和长期证券投资。固定资产投资又称资本性投资
	短期投资	指其影响和回收期限在一年以内的投资，如应收账款、存货和短期证券投资。短期投资又称流动资产投资或营运资金投资
投资范围	对内投资	对企业自身生产经营活动的投资，如购置流动资产、固定资产、无形资产等
	对外投资	以企业合法资产对其他单位或对金融资产进行投资，如企业与其他企业联营、购买其他企业的股票或债券等

注：由于长期投资涉及的时间长、风险大，直接决定着企业的生存和发展，因此，在决策分析时更重视资金时间价值和投资风险价值。

1.2.3 利润(股利)分配管理

利润(股利)分配管理就是公司分配政策的选择，即公司是否分配利润，分配多少利润。如果过高的支付股利，会影响企业再投资的能力，使未来收益减少，不利于企业长期发展；而过低的支付股利，又可能引起股东的不满，股价也会下跌。因此，企业财务管理当局在进行股利分配决策时，关键是确定合理的利润(股利)的支付率，既要维护投资者的利益，又要考虑公司的长远发展。

知识卡片

财务管理内容分为财务基本业务管理和财务特殊业务管理。财务基本业务管理内容包括筹资管理、投资管理和利润分配管理，财务特殊业务管理包括外汇管理、跨国公司财务管理、企业兼并、收购与清算管理等。

1.3 财务管理的环节

财务管理的环节是指财务管理的工作步骤与一般程序。一般来说，企业财务管理包括以下几个环节。

1.3.1 财务预测

财务预测是根据企业财务活动的历史资料，考虑现实的要求和条件，对企业未来的财务活动和财务成果作出科学的预计和测算。本环节的主要任务在于：测算各项生产经营方案的经济效益，为决策提供可靠的依据；预计财务收支的发展变化情况，以确定经营目标；测定各项定额和标准，为编制计划、分解计划指标服务。财务预测环节的工作主要包括以下 4 个步骤。

（1）明确财务预测的目标，使财务预测有目的地进行。
（2）收集和分析与财务预测相关的资料，并加以分类整理。
（3）选择合适的预测方法，有效地进行预测工作。
（4）确定财务预测结果。

1.3.2 财务决策

财务决策是指财务人员按照财务目标的总体要求，利用专门方法对各种备选方案进行比较分析，并从中选出最佳方案的过程。在市场经济条件下，财务管理的核心是财务决策，决策成功与否直接关系到企业的兴衰成败。财务决策环节的工作主要包括以下 4 个步骤。

（1）根据财务预测的信息提出问题，确定决策目标。
（2）提出解决问题的备选方案。
（3）分析、评价、对比各种备选方案。
（4）拟定择优标准，选择最佳方案。

1.3.3 财务预算

财务预算是指运用科学的技术手段和数量方法，对未来财务活动的内容及指标所进行的具体规划。财务预算是以财务决策确立的方案和财务预测提供的信息为基础编制的，是财务预测和财务决策的具体化，是控制财务活动的依据。财务预算的编制一般包括以下 3 个步骤。

（1）根据财务决策的要求，分析财务环境，确定预算指标。
（2）对需要与可能进行协调，组织综合平衡。
（3）选择预算方法，编制财务预算。

1.3.4 财务控制

财务控制是指在企业财务管理中，以预算的各项定额为依据，利用有关信息和特定手段，对企业财务活动所施加的影响或进行的调节，以便实现预算所规定的财务目标。财务控制一般要经过以下 3 个步骤。

（1）制定控制标准，分解落实责任。

(2) 实施追踪控制，及时调整误差。
(3) 分析执行情况，搞好考核奖惩。

1.3.5 财务分析

财务分析是根据有关信息资料，运用特定方法，对企业财务活动过程及其结果进行分析和评价的一项工作。通过财务分析，可以掌握各项财务计划的完成情况，评价财务状况，研究和掌握企业财务活动的规律性，改善财务预测、决策、预算和控制，改善企业管理水平，提高企业经济效益。财务分析包括以下4个步骤。

(1) 占有资料，掌握信息。
(2) 指标对比，揭露矛盾。
(3) 分析原因，明确责任。
(4) 提出措施，改进工作。

1.4 财务管理的原则

财务管理的原则是企业组织财务活动、处理财务关系应遵守的准则。它是从企业财务管理实践中抽象出来的，并在实践中证明是正确的行为规范。它反映着企业财务管理活动的内在要求。为确保实现企业财务管理的总体目标，在实际工作中应贯彻下列原则。

1.4.1 资金合理配置原则

资金合理配置就是要通过资金运动的组织和调节，保证企业内部各项物质资源具有最优化的结构。在财务管理中，资金配置合理可以避免某些环节的资源过剩和浪费，以及另外一些环节的资源供应不足，从而影响企业的整体规模效益。

要做到资金合理配置，企业财务管理应该按照资金运动的特点，合理地确定固定资产和流动资产的构成比例；对外投资和对内投资的构成比例；货币性资金和非货币性资金的构成比例；材料、在产品和产成品的构成比例；负债资金和自有资金的构成比例；长期负债和短期负债的构成比例；有形资产与无形资产的比例等。企业内部资源构成比例适当，资金配置合理，可以保证生产经营活动顺畅进行。相反，如果资金配置不尽合理，如库存产成品长期积压，应收账款迟迟不能收回，又没及时采取有力调节措施，则生产经营就会发生困难。如果企业不优先保证内部业务的资金需要，而把大量资金用于对外投资，则影响企业主营业务的开拓和发展。因此，通过合理运用资金，实现企业资源的优化配置，是对企业财务管理的一项基本要求。

1.4.2 财务收支平衡原则

财务收支平衡就是指企业资金收入和支出在一定期间内和一定时点上的协调平衡。

企业取得资金收入，意味着一次资金循环的终结，而企业发生资金支出，则意味着另一次资金循环的开始。所以，资金的收支是资金周转的纽带。要保证资金周转顺利进行，就要求资金收支不仅在一定时期总量上求得平衡，而且在每一时点上协调平衡。收不抵支，必然会导致资金周转的中断或停滞。资金收支平衡，归根到底取决于购、产、销活动的平衡。企业既要搞好生产过程的组织管理工作,又要抓好生产资料的采购和产品的销售。要坚持生产和流通的统一,只有使企业的购、产、销三个环节相互衔接、保持平衡,企业资金的周转才能正常进行。

企业要做到财务收支平衡,首先应做到增收节支。增收是指要增加那些可以带来较高经济效益的营业收入;节支是节约费用,特别是那些应该压缩和可以压缩的费用。其次,是要积极运用短期投资和筹资来调剂资金的余缺,当资金发生短缺时,应及时采取办理借款、发行短期债券等方式融通资金;当资金收入比较宽裕时,可适当进行短期投资,以争取更多的收益。总之,在组织资金收支平衡问题上,既要量入为出,又要量出为入,对于关键性的生产经营支出,则要开辟财源积极予以支付,这样才能取得理想的经济效益。

1.4.3 收益风险均衡原则

在市场经济的激烈竞争中进行财务活动,不可避免地要遇到风险。财务活动中的风险,是指获得预期财务成果的不确定性。企业要想获得收益,就不能回避风险。可以说,风险中包含收益,挑战中存在机遇。收益风险均衡原则,要求企业进行财务管理时必须对每一项具体的财务活动,全面分析其收益性和风险性,按照风险与收益适当均衡的要求来进行财务决策。比如在投资管理中,任何投资决策都带有一定的风险性。因此,在决策时必须认真分析各种可能因素,科学地进行投资项目的可行性研究,一方面考虑其投资的报酬,另一方面也要考虑项目给企业带来的风险。企业必须对每一项投资作出风险报酬决策分析,确定项目的报酬对于其风险来说是否恰当。

在财务管理工作中,风险总是伴随着收益。低风险只能获得低收益,高风险则往往可能获得高收益。无论是投资者还是受资者,都要求收益与风险相适应,风险越大,则要求的收益也越高。因此,为了取得最佳收益,要求企业财务人员对决策项目可能出现的风险和收益作出全面的分析和权衡,特别是要注意把风险大、收益高的项目同风险小、收益低的项目适当地搭配起来,将风险分散,使风险与收益平衡,力争做到既降低风险,又能取得较高的收益。

1.4.4 利益关系协调原则

利益关系协调原则,是指企业财务在组织实施管理中应兼顾和协调好债权人和债务人,所有者和经营者,国家、企业和个人,投资者和受资者的各种利益关系的原则。

在财务管理中理顺企业与方方面面的财务关系,实质就是合理分配收益、维护有关各方的合法权益。企业对投资者要做到资本保全,并合理安排红利分配与盈余公积提取的关系,在各种投资者之间合理分配红利;对债权人要按期还本付息;企业与企业之间要实行等价交换原则,并且通过折扣、罚金、赔款等形式来促使各方认真履行经济合同,维护各方的经济利益;在企业内部,对生产经营经济效果好的车间、科室给予必要的物质奖励,并且运用各种结算手段划清各单位的经济责任和经济利益;在企业同职工之间,实行有效的分配原则,把职工的收入和劳动成果联系起来,所有这些都要通过财务管理来实现。在这个过程中,企业要正确运用价格、股利、利息、奖金、罚款等经济手段,启动激励机构和约束机制,合理补偿、奖优罚劣,处理好各方面的经济利益关系,以保障生产经营顺利、高效地进行。

1.5 财务管理的目标

管理离不开目标，企业管理的目标是企业的生存、发展和获利。企业财务管理作为企业管理的一个重要组成部分，其管理目标服务于总目标，并与之融为一体。

1.5.1 财务管理的总体目标

财务管理的总体目标是在特定的理财环境中，通过组织财务活动，处理财务关系所要达到的目的。根据现代企业财务管理理论和实践，最具有代表性的财务管理目标主要有以下几种观点。

1. 利润最大化

这种观点认为：利润代表了企业新创造的财富，利润越多，则企业财富增加越多；另外，在市场经济中，企业获取利润的多少表明了企业竞争能力的大小，决定了企业的生存和发展；假定企业的投资预期收益确定，财务管理行为将朝着有利于企业利润最大化的方向发展。

这种观点最容易被财务人员接受，也通俗易懂。但是，以利润最大化作为理财目标存在以下缺点。

（1）没有考虑资金的时间价值。因为利润的取得是与一定时期相联系的，没有考虑利润的形成时间，也就没有考虑资金的时间价值。一项长期投资可能带来高额利润，但若考虑资金时间价值，其高额利润的实际价值可能会低于同一笔资金在近期内可带来较低利润的价值。显然，今年获利 100 万元和明年获利 100 万元对企业的影响是不同的。

（2）没有考虑风险因素。在复杂的市场经济条件下，忽视获利与风险并存，可能会导致企业管理当局不顾风险大小而盲目追求利润最大化。一般而言，报酬越高，风险越大。例如，同样投入 1 000 万元，本年获利 100 万元，其中，一个企业获利为现金形式，而另一个企业的获利则表现为应收账款。显然，如果不考虑风险大小，就难以正确地判断哪一个更符合财务的目标。

（3）没有考虑投入与产出之间的关系。利润额是一个绝对数，无法在不同时期、不同规模企业之间以利润额大小来比较、评价企业的经济效益。比如，同样获得 100 万元的利润，一个企业投入资本 1 000 万元，另一个企业投入 1 500 万元，哪一个更符合财务的目标？

（4）片面追求利润最大化，容易造成企业短期行为。利润是按照会计期间计算出的短期阶段性指标。追求利润最大化会导致企业财务决策者的短期行为，只顾实现企业当前的最大利润，而忽视了企业长远的战略发展。例如忽视产品开发、人才开发、生产安全、设备更新、生活福利设施和履行社会责任等，这种急功近利的做法最终只能使企业在市场竞争中处于劣势。因此，将利润最大化作为企业的理财目标存在一定的片面性。

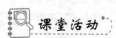

问一问身边的亲朋好友，看看有没有从账面上看是盈利的企业却出现资金困难的局面，分析为什么会这样。

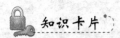

利润最大化作为财务目标的由来

将利润最大化作为企业财务目标,是19世纪初发展起来的,而那时企业的特征是私人筹资、私人财产和独资形式。单个业主的唯一目的就是增加私人财富。显然,这可以通过利润最大化的目标得到满足。然而,现代企业的主要特征是经营权和所有权分离,企业由业主(股东)进行投资,而由职业经理集团来控制和管理。此外,债权人、消费者、雇员、政府和社会等,都是与企业有关的利益集团。在企业特征发生了如此巨大的变化之后,19世纪的业主经理逐渐被职业经理所代替,职业经理必须协调与企业有关各方面的利益。在这种情况下,以利润最大化作为企业的财务目标就不适当了。

2. 资本利润率最大化(或每股收益最大化)

这种观点认为:把企业实现的利润额同投入的资本或股本联系起来,以提高企业资本利润率或每股收益作为企业财务管理的目标。这种观点克服了利润最大化目标没有考虑投入与产出比例关系的不足,它既反映了企业的盈利能力和发展前景,又便于投资者凭借其评价企业经营状况的好坏,还可以在不同资本规模的企业或同一企业不同时期之间进行比较,揭示其盈利水平的差异。但该指标仍然存在以下3个缺点。

(1) 没有考虑资金的时间价值。

(2) 没有考虑风险因素。

(3) 不能避免企业的短期行为。

3. 企业价值最大化

企业价值最大化是指通过企业财务上的合理经营,采用最优的财务政策,充分考虑资金的时间价值和风险与报酬的关系,在保证企业长期稳定发展的基础上,使企业总价值达到最大。企业价值最大化的观点,体现了对经济效益的深层次认识,它是现代财务管理的最优目标。

以企业价值最大化作为财务管理的目标具有以下优点。

(1) 考虑了资金的时间价值。在理论上,企业价值的评定采用时间价值原理计量,企业价值等于其未来预期实现的现金净流量的现值。

(2) 考虑了风险与报酬的关系。强调风险与报酬的均衡,将风险限制在企业可以承担的范围之内,能有效地克服企业财务管理人员不顾风险大小,片面追求利润的错误倾向。

(3) 克服企业在追求利润上的短期行为。因为不仅目前的利润会影响企业的价值,预期未来的利润对企业价值的影响所起的作用更大。

(4) 注重在企业发展中考虑各方利益关系。包括强调关心本企业职工利益,加强与债权人的沟通,关心客户,讲求信誉,保护消费者权益,防止环境污染,积极参与和履行社会责任等。

当然,以企业价值最大化作为理财目标也存在以下缺点。

(1) 对于股票上市公司虽可通过股票价格的变动揭示企业价值,但股价是受多种因素影响的结果,特别是即期市场上的股价不一定能够直接揭示企业的获利能力,只有长期趋势才能做到这一点。

(2) 为了控股或稳定购销关系,不少现代企业采用环形持股的方式,相互持股。法人股东对股票市价的敏感程度远不及个人股东,对股价最大化目标没有足够兴趣。

项目1 财务管理入门

(3) 对于非股票上市企业，只有对企业进行专门的评估才能真正确定其价值。而在评估企业的资产时，由于受评估标准和评估方式的影响，这种估价不易做到客观和准确，这也导致企业价值确定的困难。

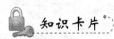

财务管理目标的其他观点

目前，人们对财务管理基本目标的认识尚未统一，中外关于财务管理目标问题争议一直较大，有学者统计过，目前在国内外公开发表的观点有17种之多。财务管理目标的其他观点主要有：现金流量最优化、企业各利益相关者收益最大化、每股收益最大化、每股净资产最大化等。

1.5.2 企业财务管理的具体目标

财务管理的总体目标给出了财务管理活动的指导思想，是一切财务活动的导向。要实现总体目标，则必须在实际的财务管理活动的各环节，树立具体目标。具体目标取决于财务管理的具体内容。财务管理的具体目标，是指为实现财务管理总体目标而确定的企业各项具体财务活动所要达到的目的。

1. 企业筹资管理目标

企业筹资管理的具体目标是：在满足生产经营需要的情况下，以较低的筹资成本和较小的筹资风险，获取同样多或较多的资金。

2. 企业投资管理目标

企业投资管理的具体目标是：以较小的投资额与较低的投资风险，获取同样多或较多的投资收益。

3. 企业营运资金管理目标

企业营运资金管理的目标是：合理使用资金，加速资金周转，尽可能提高营运资金利用效果。

4. 企业利润分配管理目标

企业利润分配管理的目标是：合理确定利润的留成比例和分配形式，提高企业潜在的收益能力，从而提高企业总价值。

1.5.3 财务管理目标的协调

企业财务管理目标是企业价值最大化，根据这一目标，财务活动所涉及的不同利益主体如何进行协调是财务管理必须解决的问题。

1. 所有者与经营者的矛盾与协调

所有者的目标是使企业价值最大化，其要求经营者努力完成这一目标。而经营者的目标是增加报酬、增加闲暇时间和避免风险。经营者希望增加工资、奖金、荣誉、社会地位等物质报酬，希望有较少的工作时间和工作时间中有较少的劳动强度，希望避免出现努力工作可能得不到应有报酬的风险，这样就使所有者和经营者的目标不一致。经营者不做错事，但不尽最大努力工作，以增加他们的闲暇时间和不冒风险，这种行为没有法律和行政责任,只有道德问题。我们把这种行为称为经营者的败德行为。经营者可能不努力提高股价,因为股价上涨的好处将归于股东;相反他们蓄意压低股价,以自己个人的名义买回,从中获取利益,使股东利益受损,或借口工作需要乱花股东钱,或买高档汽车、装修豪华办公室等,这些行为与所有者的目标背道而驰。我们把这种行为称之为经营者的逆向选择行为。为了防止经营者出现败德行为和逆向选择行为,实现双赢的目的,所有者可以采取以下几种协调方法。

(1) 解聘。这是一种通过所有者约束经营者的办法。所有者对经营者进行监督,如果经营者未能使企业价值达到最大,所有者可以减少其各种形式的报酬,甚至解雇他们。

(2) 接收。这是一种通过市场约束经营者的办法。如果经营者经营不善,不能采取积极有效的措施提高企业价值,或经营决策失误,造成公司损失,则该公司就可能被其他公司强行接收或吞并,相应的经营者也会被解聘。因此,经营者为了避免这种接收或吞并,也必然采取一切措施来搞好经营。

(3) 激励。即所有者运用激励的方式将经营者的报酬与其绩效挂钩,以使经营者自觉采取能满足企业价值最大化的措施。激励有两种基本方式:①"股票选择权"方式。它是允许经营者以固定的价格购买一定数量的公司股票,股票价格越高,经营者所得的报酬就越多。经营者为了获得更大的益处,就必然主动采取能够提高股价的行动;②"绩效股"方式。它是公司运用每股利润、净资产报酬率等指标来评价经营者的业绩,视其业绩大小给予经营者数量不等的股票作为报酬。如果公司的经营业绩未能达到规定目标时,经营者也将部分丧失原先持有的"绩效股"。这种方式使经营者不仅为了多得"绩效股"而不断采取措施提高公司的经营业绩,同时,为了使每股市价最大化,也采取各种措施使股票市价稳定上升。

2. 所有者与债权人的矛盾与协调

企业向债权人借来资金,主要是满足投资和生产经营的需要,包括资金在有较大风险的项目上的使用,目标是获得更多的利润。而债权人把资金交给企业,目标是到期收回本金,并获得约定的利息收入。所有者和债权人的目标不一致。所有者不经债权人同意,投资于比债权人预期风险更高的项目,如果成功,超额利润归所有者;如果失败,企业则难以偿还债务。对债权人而言,肯定拿不到超额利润,有可能出现损失。所有者也可能为了增加利润,在没征得债权人同意的情况下,迫使经营者发行新债或举借新债,企业相应的偿债风险增加,致使旧债的价格降低。为了防止所有者与债权人的冲突加剧,可以采取以下几种协调方法。

(1) 限制举债。在借款合同中增加限制性条款,规定企业不得发行新债或限制发行新债的数量,规定借款的用途、借款的担保条款和借款的信用条件等。

(2) 拒绝合作。当债权人发现借款企业有侵蚀其债权价值的意图时,不再提供新的借款或提前收回借款,以保护自身的权益。

(3) 债转股。通过协议将债权人的债权转换为股权,即将债权额转换为一定数量的股票,使债权人转换为企业的股东,协调两者的利益目标。

3. 所有者目标与社会目标的矛盾与协调

所有者与政府(社会)之间的关系,主要体现在企业对政府(社会)承担的责任上。一般情况下,企业财务预算目标与社会目标基本上是一致的。但有时企业为了自身的利益会作出忽视甚至背离政府(社会)利益的行为。当企业财务目标与社会目标相一致时,企业为了生存,生产出物美价廉、符合顾客需要的新产品，满足社会的需求；企业为了发展，企业扩大生产规模，增加职工人数，解决社会就业问题；企业为了获利，提高劳动生产率，改进产品质量和服务，从而提高了社会生产效率和公众的生活质量，同时企业的利税是对社会的贡献；企业支持社会公益事业的发展。当企业可能为了自身的利益而背离社会的利益时，就生产伪劣产品；损害职工的健康和利益；污染环境；损害其他企业的利益。为了防止所有者与政府（社会）的冲突加剧，可以采取以下几种协调方法。

（1）立法。通过立法，规定企业承担应有的社会责任。如反垄断法、反暴利法、环境保护法、保护消费者权益法等。

（2）建立行业自律准则。通过行业，建立行业自律准则，使企业受到商业道德约束。

（3）社会监督。要求企业随时接受舆论媒体、群众和政府有关部门的监督。

1.6 财务管理的环境

财务管理环境又称理财环境，是指对企业财务活动和财务管理产生影响作用的企业内外的各种条件或因素的统称。它是企业财务管理赖以生存的土壤，企业只有在理财环境的各种因素作用下实现财务活动的协调平衡，才能得以生存和发展，并最终获利。研究理财环境，有助于正确地制定理财策略。

理财环境按其存在的空间不同可分为外部理财环境和内部理财环境。外部理财环境是指存在于企业外部，可对企业财务行为施加影响的客观因素的集合。如国家经济发展水平、产业政策、金融市场状况等，它对各类企业的理财管理都会产生影响。而内部理财环境是指存在于企业内部，对企业财务行为施加影响的客观因素的集合。如企业生产技术条件、经营管理水平、人力资源状况等，均存在于企业内部，因此它只对特定企业的理财管理产生影响。相对而言，内部环境比较简单，企业容易把握，而外部环境企业则难以控制和改变，更多的是适应和因势利导。

1.6.1 财务管理的外部环境

1. 经济环境

经济环境是指影响企业进行财务活动的宏观经济环境因素，主要有经济周期、经济发展水平、政府的经济政策、通货膨胀和市场竞争等。

1）经济周期

市场经济条件下，经济发展与运行带有一定的波动性，大体上经历复苏、繁荣、衰退和萧条几个阶段的循环，这种循环叫做经济周期。经济发展的周期性波动对企业的财务管理有着重大的影响。在繁荣阶段，市场需求旺盛，销售大幅度上升，企业为了满足市场需要，就要扩大生产经营，追加投资，这就要求财务人员迅速地筹集所需资金；在衰退阶段，整个宏观环境的不景气，很可能导致企业处于紧缩状态之中，销量下降，存货积压，投资锐减，现金流转不畅，有时资金紧缺，有时又出现资金闲置。因此，企业财务人员必须清醒地认识到经济周期的影响，适时调整财务政策，掌握在经济发展波动中的理财本领，以保证企业健康、稳定、持续的发展。

不同经济周期阶段的理财策略，见表1-2。

表1-2 不同经济周期阶段的理财策略

复苏	繁荣	衰退	萧条
(1) 增加厂房设备 (2) 实行长期租赁 (3) 建立存货 (4) 引进新产品 (5) 增加劳动力	(1) 扩充厂房设备 (2) 继续建立存货 (3) 提高价格 (4) 开展营销规划 (5) 增加劳动力	(1) 停止扩张 (2) 出售多余设备 (3) 停产不利产品 (4) 停止长期采购 (5) 削减存货 (6) 停止雇员	(1) 建立投资标准 (2) 保持市场份额 (3) 缩减管理费用 (4) 放弃次要利益 (5) 削减存货 (6) 裁减雇员

2) 经济发展水平

不同的经济发展水平，对企业理财的难易程度产生直接的影响。经济发展水平越高，市场竞争越激烈，投资机会越难以捕捉。经过多年的改革开放，我国经济已经从卖方市场走向了买方市场，绝大多数产品的生产能力过剩，供过于求现象日益突出。多数企业也基本完成了资本的原始积累，企业规模随经济水平的提高而日益扩张。暴利时代似乎行将寿终正寝，企业已经或正在步入微利时代。长期以来形成的粗放的财务管理方式，已经严重不适应日益发展变化的市场经济的需要。日益壮大并不断趋向成熟的资本市场，使企业的经营方式从过去的生产型，转向生产经营型，而今正在步入资本经营型。精打细算、专家理财，是新的经济发展水平条件下各类企业的客观需要。

3) 政府的经济政策

政府具有调控宏观经济的职能。国民经济的发展规划、国家的产业政策、经济体制改革的措施、政府的行政法规等，对企业的财务活动有着重大影响。国家对某些地区、行业、某些经济行为的优惠、鼓励和有利倾斜构成了政府政策的主要内容。从反面来看，政府政策也是对另外一些地区、行业和经济行为的限制。企业在财务决策时，要认真研究政策，按照政策导向行事，才能趋利除弊。

4) 通货膨胀

通货膨胀犹如一个影子，可能始终伴随着社会经济的发展进程，是困扰企业管理者的一个重要的不确定因素。一般认为，在产品和服务质量没有明显改善的情况下，价格的持续提高就是通货膨胀。通货膨胀不仅对消费市场产生影响，同时也会对企业的财务活动产生严重影响。迅速上升的物价，会迫使企业增加存货水平，从而引起资本占用额的迅速增加；同时，通货膨胀会迫使中央银行采取紧缩的货币政策，如提高利率水平、调高法定存款准备金率等，从而增加企业的筹资成本；通货膨胀时期，由于紧缩的货币政策以及有价证券价格的变动，会给企业的资金筹集带来较大的困难；通货膨胀还会引起利润的虚增，从而可能造成企业的资产流失。

为了减轻通货膨胀对企业造成的不利影响，财务人员应当采取措施予以防范。在通货膨胀初期，货币面临着贬值的风险，这时企业进行投资可以避免风险，实现资本保值；与客户应签订长期购货合同，以减少物价上涨造成的损失；取得长期负债，保持资金成本的稳定。在通货膨胀持续期，企业可以采用比较严格的信用条件，减少企业债权；调整财务政策，防止和减少企业资本流失；等等。

5) 市场竞争

企业所处的市场环境通常包括以下4种：完全垄断市场、寡头垄断市场、不完全竞争市场和完全竞争市场。不同的市场环境对财务管理有不同影响。处于完全垄断市场的企业，销售不成问题，企业对产品价格的控制能力很强利润稳中有升，经营风险很小，企业可利用较多的债务资本。处于完全竞争市场的企业，其产品的价格完全由市场来决定，企业利润随价格波动而波动，企业经营风险很大，因而不宜过多地采用负债方式去筹集资本。处于不完全竞争市场和寡头垄断市场的企业，关键是要使企业的产品具有优势，具有特色，具有品牌效应，这就要求在研究与开发上投入大量资本，研制出新的优质产品，并搞好售后服务，给予优惠的信用条件。

企业竞争对财务管理有多种表现。例如，投资项目盈利能力的大小在很大程度上要取决于将来市场上占有份额的大小；由于银行和投资者的谨慎，竞争能力强的企业总是比其他企业能够较易地融通到资本；竞争能力不分伯仲的企业之间，各种财务策略的谋划和运用应注意相通性，避免激烈的互相伤害。

2. 法律环境

法律环境是指企业理财活动所应遵守的各种法律、法规和规章。市场经济是法制经济，法律为企业的经营活动规定了活动的空间，同时也为企业在相应的空间内自主经营提供了法律保护。所以，企业的理财活动，无论是筹资、投资还是股利分配，都应遵守有关的法律规范。企业财务管理中应遵循的法律法规主要包括以下方面。

1) 企业组织法规

企业按其组织形式不同可分为独资企业、合伙企业和公司三种类型。不同类型的企业所适用的法律规范有所不同。因此，了解企业的组织形式，有助于企业财务管理活动的开展。

(1) 独资企业。独资企业也称个体企业，是指由一个自然人出资，财产为投资人个人所有，投资人以其个人财产对企业债务承担无限责任的经营实体。

独资企业的优点是：组建手续简便，所需费用较少；结构简单、权力集中；利润独享，无须双重纳税。其缺点是：出资者对企业债务承担无限责任；企业规模较小，信用较低，对外筹资困难，经营风险较大。

(2) 合伙企业。合伙企业是由两个或两个以上的合伙人通过签订合伙协议，共同出资兴办的盈利性组织。合伙企业的法律特征包括：①有两个以上合伙人，且都是具有完全民事行为能力、依法承担无限责任的人；②有书面合伙协议，合伙人依照合伙协议享有权利、承担义务；③有各合伙人实际缴付的出资，合伙人可以用货币、实物、土地使用权、知识产权或其他属于合伙人的合法财产及财产权利出资，经全体合伙人协商确定；④有关合伙企业改变名称、向企业登记机关申请办理变更登记手续、处分不动产或财产权利、为他人提供担保、聘任企业管理人员等重要事务，均须经全体合伙人一致同意；⑤合伙企业的利润或亏损，由合伙人依照合伙协议约定的比例分配和分担、合伙协议本约定利润分配和亏损分担比例的，由各合伙人平均分配和分担；⑥各合伙人对合伙企业债务承担无限连带责任。

合伙企业的优点是：容易开办、限制较少；相对于独资企业，合伙企业的资本实力相对雄厚，信用较佳；业主只需缴纳个人所得税。其缺点是：合伙企业的权力相对分散，可能导致决策缓慢，贻误商机；与公司相比，所有权的转移较困难，难以筹集大量的资金；各合伙人对合伙企业债务承担无限连带责任。

(3) 公司。公司是依照《公司法》设立的以营利为目的的企业法人。作为法人，公司具有许多与自然人相同的权利，它以公司的名义拥有财产，具有法律身份。公司可以签订合同，为公司的债务承担责任，当然也要为公司获得的利润交纳所得税。

根据不同的标准,对公司有不同的分类。在法律上,按照股东对公司所负的责任不同,将公司分为有限责任公司、股份有限公司、无限责任公司、两合公司等类型。其中,有限责任公司和股份有限公司是两种基本类型,也是《公司法》所指的公司形式,国际上采用比较多的也是这两种形式。

有限责任公司是指由 50 个以下的股东共同出资,每个股东以其认缴的出资额对公司承担有限责任,公司以其全部资产对其债务承担责任的企业法人。有限责任公司的特征有:股东只承担有限责任,即每个股东以其认缴的出资额对公司承担有限责任,公司依其全部资产对其债务承担责任;股东可以是自然人,也可以是法人或政府,股东人数不能超过一定限额;不能发行股票,不能公开募股,只以出资证明书来证明股东出资份额;股东以其出资比例享受权利、承担义务;股东的出资不能随意转让,具有严格的限制,如需转让,需经股东会讨论通过或由董事会讨论通过方可;财务不必公开,但应当按公司章程规定的期限将财务会计报告送交各股东。

股份有限公司是指全部资本由等额股份构成并通过发行股票筹集资本,股东以其认购的股份对公司承担责任,公司以其全部资产对公司债务承担责任的企业法人。股份有限公司的特征有:公司的全部资本必须划分为等额的股份,同股同权,同股同利;公司的股份采取股票的形式;股东必须达到法定人数。如我国《公司法》规定应有 2~200 人为发起人;股东负有限责任;公司经批准可向社会公开发行股票筹集资本,且股票可以交易或转让;财务必须公开。

股份有限公司的优点有:股东在公司中的投资所冒的风险仅限于投资额本身;便于筹集到巨额资本,这是个体、合伙企业所无法做到的;股份可以转让,特别是股份有限公司的股票,在市场上可以公开出售或转让,其流动性很强;公司与个体、合伙企业相比,具有永久存在的可能,因其不会因股东退出或死亡而告终;由于公司的所有权和经营权分离,因此公司由专业管理人员经营,这就比股东自己管理公司要有效得多。股份有限公司的缺点有:双重纳税,即公司若盈利,须交企业所得税;如股东分红还须交纳个人所得税;由于股份分散,公司容易被少数人控制,某些管理者可能追求个人利益而忽视或损害股东的利益;法律上对公司的限制较多。

2)税务法规

国家财政收入的主要来源是企业缴纳的税金,而国家财政状况和财政政策,对于企业资金供应和税收负担等都有重要的影响。国家各种税种的设置、税率的调整,都具有调节生产经营的作用。企业的财务决策应当适应税收政策的导向,合理安排资金投放,以追求最佳的经济效益。

我国目前与企业相关的税种主要有以下五大类:①所得税类,包括企业所得税、外商投资企业和外国企业所得税与个人所得税三种;②流转税类,包括增值税、消费税、营业税、城市维护建设税;③资源税类,包括资源税、土地使用税和土地增值税;④财产税类,包括房产税、财产税;⑤行为税类,包括印花税、车船使用税和屠宰税。

税负是企业的一种费用,会增加企业的现金流出,对企业的财务活动产生重要的影响。企业都希望在不违反税法的前提下减少税务负担,因此,企业的财务人员应当熟悉国家税收的法律规定,不仅要了解各种税种的计征范围、计征依据和税率,而且要了解差别税率的制定精神和减税、免税的原则规定,自觉按照税收政策导向进行经营活动和理财活动。

3) 财务法规

企业财务法规制度是规范企业财务活动、协调企业财务关系的法令文件。我国目前企业财务管理法规制度有《企业财务通则》《企业财务制度》和企业内部财务制度等三个层次。《企业财务通则》在企业财务法规中起统帅作用。

4) 其他法规

其他法规,如《会计法》《证券法》《票据法》《银行法》等。

从整体上说,法律环境对企业财务管理的影响和制约主要表现在以下方面。

(1) 在筹资活动中,国家通过法律规定了筹资的最低规模和结构,如《公司法》规定股份有限公司的注册资本的最低限额为人民币 1 000 万元,规定了筹资的前提条件和基本程序,并对公司发行债券和股票的条件做出了严格的规定。

(2) 在投资活动中,国家通过法律规定了投资的方式和条件,如《公司法》规定股份公司的发起人可以用货币资金出资,也可以用实物、工业产权、非专利技术、土地使用权作价出资,规定了投资的基本程序、投资方向和投资者的出资期限及违约责任,如企业进行证券投资必须按照《证券法》所规定的程序来进行,企业投资必须符合国家的产业政策,符合公平竞争的原则。

(3) 在分配活动中,国家通过法律如《会计法》《税法》《公司法》《企业财务通则》及《企业财务制度》规定了企业成本开支的范围和标准、企业应缴纳的税种及计算方法、利润分配的前提条件、利润分配的去向、一般程序及重大比例。在生产经营活动中,国家规定的各项法律也会引起财务安排的变动或者说在财务活动中必须予以考虑。

3. 金融环境

金融环境是企业最为主要的环境因素。影响财务管理的主要金融环境因素有金融机构、金融市场和利息率等。

1) 金融机构

社会资金从资金供应者手中转移到资金需求者手中,大多要通过金融机构。金融机构主要包括以下两种。

(1) 银行。银行是指经营存款、放款、汇兑、储蓄等金融业务,承担信用中介的金融机构。银行的主要职能是充当信用中介、充当企业之间的支付中介、提供信用工具、充当投资手段和充当国民经济的宏观调控手段。我国银行主要包括:①中央银行,即中国人民银行;②商业银行,包括国有商业银行(如中国工商银行、中国农业银行、中国银行和中国建设银行)和其他商业银行(如交通银行、中信实业银行、广东发展银行、招商银行、光大银行等);③国家政策性银行,如中国进出口银行、国家开发银行。

(2) 非银行金融机构。非银行金融机构主要包括信托投资公司和租赁公司等。前者主要办理信托存款和信托投资业务,在国外发行债券和股票,办理国际租赁等业务。后者则介于金融机构与企业之间,它先筹集资金购买各种租赁物,然后出租给企业。

2) 金融市场

金融市场是指资金供应者和资金需求者双方通过信用工具融通资金的市场,即实现货币借贷和资金融通、办理各种票据和进行有价证券交易活动的市场。金融市场的主要类型如图 1.2 所示。

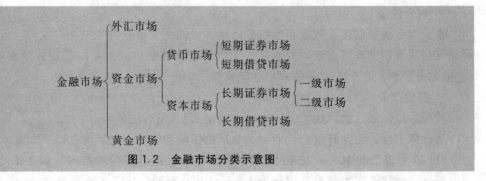

图 1.2　金融市场分类示意图

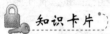

利用金融市场分散风险

金融市场具有分散风险的作用。金融资产购买人在获得金融资产出售人一部分收益的同时，也承担了金融市场的投资风险。在期货和期权市场上，金融市场参与者可以通过期货、期权交易进行筹资、投资的风险防范与控制。

3）利息率

（1）利率按不同标准有不同的分类，见表1-3。

表1-3　利率的分类

标准	类别	特点
利率之间的变动关系	基准利率	又称基本利率，是指在多种利率并存的条件下起决定作用的利率。所谓起决定作用是说，这种利率变动，其他利率也相应变动。因此，了解基准利率水平的变化趋势，就可了解全部利率的变化趋势。基准利率在西方通常是中央银行的再贴现率，在我国是中国人民银行对商业银行贷款的利率
	套算利率	指在基准利率确定后，各金融机构根据基准利率和借贷款项的特点而换算出的利率。例如，某金融机构规定，贷款AAA级、AA级、A级企业的利率，应分别在基准利率基础上加0.5%、1%、1.5%，加总计算所得的利率便是套算利率
利率与市场资金供求情况的关系	固定利率	指在借贷期内固定不变的利率。受通货膨胀的影响，实行固定利率会使债权人利益受到损害
	浮动利率	指在借贷期内可以调整的利率。在通货膨胀条件下采用浮动利率，可使债权人减少损失
利率形成的机制不同	市场利率	指根据资金市场上的供求关系，随着市场而自由变动的利率
	法定利率	指由政府金融管理部门或者中央银行确定的利率

（2）利率的一般计算公式。正如任何商品的价格均由供应和需求两方面来决定一样，资金这种特殊商品的价格——利率，也主要是由供给与需求来决定。但除这两个因素外，经济

周期、通货膨胀、国家货币政策和财政政策、国际经济政治关系、国家利率管制程度等,对利率的变动均有不同程度的影响。因此,资金的利率通常由三部分组成,即纯利率、通货膨胀补偿率(或称通货膨胀贴水)、风险报酬率。利率的一般计算公式可表示如下

利率=纯利率+通货膨胀补偿率+风险报酬率

式中: 　纯利率——指没有风险和通货膨胀情况下的均衡点利率;

　　　通货膨胀补偿率——指由于持续的通货膨胀会不断降低货币的实际购买力,为补偿其购买力损失而要求提高的利率;

　　　风险报酬率——包括违约风险报酬率、流动风险报酬率和期限风险报酬率。其中,违约风险报酬率是指为了弥补因债务人无法按时还本付息而带来的风险,由债权人要求提高的利率;流动风险报酬率是指为了弥补因债务人资产流动不好而带来的风险,由债权人要求提高的利率;期限风险报酬率是指为了弥补因偿债期长而带来的风险,由债权人要求提高的利率。

1.6.2 财务管理的内部环境

1. 企业管理体制和经营方式

企业管理体制由企业所有制性质和国家宏观经济管理体制所决定。在一定管理体制下,不同的企业经营方式决定了不同的财务管理方法,产生不同的经营效果,企业必须根据自己的企业性质,研究所处的经营环境,努力争取优良的条件,发挥比较优势,快速发展。

2. 企业资本实力

企业资本实力是指企业所拥有的资本总量以及与之相应的资产总量。资本实力在一定程度上反映了企业的规模大小、生产经营的复杂程度以及财务管理的难易程度。大型企业资本实力雄厚,投资项目往往是大型的,决策难度大,所需筹集的资金多,盈利分配途径多,处理各方面的财务关系复杂。而小企业由于资本实力较弱,投资项目不多,筹资相对容易,盈利分配决策比较简单,各种财务关系也较容易处理。

3. 生产技术条件

一般来讲,企业财务管理服从和服务于其所处的生产技术环境。不同的生产技术条件要求有不同的财务行为与之相适应。如,对于技术密集型的企业,无形资产、固定资产所占资本的比重较大,企业偏重于对这类资产的投资,企业所筹集的资金也大多属于长期资金;而在劳动密集型企业,流动资产所占比重较大,企业则偏重于现金、应收账款、存货等流动资产的管理,所筹集的资金也大多属于短期资金,财务管理的难点在于保持良好的资金流动性。

4. 经营管理水平

财务管理是整个企业经营管理的一部分,其职能能否充分发挥取决于企业管理基础工作的好坏、其他专业管理水平的高低以及他们之间相互的协调与配合。如果企业的管理基础较差,其他专业管理水平不高,各职能部门之间缺乏沟通与理解,再好的财务决策也难以顺利实施,这样的企业财务管理工作不可能做得太好。因此,企业在进行财务决策时,必须准确估计自身的经营管理水平,做好相互之间的协调与沟通,相互促进,共同提高,以实现企业的财务目标和整体目标。

5. 决策者的素质

一个卓越的企业领导者是企业获得成功的重要因素之一。一定意义上说，没有成功的企业领导者就没有成功的企业。领导的平庸、无能是断送企业发展前途乃至走向衰败的致命因素。企业的领导者往往是重大财务问题的最终决策者，其素质的高低直接影响决策的正确与否。如果决策者素质较高，不仅可以充分理解财务人员所提供的决策资料，而且善于抓住机遇，敢于拍板，其财务决策的正确率必然较高，也必然会给企业带来丰厚的收益；反之，决策者的素质低下，则财务工作难以顺利开展。因此，企业的决策者应该及时充实自己，完善自己，不断提高自身的素质，使自己和所管理的企业在市场经济的浪潮中立于不败之地。

财富故事

袋鼠与笼子

一天动物园管理员们发现袋鼠从笼子里跑了出来，于是开会讨论，一致认为是笼子的高度过低，所以他们决定将笼子的高度由原来的10m加高到20m。结果第二天他们发现袋鼠还是跑到外面来了，所以他们决定再将高度加高到30m。

没想到第三天居然又看到袋鼠全跑到了外面，于是管理员们大为紧张，决定一不做二不休，将笼子的高度加高到100m。

一天长颈鹿和几只袋鼠闲聊："你们看，这些人会不会再继续加高你们的笼子？"长颈鹿问。"很难说。"袋鼠说，"如果他们再继续忘记关门的话！"

管理心得：事有"本末"、"轻重"、"缓急"，关门是本，加高笼子是末，舍本而逐末，当然就不得要领了。管理是什么？管理就是先分析事情的主要矛盾和次要矛盾，认清事情的"本末"、"轻重"、"缓急"，然后从重要的方面下手。财务管理就是门外的金锁。

典型案例分析

【背景】

当前高校就业率仅为68%，就业成为我国高校面临的首要问题，特别在我国整体经济还没有走出金融危机困境的前提下，实体企业产能过剩、失业率上升、大学生就业是个亟待解决的问题。作为高职院校的学生，如何应对这一窘境？自主创业就是解决就业的首选！本门课程正是基于这样的一个背景下学习的，模拟组建公司，学习公司管理经历，积累管理经验。

【要求】

班级学生自由组合，每6~7人组建一个模拟公司，根据公司成员的兴趣爱好及所拥有的专业知识，确定模拟公司的经营方向、经营方式、组织架构、财务管理的内容、财务管理的目标，分析行业生存环境、应协调的财务关系等问题，提交模拟创建方案设计。

【解析】

1. 公司名称

淮海实业股份有限公司。公司注册资本5 000万元，地处江南，员工600人。该企业为一般纳税人。

2. 经营方向

主业为汽车零配件产品的生产与销售。

3. 公司性质

股份制,董事长1人(教师),总经理1人(各小组长),下设5个部门,分别是销售部、采购部、生产部、财务部、人事安保部,负责人由各组员担任。

4. 公司财务管理的内容

(1) 财务活动,具体包括资金筹资活动、投资活动、资金营运活动、分配活动等。

(2) 财务关系,具体包括企业与国家政府之间的财务关系、企业与投资者之间的财务关系、企业与债权人之间的财务关系、企业与受资者之间的财务关系、企业与债务人之间的财务关系、企业和供货商及企业与客户之间的财务关系、企业内部各单位之间的财务关系、企业与职工之间的财务关系。

5. 财务管理目标

企业目标可以概括为生存、发展和获利;财务目标可以概括为企业价值最大化。

6. 财务关系的冲突与协调

(1) 所有者(股东)与经营者之间的冲突与协调。

(2) 所有者与债权人之间的冲突与协调。

(3) 所有者与政府之间的冲突与协调。

7. 模拟公司的财务环境

(1) 经济环境。我国处在保稳定、保增长、保民生经济环境背景下,国家积极投入市场四万亿发展资金,我国上半年金融机构融资7.37万亿,国家先后出台若干有关行业发展的优惠政策,如减税、减少审批手续等。

(2) 政治环境。政治稳定、万众一心、齐心合力,走共同富裕的道路。

(3) 金融市场环境。推出了创业板市场,为中小企业融资创造条件。

(4) 法律环境。

8. 小结

淮海实业股份有限公司处在一个政治祥和、稳定的国家,时时感受经济发展、政策变化带来的影响,积极应对通货膨胀和金融风险的威胁,遵守国家的各项法律规章,特别在税收法规面前,恪尽职守,据实缴税,成为一个适应环境能力强、产业结构合理、资金管理高效的优秀企业。

任务指南

任务 模拟公司创建方案设计

(1) 如果是大学生创业,以3万元为启动资金,且3万元不必一次到位。

(2) 书吧的总体目标是生存、发展与获利；财务目标是书吧利润最大化；书吧在理财方面的基本原则是风险与报酬均衡原则、收支积极平衡原则、资源合理配置原则、利益关系协调原则、成本效益原则。需要处理的各种关系是书吧与投资者、书吧与债权人、书吧与债务人、书吧与工商税务部门、书吧与客户、书吧与职工等之间的关系。

(3) 资金可从自筹和借入两个途径取得；当本金不能满足投资所需时，应该通过借款来筹措。

(4) "书吧"在开店之前，资金的准备不但一定要充裕，资金的来源还要比较牢靠，不要出现随时还款的压力。只有这样，才能保证日后经营的顺利进行。在市场调研的基础上，需要制定周全的经营计划书，以及对经营策略、收入来源及其方式、成本控制等进行全面经营规划。

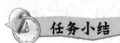

任务小结

本项目的学习是结合我国的总体经济形势及大学生就业的现实问题提出的，针对会计专业学生重会计核算、轻财务管理的思想而设计的，旨在让学生能正视现实、勇于面对困难、调动学生的积极性，同时也使学生感觉到成功和乐趣，增强信心，认真规划自己的人生。

项目小结

本项目介绍了"财务管理"课程性质、内容结构、学习方法、学习要求等基本信息，通过组建模拟公司的形式，学习公司财务管理的内容、财务管理的目标、财务关系的协调、财务环境的适应等知识，培养学生在公司经营中要全面统筹、环环相扣的理念，养成团队合作、一丝不苟的工作作风。

职业能力训练

一、单项选择题

1. 下列关于财务管理目标的说法中，（　　）反映了对企业资产保值增值的要求，并克服了管理上的片面性和短期行为。
   A. 资本利润率最大化　　　　　　B. 每股利润最大化
   C. 企业价值最大化　　　　　　　D. 利润最大化
2. 财务管理的核心工作环节为（　　）。
   A. 财务预测　　　B. 财务决策　　　C. 财务预算　　　D. 财务控制
3. 财务管理作为一项综合性管理工作，其主要职能是企业组织财务、处理与利益各方的（　　）。
   A. 筹资关系　　　B. 投资关系　　　C. 分配关系　　　D. 财务关系
4. 没有风险和通货膨胀情况下的平均利率是（　　）。
   A. 基准利率　　　B. 固定利率　　　C. 纯利率　　　　D. 名义利率
5. （　　）是财务预测和财务决策的具体化，是财务控制和财务分析的依据。
   A. 财务预测　　　B. 财务决策　　　C. 财务控制　　　D. 财务预算

6. 企业财务管理活动最为主要的环境因素是（　　）。
　　A. 经济体制环境　　　　　　　　B. 财税环境
　　C. 金融环境　　　　　　　　　　D. 法制环境
7. 企业与政府间的财务关系体现为（　　）。
　　A. 债权债务关系　　　　　　　　B. 强制和无偿的分配关系
　　C. 资金结算关系　　　　　　　　D. 风险收益对等关系
8. 下列各项中，已充分考虑货币时间价值和风险报酬因素的财务管理目标是（　　）。
　　A. 利润最大化　　　　　　　　　B. 资本利润率最大化
　　C. 每股利润最大化　　　　　　　D. 企业价值最大化
9. 下列项目中，不属于财务管理基本环节的是（　　）。
　　A. 财务预测　　B. 财务决策　　C. 财务控制　　D. 资金循环
10. 下列哪项不属于解决经营者和所有者之间矛盾的方法（　　）。
　　A. 解聘　　　　B. 监督　　　　C. 限制性借债　　D. 激励
11. 股东财富最大化目标和经理追求的实际目标之间总存有差异，其差异源自于（　　）。
　　A. 股东地域上分散　　　　　　　B. 所有权与经营权的分离
　　C. 经理与股东年龄上的差异　　　D. 股东概念的模糊
12. 企业价值是指（　　）。
　　A. 企业账面资产的总价值　　　　B. 企业全部财产的市场价值
　　C. 企业有形资产的总价值　　　　D. 企业的清算价值
13. 在下列经济活动中，能够体现企业与其投资者之间财务关系的是（　　）。
　　A. 企业向国有资产投资公司交付利润　B. 企业向国家税务机关缴纳税款
　　C. 企业向其他企业支付货款　　　D. 企业向职工支付工资
14. 每股利润最大化的优点是（　　）。
　　A. 反映企业创造剩余产品的多少　B. 考虑了资金的时间价值
　　C. 避免了企业的短期行为　　　　D. 反映企业创造利润和投入资本的多少
15. 下列各项中，反映上市公司价值最大化目标实现程度的最佳指标是（　　）。
　　A. 总资产报酬率　　　　　　　　B. 净资产收益率
　　C. 每股市价　　　　　　　　　　D. 每股利润

二、多项选择题
1. 企业财务管理的基本内容包括（　　）。
　　A. 筹资管理　　　　　　　　　　B. 投资管理
　　C. 利润分配管理　　　　　　　　D. 经营管理
2. 金融环境的组成要素有（　　）。
　　A. 金融机构　　B. 金融工具　　C. 利率　　　　D. 金融市场
3. 下列各项中，属于利率的组成因素的有（　　）。
　　A. 纯利率　　　　　　　　　　　B. 通货膨胀补偿率
　　C. 风险报酬率　　　　　　　　　D. 社会累积率
4. 下列关于利润最大化目标的各种说法中，正确的说法包括（　　）。
　　A. 没有考虑时间因素　　　　　　B. 是个绝对数，不能全面说明问题
　　C. 没有考虑风险因素　　　　　　D. 不一定能体现股东利益

5. 下列各项中，可用来协调公司债权人与所有者矛盾的方法有（　　）。
　　A. 规定借款用途　　　　　　　　B. 规定借款的信用条件
　　C. 要求提供借款担保　　　　　　D. 收回借款或不再借款
6. 一般认为，处理管理者与所有者利益冲突及协调的机制主要有（　　）。
　　A. 解聘　　　　　　　　　　　　B. 接收
　　C. 经理人市场及竞争　　　　　　D. 绩效股
7. 企业财务活动主要包括（　　）。
　　A. 筹资活动　　B. 投资活动　　C. 人事管理活动　　D. 分配活动
8. 下列各项中，属于企业筹资引起的财务活动有（　　）。
　　A. 偿还借款　　B. 购买国库券　　C. 支付股票股利　　D. 利用商业信用
9. 企业价值最大化在运用时也存在着缺陷，表现在（　　）。
　　A. 追求企业的价值化，不能使企业资产保值与增值
　　B. 非上市企业的价值确定难度较大
　　C. 股票价格的变动只受企业经营因素影响
　　D. 股票价格的变动，除受企业经营因素影响外，还受企业无法控制因素影响
10. 风险附加率包括（　　）。
　　A. 违约风险报酬率　　　　　　　B. 流动风险报酬率
　　C. 期限风险报酬率　　　　　　　D. 通货膨胀补偿率

三、判断题

1. 企业追求利润最大化，能优化资源配置，实现资产保值增值的目的。（　　）
2. 以企业价值最大化作为财务管理目标，有利于社会资源的合理配置。（　　）
3. 解聘是一种通过市场约束经营者的办法。（　　）
4. 资本利润率最大化考虑到了利润与投入资本之间的关系，在一定程度上克服了利润最大化的缺点。（　　）
5. 在企业财务关系中最为重要的关系是指企业与作为社会管理者的政府有关部门、社会公众之间的关系。（　　）
6. 投资者在对企业价值进行评估时，更看重企业已经获得的利润，而不是企业潜在的获利能力。（　　）
7. 在金融市场上，资金被当做一种特殊商品来交易，其交易价格表现为利率。（　　）
8. 企业财务管理是基于企业再生产过程中客观存在的资金运动而产生的，是企业组织资金运动的一项经济管理工作。（　　）
9. 企业组织财务活动中与有关各方所发生的经济利益关系称为财务关系，但不包括企业与职工之间的关系。（　　）
10. 股票市价是一个能较好地反映企业价值最大化目标实现程度的指标。（　　）

四、任务训练题

查阅资料，了解企业投资创建到开业的程序及操作方法，提交完善的淮海实业股份有限公司创建方案(包含公司创建流程内容)。

项目 2 理财观念

知识目标	技能目标
(1) 掌握理财观念的含义和种类 (2) 理解资金时间价值的含义 (3) 掌握时间价值的基本计算及其应用 (4) 了解风险的概念、种类 (5) 掌握风险衡量的方法 (6) 掌握风险与报酬的关系	(1) 通过基础理论知识的学习,提高对资金时间价值和风险价值的认知能力 (2) 通过实训项目的操作,形成正确的时间价值观念和风险价值观念,锻炼风险投资的分析和决策能力 (3) 能利用资金的时间价值原理,进行简单的财务决策分析

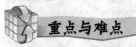

重　点	难　点
资金时间价值与风险价值的计算	(1) 风险报酬率的计算 (2) 资金时间价值计算方法在实践中的运用

工作任务

任务 1　利用资金时间价值确定付款方案

(1) 李亮决定在 2006 年、2007 年、2008 年和 2009 年每年的 1 月 1 日分别存入 5 000 元,按 10% 利率,每年复利一次,李亮欲确定计算 2009 年 12 月 31 日的余额。

(2) 淮海实业公司为实施某项计划,需要取得外商贷款 1 000 万美元,经双方协商,贷款利率为 8%,按复利计息,贷款分 5 年于每年年末等额偿还。外商告知,他们已经算好,每年年末应归还本金 200 万美元,支付利息 80 万美元。

(3) 淮海实业公司决定连续 4 年于每年年初存入 300 万元作为住房基金,若年利率为 10%,则该公司在第四年年末一次取出。

(4) 淮海实业公司希望连续 5 年的年初都从银行提取 100 万元,若年利率为 6%。

(5) 淮海实业公司拟购置一处房产,房主提出三种付款方案:

① 从现在起,每年年初支付 20 万元,连续支付 10 次,共 200 万元。

② 从第 5 年开始,每年年末支付 25 万元,连续支付 10 次,共 250 万元。

③ 从第 5 年开始,每年年初支付 24 万元,连续支付 10 次,共 240 万元。

假设该公司的资金成本率为 10%。

(6) 淮海实业公司设立永久性奖学金,每年计划颁发 50 000 元奖金,年复利率为 8%。

【要求】

(1) 确定训练任务(1)中的复利终值、训练任务(2)中的复利现值。

(2) 确定训练任务(3)、(4)中的即付年金终值和现值。

(3) 确定训练任务(5)中的递延年金现值。

(4) 确定训练任务(6)中的永续年金现值,即本金。

任务 2 利用风险价值指标选择投资项目

企业目前有两个投资项目,经过调查分析,两个投资项目在不同的经济条件下的投资收益率及其概率见表 2-1。

表 2-1 两个项目的投资收益率及概率

经济情况	A 项目		B 项目	
	收益率/%	概率	收益率/%	概率
好	25	0.30	35	0.25
一般	20	0.50	20	0.50
差	10	0.20	−10	0.25

【要求】

(1) 试计算:

① A、B 两个项目的预期收益率。

② A、B 两个项目收益率的标准差。

③ A、B 两个项目收益率的标准离差率。

(2) 衡量和比较两个投资项目风险的大小。

(3) 若目前企业的无风险收益率为 4%,经专家鉴定 A、B 两项目的风险收益斜率为 6%,试计算 A、B 两个投资项目的风险收益率及投资收益率。

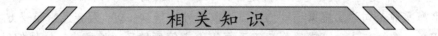

2.1 理财观念概述

2.1.1 理财观念的含义

理财观念,也叫财务观念,或称基本的财务原则,是指财务活动主体在进行财务决策和实施财务决策过程中,应具备的价值观念或必须遵循的基本原则,它反映着理财活动的内在要求。

理财观念是财务管理的基础,观念的更新会带来管理水平的提高。财务管理过程中应具有的理财观念很多,如资金时间价值观念、风险价值观念、机会成本观念、边际观念、弹性观念、预期观念、杠杆观念等,而重点是资金时间价值观念、风险价值观念。

2.1.2 理财观念的种类

1. 时间价值观念

时间价值是对于资金或货币而言的,所以又称货币时间价值。它是指同一资金量在投入经济运行中,随着时间的推移而形成的价值差额。它是财务管理中基本的理财观念之一,在投资、筹资活动中被广泛运用。

2. 风险价值观念

所谓风险,是指在一定条件下和一定时期内可能发生的各种结果的变动程度。一般而言,企业在经营活动中是讨厌风险的,但冒一定的风险可能获得额外的收益,这就是风险价值。风险价值观念是财务管理中的又一个基本的理财观念。

3. 机会成本观念

机会成本原是经济学术语。它以经济资源的稀缺性和多种选择机会的存在为前提,是指在财务决策中应由中选的最优方案负担的、按所放弃的次优方案的潜在收益计算的那部分资源损失,又叫机会损失。在财务管理活动中,尤其是在财务决策过程中,应充分考虑所选方案的机会成本,以使财务决策更加科学合理、经济资源得到有效的使用,这就是财务管理中的机会成本观念。

特别提示

机会成本观念是财务管理的一项基本原则。在财务管理实践中,最佳现金持有量的确定、应收账款决策、存货决策等都必须在这一观念的指导下进行。

4. 边际观念

边际观念也是经济学术语,是指在具有内在联系的相关因素中,每增加一个单位的因素值所引起的另一因素的变动额。如每增加一个单位销售量引起的销售收入的增加额,叫边际收入;每增加一个单位的生产量或销售量而引起的生产成本(销售成本)的变动额,叫边际成本;每增加一个单位的销售量而引起的收益的变动额,叫边际利润;投资额每增加一个单位的资金量而导致投资报酬的变动额,叫边际投资报酬;每增加一个单位的筹资额而导致资金成本的变动额,叫边际资金成本;等等。在财务管理活动中,必须考虑边际成本、边际收入、边际利润等的变动情况,力求边际利润(或边际投资报酬)最优化,合理进行各项财务决策,使生产规模(或投资规模)等处于最优状态,这就是财务管理中的边际观念。

边际观念是财务管理的另一个基本原则。在财务管理实践中,定价决策、资本结构决策、销售与利润决策、投资规模决策等都应在这一观念的指导下进行。

5. 弹性观念

弹性是指事物的灵活性和伸缩性。在财务活动过程中,由于客观环境的变化,原有的财务决策要能随着各种内外因素的变化而适时调整、变更,决策结果不能过死和僵化,这就是财务管理中应遵循的弹性观念。

弹性观念要求财务决策能随着客观环境的变化不断地进行调整,动态地实现决策的最优。在财务管理实践中,资本结构决策、投资结构与规模决策、应收账款决策等都要运用到弹性观念。

6. 预期观念

财务管理的过程实际上就是一个预测、决策、计划、实施并进行控制、分析的过程。财务管理中的预期观念就是要求财务人员依据已知经济信息和其他有关资料,对未来的财务活动的趋势和状况进行多种可能的预计、推测和估量,以更好地进行财务决策和计划管理。

预期观念也是财务管理的一项基本原则。在理财实践中,财务预测、预算管理、财务战略管理等要在这一观念的指导下进行。

2.2 资金时间价值观念

2.2.1 资金时间价值的概念及表现形式

1. 资金时间价值的概念

资金时间价值是现代财务管理的基础观念之一,被广泛运用于所有的财务活动之中,有人称之为理财的第一原则。

资金时间价值是指一定量的资金经过一段时间的投资和再投资所增加的价值,亦即等量资金由于使用而在不同时点上形成的价值增加额,也叫货币时间价值。

资金时间价值原理是"时间就是金钱"这一观念数量化的外化概括。在商业活动中,确实有这样一种现象,即现在的100元和1年后的100元其经济价值不相等。如果将100元存入银行,假定1年期存款利率为5%,则1年后这100元就变成了105元,增加了5元钱,这5元钱就是资金时间价值。

【例2-1】 已探明一个有工业价值的煤田,目前开发可获利100亿元,若10年后开发,由于价格上涨估计可获利200亿元。如果不考虑资金的时间价值,应该认为10年后开发更有利。假定企业有其他投资项目,平均每年投资报酬率为10%,则现在开发煤田获利100亿元,投资于其他项目,10年后将有资金259亿元。因此,可以认为目前开发更经济有利。后一种思考问题的方法,更符合现实的经济生活。其中的59亿元,就是100亿元资金在10年内的资金时间价值。

这并不是说资金因为时间的延续就创造了时间价值,如果资金所有者把钱锁入箱中闲置不用是不能得到增值的。资金只有被使用,经过劳动者的创造才可能增加价值。企业资金的循环是从货币资金开始的,经过生产过程、销售环节,最后又回到货币资金形态。经过一次循环,由于劳动创造了价值,收回的资金大于初始投入资金的数量,增加了一定的数额,并随着循环次数的增多,增值额也就越大。资金在使用过程中随时间的推移而发生增值,因此,资金具有时间价值的属性。资金的时间价值是资金在周转使用过程中产生的,是资金所有者让渡资金使用权而参与社会财富分配的一种形式。

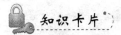

资金时间价值实质

资金时间价值是指资金在扩大再生产的循环、周转过程中，随着时间的变化而产生的资金增值或经济效益。

它是一个动态概念，可以从两方面来理解：一方面，资金投入经济领域，经过劳动者的生产活动，伴随着时间的推移，即可增值，表现为净收益，这就是资金的"时间价值"；另一方面，如果放弃了资金的使用权，相当于失去了收益的机会，也就相当于付出了一定的代价，在一定时间里的这种代价，就是资金的"时间价值"。

2. 资金时间价值的表现形式

资金的时间价值可用绝对数（利息）和相对数（利息率）两种形式表示，通常用相对数表示。

通常情况下，资金的时间价值是指在没有风险和没有通货膨胀条件下的社会平均投资报酬率（平均资金利润率）。由于时间价值的计算方法同有关利息的计算方法相同，因而时间价值与利率容易被混为一谈。实际上，财务管理活动总是或多或少地存在风险，而通货膨胀也是市场经济中客观存在的经济现象。因此，利率不仅包含时间价值，而且也包含风险价值和通货膨胀的因素。由于在正常情况下购买国库券等政府债券时几乎没有风险，因此如果通货膨胀很低的话，可以用政府债券利率来表示资金时间价值。

对资金时间价值这一概念的理解，应掌握以下要点。

（1）资金时间价值是资金增值部分，一般情况下可理解为利息。

（2）资金的增值是在资金被当作投资资本的运用过程中实现的，不当作资本利用的资金不可能自行增值。

（3）资金时间价值的多少与时间成正比。

2.2.2 资金时间价值的计算

既然资金在不同时期内是不等值的，那么企业在进行财务决策时，就必须弄清楚不同时间投放或收到的资金价值之间的数量关系，掌握各种资金时间价值的计算方法。

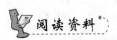

拿破仑带给法兰西的尴尬

拿破仑1797年3月在卢森堡第一国立小学演讲时说了这样一番话："为了答谢贵校对我，尤其是对我夫人约瑟芬的盛情款待，我不仅今天呈献上一束玫瑰花，并且在未来的日子里，只要我们法兰西存在一天，每年的今天我都将亲自派人送给贵校一束价值相等的玫瑰花，作为法兰西与卢森堡友谊的象征。"说完，拿破仑潇洒地把一束价值3个路易的玫瑰花送给该校的校长。

演讲看似浪漫又热情，然而却给法国惹来不大不小的麻烦。随着时间的推移，拿破仑穷于应付连绵的战争和此起彼伏的政治事件，最终惨败而被流放到圣赫勒拿岛，把卢森堡的诺言忘得一干二净。可卢森堡这个小国对这"欧洲巨人与卢森堡孩子亲切、和谐相处的一刻"念念不忘并载入史册。

1984年年底，卢森堡旧事重提向法国政府提出违背"赠送玫瑰花"诺言的索赔，要求从1797年起，用3个路易作为一束玫瑰花的本金,以5厘复利(即利滚利)计息全部清偿这笔玫瑰案;或者法国政府要在法国各大报刊上公开承认拿破仑是个言而无信的小人。

起初,法国政府准备不惜重金赎回拿破仑的声誉,但却又被计算机算出的数字惊呆了:原本3个路易的许诺,本息竟高达137.559 6万法郎。经过冥思苦想,法国政府斟词酌句的答复是:"以后,无论在精神上还是物质上,法国将始终不渝地对卢森堡大公国的中小学教育事业予以支持与赞助,来兑现我们的拿破仑将军那一诺千金的玫瑰花信誓。"这一措辞最终得到了卢森堡人民的谅解。

1. 单利的计算

在单利方式下,本金能带来利息,不管时间多长,所生利息不加入本金重复计算利息。

在计算中,经常使用以下符号:

P——本金,又称期初金额或现值;

I——利息;

i——利率,通常指每年利息与本金之比;

F——本金与利息之和,又称本利和或终值;

n——计算期数,一般以年为单位。

(1) 单利终值的计算。单利终值是指一定量资金经过若干期后按单利计算的本利和。

当 $n=1\sim n$ 时,可得

$$F_1 = P + Pi = P(1+i)$$
$$F_2 = F_1 + Pi = P(1+i) + Pi = P(1+2i)$$
$$F_3 = F_2 + Pi = P(1+2i) + Pi = P(1+3i)$$
$$F_n = F_{n-1} + Pi = P[1+(n-1)i] + Pi = P(1+ni)$$

因此,单利终值的计算公式为

$$F = P(1+ni)$$

【例2-2】 某人将10 000元存入银行,年利率为4%,按单利计算5年后本利和为多少?

$$F = P(1+ni) = 10\ 000(1+5 \times 4\%) = 12\ 000(元)$$

(2) 单利现值的计算。单利现值是指以后时间收到或付出资金按单利计算的现在价值,可用倒求本金的方法计算。由终值求现值,叫做贴现。其计算公式为

$$P = F/(1+ni)$$

【例2-3】 某企业购买一台设备,若两年后付款,将支付40 000元,如果年利率为5%,现在付款应支付多少元?

$$P = F/(1+ni) = 40\ 000/(1+2 \times 5\%) = 36\ 363.64(元)$$

2. 复利的计算

在复利方式下,本能生息,利息在下期则转入本金与原本金一起计息。

(1) 复利终值的计算。复利终值是指一定量资金经过若干期后按复利计算的本利和。

$$F_1 = P + P \cdot i = P(1+i)$$
$$F_2 = F_1 + F_1 i = P(1+i) + P(1+i)i = P(1+i)^2$$
$$F_3 = F_2 + F_2 i = P(1+i)^2 + P(1+i)^2 i = P(1+i)^3$$
$$\ldots$$
$$F_n = F_{n-1} + F_{n-1} i = P(1+i)^{n-1} + P(1+i)^{n-1} i = P(1+i)^n$$

因此，复利终值的计算公式为
$$F=P(1+i)^n$$

【例 2-4】 某人将 10 000 元存入银行，年利率 4%，按复利计算 5 年后本利和为多少？
$$F=P(1+i)^n=10\ 000\times(1+4\%)^5=12\ 170(元)$$

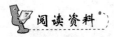

复利的神奇力量

"数学有史以来最伟大的发现"，爱因斯坦曾经这样形容复利。

复利听起来复杂，说穿了就是：除了用本金赚利息，累积的利息也可以再用来赚利息。

1791 年，美国总统富兰克林过世时，捐赠给波士顿和费城这两个他最喜爱的城市各 5 000 美元。这项捐赠规定了提领日，提领日是捐款后的 100 年和 200 年。100 年后，两个城市分别可以提 50 万美元，用于公共计划；200 年后，才可以提领余额。

1991 年，200 年期满时，波士顿和费城两个城市分别得到将近 2 000 万美元。

富兰克林以这个与众不同的方式，向我们显示了复利的神奇力量。富兰克林喜欢这样描述复利的好处："钱赚的钱，会赚钱。"

(2) 复利现值的计算。复利现值是指以后时间收到或付出资金按复利计算的现在价值。通过复利终值计算可得复利现值，其计算公式为
$$P=F/(1+i)^n=F(1+i)^{-n}$$

【例 2-5】 按复利计算来投资项目 4 年后可获得本利和 10 000 元，若投资报酬率为 8%，现在应投入多少元？
$$P=F/(1+i)^4=10\ 000\times(1+8\%)^{-4}=7\ 350(元)$$

在复利终值和复利现值计算公式中，$(1+i)^n$ 和 $(1+i)^{-n}$ 分别称为复利终值系数和复利现值系数。在实际工作中，为了便于计算，可直接查阅按不同利率和时期编制的复利终值系数表和复利现值系数表(见本书附表)。

(3) 名义利率与实际利率。复利的计息期不一定总是一年，有可能是季度或月。当利息在一年内要复利几次时，给出的年利率叫做名义利率。

【例 2-6】 本金 10 000 元，投资 5 年，年利率为 4%，每半年复利一次，则：
$$半年利率=4\%\div 2=2\%$$
$$复利次数=5\times 2=10$$
$$F=10\ 000\times(1+2\%)^{10}=10\ 000\times 1.219=12\ 190(元)$$
$$I=12\ 190-10\ 000=2\ 190(元)$$

当一年内复利几次时，实际得到的利息要比按名义利率计算的利息高，例 2-6 的利息比例 2-4 的利息多 20 元(12 190-12 170)。可见例 2-6 中的实际利率高于 4%，通过插值法可计算出实际利率。
$$12\ 190=10\ 000\times(1+i)^5$$
$$1.219=(1+i)^5$$

由复利终值系数表查得：

i	$(1+i)^n$
4%	1.217

i	1.219
5%	1.276

通过插值法

$$(1.276-1.217)/(5\%-4\%)=(1.219-1.217)/(i-4\%)$$

实际利率 $i=4.04\%$

实际年利率与名义利率之间的关系是

$$1+i=(1+r/M)^M$$

式中：r——名义利率；

M——每年复利次数；

i——实际利率。

将例 2-6 数据代入

$$i=(1+r/M)^M-1=(1+4\%/2)^2-1=4.04\%$$
$$F=10\,000\times(1+4.04\%)^5=12\,190(元)$$

3. 年金的计算

年金是指等额、定期的系列收支。如利息租金、分期付款收购、分期偿还贷款、发放养老积金等，都属于年金收付形式。根据收付发生的时间不同，年金分为普通年金、预付年金、递延年金和永续年金。

（1）普通年金。普通年金也称后付年金，是指发生在每期期末的年金。

① 普通年金终值的计算。普通年金终值是指每期期末收付等额款项的复利终值之和。

设每期期末收付金额为 A，利率为 i，期数为 n，则按复利计算的年金终值 F

$$F=A(1+i)^0+A(1+i)^1+A(1+i)^2+\cdots+A(1+i)^{(n-2)}+A(1+i)^{n-1}$$
$$=A\,[(1+i)^0+(1+i)^1+(1+i)^2+\cdots+(1+i)^{n-1}]$$

根据几何级数求和公式可得

$$F=A\times\{[(1+i)^n-1]/i\}$$

上述公式的 $[(1+i)^n-1]/i$ 是普通年金为 1 元，利率为 i，经过 n 期的年金终值称为年金终值系数，记作 $(F/A, i, n)$。为了简化年金终值的计算，编制了年金终值系数表（见本书附表），以供计算时查阅。据此，年金终值的计算公式为

$$F=A\times(F/A, i, n)$$

【例 2-7】 企业向外出租一栋仓库，每年年末可收到租金 4 000 元，年利率为 5%，按复利计算，则 5 年后共得到租金及利息多少元？

$$F=A\times(F/A, i, n)$$
$$=4\,000\times(F/A, 5\%, 5)$$

查年金终值系数表：

$$(F/A, 5\%, 5)=5.526$$
$$F=4\,000\times 5.526=22\,104(元)$$

在实际生活中，有时需要在已知年金终值和利息率的情况下计算各年年金。

【例 2-8】 某人计划 5 年后支付 150 000 元购买一处住房，银行存款年利率为 4%，按复利计算，问每年年末要存入多少款项才能保证 5 年后得到 150 000 元？

根据年金终值计算公式

$$F=A\times(F/A, i, n)$$

有
$$A = F/(F/A, i, n) = 150\,000/(F/A, 4\%, 5)$$
查表
$$(F/A, 4\%, 5) = 5.416$$
$$A = 150\,000/5.416 = 27\,695.72(元)$$

② 普通年金现值的计算。普通年金现值是指每期收付等额款项的复利现值之和。设普通年金现值为 P，则
$$P = A \times (1+i)^{-1} + A \times (1+i)^{-2} + \cdots + A \times (1+i)^{-(n-1)} + A \times (1+i)^{-n}$$
$$= A[(1+i)^{-1} + (1+i)^{-2} + \cdots + (1+i)^{-(n-1)} + (1+i)^{-n}]$$

根据几何级数求和公式可得
$$P = A \times \{[1-(1+i)^{-n}]/i\}$$

上述公式的 $[1-(1+i)^{-n}]/i$ 是普通年金为 1 元，利率为 i，经过 n 期的年金现值，称为年金现值系数，记作 $(P/A, i, n)$。同样为了简化计算，编制了年金现值系数表（见本书附表），以供计算时查阅。因此，年金现值的计算公式为
$$P = A \times (P/A, i, n)$$

【例 2-9】 企业自年初开始对某项目投资，从投资之日起每年可得收益 30 000 元，按年复利率 6% 计算，则预期 10 年收益的现值为
$$P = A \times (P/A, 6\%, 10)$$

查年金现值系数表
$$(P/A, 6\%, 10) = 7.360$$
$$P = A \times (P/A, 6\%, 10) = 30\,000 \times 7.360 = 220\,800(元)$$

【例 2-10】 企业拟对一台原有设备进行更新改造，预计现在一次支付 8 111 元，可使全年成本节约 1 000 元，若银行年利率为 4%，按复利计算，那么这台更新设备至少应使用多少年？
$$P = A \times (P/A, i, n)$$
$$8\,111 = 1\,000(P/A, 4\%, n)$$
$$(P/A, 4\%, n) = 8.111$$

查年金现值系数表可知
$$n = 10$$

即更新改造后的设备至少应使用 10 年才行。

(2) 预付年金。预付年金是指在每期期初收付的年金，又称即付年金。

① 预付年金终值的计算。预付年金终值是指每期期初收付等额款项复利终值之和。预付年金终值计算公式为
$$F = A \times \{[(1+i)^{n+1}]/i - 1\}$$
$$= A \times [(F/A, i, n+1) - 1]$$

式中：$[(F/A, i, n+1) - 1]$——预付年金终值系数，它和普通年金终值系数 $(F/A, i, n)$ 相比，是期数加 1，系数减 1。

因此，预付年金终值系数可通过普通年金终值系数表查出 $n+1$ 期的值，再减去 1 求得。

【例2-11】 某人于每年年初存入银行1 000元,银行年利率为4%,按复利计算问第6年的本利和为多少元?

$$A=1\,000,\ i=4\%,\ n=6$$
$$F=A\times[(F/A,\ i,\ n+1)-1]$$

查普通年金终值系数表

$$(F/A,\ 4\%,\ 7)=7.898$$
$$F=1\,000\times(7.893-1)=6\,898(元)$$

② 预付年金现值的计算。预付年金现值是指每期期初收付等额款项的复利现值之和。
预付年金现值计算公式为

$$P=A\times\{[1-(1+i)^{-(n-1)}]/i+1\}$$
$$=A\times[(P/A,\ i,\ n-1)+1]$$

式中:[(P/A, i, n-1)+1]——预付年金现值系数,它和普通年金现值系数(P/A, i, n)相比,是期数减1,系数加1。

因此,预付年金现值系数可通过普通年金现值系数表查出n-1的值,再加上1求得。

【例2-12】 4年分期付款购置一台设备,每年初付2 000元,设银行利率为6%,按复利计算,则该设备现在一次性付款购价应为多少元?

$$P=A\times[(P/A,\ i,\ n-1)+1]$$
$$=2\,000\times[(P/A,\ 6\%,\ 3)+1]$$

查普通年金现值系数表

$$(P/A,\ 6\%,\ 3)=2.673$$
$$P=2\,000\times(2.673+1)=7\,346(元)$$

(3) 递延年金。递延年金是指第一次收付行为发生在第二期末或第二期末以后的年金。
递延年金的终值计算与递延期无关,其计算方法与普通年金终值相同,即

$$F=A(F/A,\ i,\ n)$$

递延年金的现值计算分两段进行,先根据普通年金现值计算方法,求出n期现值,然后再将求出的现值往前求m期复利现值。

【例2-13】 某投资项目于2000年动工,施工期3年,2003年初投产,从投产之日起每年可得收益40 000元,按年复利率为6%计算,则10年收益于2000年年初的现值为

$$P=A\times(P/A,\ 6\%,\ 10)\times(1+6\%)^{-3}$$

查年金现值系数表

$$(P/A,\ 6\%,\ 10)=7.360$$

查复利现值系数表

$$(1+6\%)^{-3}=0.840$$
$$P=40\,000\times7.360\times0.840$$
$$=247\,296(元)$$

(4) 永续年金。永续年金是指无限期收付的年金。如优先股的固定股利收益,某些未规定偿还期的债券的利息收入等都可视为永续年金。

永续年金没有终止的时间,也就没有终值,永续年金的现值可以通过普通年金现值的计算公式

$$P=A\times\{[1-(1+i)^{-n}]/i\}$$

当 $n \to \infty$ 时，$(1+i)^{-n}$ 的极限值为零，故上式可写成
$$P = A \times 1/i$$

【例2-14】 某企业持有C公司的优先股5 000股股票，每年可获得优先股股利1 000元，若年复利率为5%，则该优先股历年后股利的现值为
$$P = A \times 1/i = 1\,000/5\% = 20\,000(元)$$

【例2-15】 拟建立一项永久性奖励基金，每年计划颁发8 000元奖金，若年复利率为5%，现在应一次性存入多少钱？
$$P = 8\,000 \times 1/5\% = 160\,000(元)$$

上述关于时间价值计算的方法，在财务管理中有广泛的应用，如租赁决策、固定资产更新决策及其他长期投资决策等。随着财务管理中问题日趋复杂，时间价值观念日趋重要。

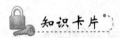

72法则

72法则是指使资金增倍的复利问题的快捷计算方法。该法则指出，用72去除投资年限n即可得到n年内使资金增加一倍的近似的利率。如王军投资10万元，他要在5年内使自己的投资翻一番，则投资报酬率必须达到14.4%（72/5=14.4）。如果王军没有进行该投资，而把资金购买了利率为6%的债券，则他要实现资金翻一番的目标必须等待12年（72/6=12）。

2.3 风险价值观念

风险是一个非常重要的财务概念。任何决策都有风险，这使得风险观念在理财中更具有普遍意义。财务活动经常是在有风险的情况下进行的，承担风险就要求得到相应的额外收益。投资者由于冒风险进行投资而要求的超过资金时间价值的额外收益，就称为投资的风险价值，也称为风险收益或风险报酬。风险是客观的，人们无法回避和忽视，但是否去冒风险以及冒多大的风险是可以选择的。企业理财时，必须研究风险，计量风险并设法控制风险，以求最大限度地扩大企业财富。

因此，有人说："时间价值和风险价值是财务管理中最重要的两个基本原则"，也有人说："时间价值是理财的第一原则，风险价值是理财的第二原则"。

2.3.1 风险的概念与分类

如果企业的一项行动有多种可能的结果，其将来的财务后果是不肯定的，就是有风险。如果这项行动只有一种结果，就是没有风险。例如，现将一笔钱购买国债，可以确定在约定的期限后可以得到本利和，几乎没有风险。这种情况在企业投资中是很少见的，它的风险固然小，但报酬也很低，很难称之为真正意义上的投资。

1. 风险的概念

风险是指某一行动的结果具有多样性。在风险存在的情况下，人们只能实现估计到采取

某种行动可能导致的结果,以及每种结果出现可能性的大小,而行动的真正结果如何,事先无法预知。例如在预计一个投资项目报酬时,不可能十分精确,也没有百分之百的把握,而且可能会发生人们预想不到同时还无法控制的变化,这就是风险。

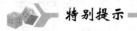

若把风险与目标联系起来,能清楚地看到,生活中风险无处不在。

人们所做的一切事情都是为了达到一定的目标,包括个人目标(例如快乐和健康)、项目目标(包括准时并在预算内交付成果)、公司商业目标(例如增加利润和市场份额)。一旦确定了目标,在成功达到目标的过程中,风险就会随之而来。

风险是事件本身的不确定性,具有客观性。例如,无论企业还是个人,投资于国库券,其收益的不确定性较小;如果投资于股票,则收益的不确定性就大得多。

从财务管理角度分析,风险主要是指无法达到预期报酬的可能性,或由于各种难以预料和无法控制的因素作用,使企业的实际收益与预期收益发生背离,从而蒙受经济损失的可能性。风险可能带来超出预期的损失,呈现其不利的一面,也可能带来超出预期的收益,呈现其有利的一面。

 知识卡片

风险与不确定性

有些不确定性与目标并不相关。例如,如果在湖南实施动漫设计项目,那么湖南是否会下雨这个不确定性就是不相关的——谁会关心它呢?但是,如果决策项目是重新规划湖南的高速公路,那么湖南下雨的概率就不再仅仅是一个不确定性了——它起作用了。在前一种情况下,下雨仅仅是一个不相关的不确定性,而在后一种情况下,下雨就是一个风险。

2. 风险的分类

(1) 按风险能否分散分为不可分散风险和可分散风险。

不可分散风险是指那些影响所有企业的风险,也称市场风险或系统风险。如战争、自然灾害、通货膨胀、利率调整、宏观经济形势的变动、国家经济政策的变化、税制改革、企业会计准则改革、世界能源状况、政治因素等。因为这些因素影响所有投资,所以不可能通过多角化投资分散风险。

可分散风险也称公司特有风险或非系统风险,是指发生于个别公司的特有事件给企业造成的风险,如罢工、新产品开发失败等。这类事件是随机发生的,仅影响与之相关的公司,它是特定企业或特定行业所特有的,与政治、经济和其他影响所有资产的市场因素无关,可以通过多角化投资分散风险。

(2) 按风险形成的原因分为经营风险与财务风险。

经营风险是指企业因经营上的原因导致利润变动的不确定性。如由于原材料供应地的政治经济情况变动、新材料的出现等因素,都会给企业带来供应风险;由于生产组织的不合理而带来的生产方面的风险;由于销售决策的失误带来的销售方面的风险。经营风险是不可避免的。

财务风险也叫筹资风险,是指因借款而增加的风险,是筹资决策带来的风险。企业举债经营,全部资金除自有资金外还有部分借入资金,这会对自有资金的获利能力造成影响;同时,借入资金还需还本付息,一旦企业无力偿还到期的债务本息,便会陷入财务困境甚至破产。当企业息税前资金利润率高于借入资金利息率时,使用借入资金获得的利润除了补偿利息还有剩余,因而使自有资金利润率提高。但是,若企业息税前资金利润率低于借入资金利息率时,使用借入资金获得的利润除了补偿利息还不够支付利息,这就需要动用自有资金来支付利息,从而使自有资金利润率降低。用自有资金偿付利息,可能使企业发生亏损。若亏损严重、财务状况恶化、丧失支付能力,就会出现无法还本付息甚至导致破产的危险。财务风险是可避免的,如果企业不举债,则企业就没有财务风险。

2.3.2 风险衡量

风险客观存在并广泛影响着企业的财务和经营活动,因此正视风险并量化风险程度,对风险进行较为准确的衡量,便成为企业财务管理中的一项重要工作。但由于风险本身不易计量,要计算在一定风险条件下的投资收益,必须通过概率和统计方法。

1. 概率及其分布

在经济活动中,某一事件在相同的条件下可能发生也可能不发生。这一事件则称为随机事件。概率就是用来表示随机事件发生可能性大小的数值,用 P_i 表示。任何随机事件的概率都要符合以下两条原则。

(1) $0 \leqslant P_i \leqslant 1$。

(2) $\sum_{i=1}^{x} P_i = 1$。

这两条原则从理论上说明:第一,一个随机事件的最小概率为 0,这是不可能发生的事件;随机事件最大的概率为 1,这是必然发生的事件;而一般随机事件的概率是介于 0 与 1 之间的数。第二,一个随机事件的几种可能的概率值之和等于 1,n 为随机事件可能出现的所有结果的个数。

将随机事件所有可能的结果都列出来,而且对每一结果都给予一定的概率,便构成了概率分布。

【例 2-16】 企业现有两个投资项目,投资额均为 20 000 元,其预期收益率及其概率分布见表 2-2。

表 2-2 某企业两个项目的投资收益率及概率

经济情况	概率(P_i)	A 项目收益率/%	B 项目收益率/%
繁荣	0.25	40	60
一般	0.5	25	25
较差	0.25	10	-10
合计	1.0	—	—

概率分布有两种类型,一种是不连续的概率分布,即概率分布在几个特定的随机变量上,如例 2-16。这种概率分布的几何图形是几条独立的直线,如图 2.1 所示。

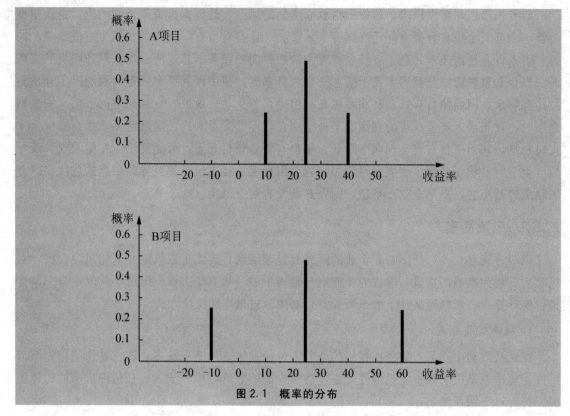

图 2.1 概率的分布

另一种是连续的概率分布,即概率分布在一定区间内连续各点上,分布图形由一条曲线覆盖的平面。仍以例 2-16 为例,因为在实际生活中,经济情况不只有繁荣、一般和较差三种情况,而是存在无数可能的情况,如果对每一种可能的结果都给予相应的概率,并分别测定其收益率,就可以绘制连续的概率分布图,如图 2.2 所示。

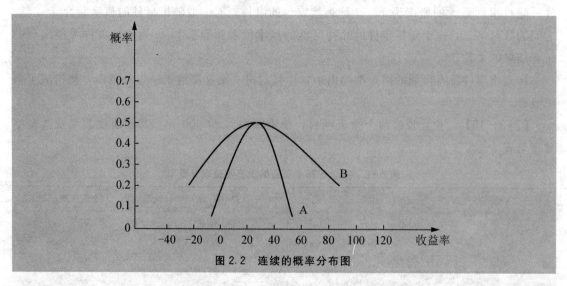

图 2.2 连续的概率分布图

由图 2.1 与图 2.2 可以看出:A 项目投资收益率各种可能比较集中,B 项目则比较分散,所以 A 项目投资风险小于 B 项目。

2. 期望值

预期收益率也称期望收益率，是指投资项目按所有可能的收益率与其对应概率分布计算的加权平均收益率，用来反映各种可能收益率的一般水平。计算公式为

$$K' = \sum_{i=1}^{n} K_i P_i$$

式中：K'——预期收益率；

K_i——第 i 种结果的收益率；

P_i——第 i 种结果出现的概率；

n——所有可能结果的个数。

由例 2-16 中资料，分别计算 A、B 两个项目的预期收益率。

A 项目：$K' = 40\% \times 0.25 + 25\% \times 0.5 + 10\% \times 0.25 = 25\%$

B 项目：$K' = 60\% \times 0.25 + 25\% \times 0.5 + (-10\%) \times 0.25 = 25\%$

两个投资项目的预期收益率均为 25%。但预期收益率相等并不表明两个项目的风险相等。结合图 2.1 与图 2.2 可以看出，A 项目的各种可能收益率变动范围小，收益率比较集中，概率曲线比较窄；B 项目的各种可能收益率变动范围大，收益率比较分散，概率曲线比较宽，因此可以认为 A 项目投资风险要小于 B 项目。

3. 标准差

标准差是各种可能收益率与预期收益率的综合离差。计算公式为

$$\delta = \sqrt{\sum (K_i - K')^2 \cdot P_i}$$

式中：δ——标准差。

A 项目中预期报酬率的标准差

$$\delta = \sqrt{\sum (K_i - K')^2 \cdot P_i}$$
$$= \sqrt{(40\% - 25\%)^2 \times 0.25 + (25\% - 25\%)^2 \times 0.5 + (10\% - 25\%)^2 \times 0.25}$$
$$= 10.6\%$$

B 项目中预期报酬率的标准差

$$\delta = \sqrt{\sum (K_i - K')^2 \cdot P_i}$$
$$= \sqrt{(60\% - 25\%)^2 \times 0.25 + (25\% - 25\%)^2 \times 0.5 + (-10\% - 25\%)^2 \times 0.25}$$
$$= 24.7\%$$

计算结果表明，两个投资项目的预期收益率虽然相等，但实际可能收益率与预期收益率的偏差程度是不一样的。A 项目预期收益率的标准差小，说明 A 项目的各种可能收益率与预期收益率偏差程度小；B 项目标准差大，说明偏差程度大。因此可以说，A 项目投资风险小于 B 项目。这里，我们将预期收益率标准差作为衡量投资风险大小的一个量化指标。

特别提示

标准差是一个绝对数指标，因此用来比较两个预期收益率相等的项目的风险大小是比较适宜的；而对于预期收益率不相等的项目，需要引用标准离差率这个相对指标来说明其风险程度的大小。

4. 标准离差率

标准离差率也称变异系数。它是标准差与预期收益率的比值。计算公式为
$$V = \delta / K' \times 100\%$$
式中：V——标准离差率。

标准离差率是表示随机变量离散程度的相对指标，可用于比较两个不同预期收益率项目风险的大小。标准离差率越大的项目离散程度越大，说明风险越大。反之，标准离差率越小的项目离散程度越小，说明风险越小。

【例 2-17】 企业有 C、D 两个投资项目，预期收益率分别是 30% 和 25%，其标准差为 20.6% 和 18.7%，试判断两个投资项目的风险程度？

虽然 C 项目标准差大于 D 项目，但是两个投资项目的预期收益率不等，不能由此判断 C 项目的风险程度大于 D 项目。根据标准离差率计算公式分别计算

$$V_C = \delta / K' \times 100\%$$
$$= 20.6\% / 30\% \times 100\%$$
$$= 68.7\%$$
$$V_D = \delta / K' \times 100\%$$
$$= 18.7\% / 25\% \times 100\%$$
$$= 74.8\%$$

由于 C 项目标准离差率小于 D 项目，可以判断，C 项目的风险程度小于 D 项目。这里特别指出，在比较不同项目风险程度时，当标准差与标准离差率两个指标出现矛盾时，以标准离差率为准。

2.3.3 风险收益率

人们之所以要进行风险投资，归根结底是要得到额外收益，否则就不值得去冒风险。因冒风险进行投资而获得的超过无风险收益的那部分额外收益，称为投资风险收益。风险收益有两种表示形式：一是绝对数形式，即风险收益额；二是相对数形式，即风险收益率。实际中常用的是风险收益率。

$$投资收益率 = 无风险收益率 + 风险收益率$$

根据风险与收益的关系，风险收益率应该是风险的函数。即

$$风险收益率 = 风险收益斜率 \times 风险程度$$

其中，风险收益斜率可由投资者根据经验，并结合有关因素来确定。风险程度用标准离差率来计量。在实务操作中，根据具体项目的各种有关因素，可以由企业领导或有关专家来确定，也可以由国家有关部门组织专家来确定。

现以例 2-17 中 C、D 两投资项目为例，假定以往同类项目的风险收益斜率为 8%，则

$$C 项目风险收益率 = 8\% \times 68.7\% = 5.5\%$$
$$D 项目风险收益率 = 8\% \times 74.8\% = 6.0\%$$

计算结果表明了风险收益率与风险程度之间的正比例函数关系，即所冒风险程度越大，得到收益率将越高。D 项目的风险大于 C 项目，所以，D 项目的收益率就大于 C 项目的收益率。

由风险收益率还可计算风险收益额。

$$风险收益额 = 预期收益额 \times 风险收益率 / (无风险收益率 + 风险收益率)$$

假定例 2-17 中 C、D 两项目的无风险收益率均为 5%，预期收益额均为 5 000 元，则

C 项目风险收益额＝5 000×5.5%/(5%＋5.5%)＝2 619.05(元)

D 项目风险收益额＝5 000×6.0%/(5%＋6.0%)＝2 727.27(元)

可见，风险大的投资项目，其风险收益也高，这便是投资者甘愿冒风险的出发点。相反，风险小的投资项目，其风险收益相对也低。所以，在财务管理中高收益伴随着高风险。

2.3.4 风险对策

风险对策是在风险识别和风险评估的基础上，根据投资主体的风险态度，制定应对风险的策略和措施。

1. 常用的风险对策

任何一个投资项目都会有风险，如何面对风险，人们有不同的选择。一是不畏风险，为了获取高收益而甘愿冒高风险；二是一味回避风险，绝不干有风险的事，因此也就失去了获得高收益的机会；三是客观地面对风险，采取措施，设法降低、规避、分散或防范风险。即使是作第一种选择，也不是盲目地冒风险，而是要尽可能地降低、规避、分散或防范风险。就投资项目而言，应对风险的常用策略和措施有以下几个方面。

1) 风险回避

风险回避是投资主体完全规避风险的一种做法，即断绝风险的来源。对于投资项目的决策而言，风险回避就意味着否决项目或推迟项目的实施。例如，风险分析显示某产品的市场存在严重风险，若采取回避风险的对策，就会作出缓建或放弃项目的决策，这样在规避风险损失的同时也丧失了获取潜在的收益可能性。因此，只有在对风险的存在和发生，对风险损失的严重性有把握的情况下才考虑采用风险回避对策。一般来说，风险回避可用于以下情况。

(1) 风险可能造成的损失相当大，项目实现的收益根本无法抵补，且发生的频率相当高。

(2) 风险损失无法转移，或者其他风险防范对策的代价非常昂贵。

(3) 存在可以实现同样目标的其他方案，且风险较低。

(4) 投资主体厌恶风险。

2) 风险控制

风险控制是针对风险采取的防止风险发生，减少风险损失的对策。风险控制不是放弃风险，而是通过制订计划和采取各项有效措施来降低风险出现的可能性或减少风险造成的损失。风险控制是绝大多数项目广泛采用的主要风险对策。

风险控制必须根据项目的具体情况提出有针对性的措施。通常，风险控制措施可以按控制阶段分为事前控制、事中控制和事后控制。事前控制的目的在于降低风险出现的概率，事中控制和事后控制的目标主要是为了减少风险损失的程度。

3) 风险转移

风险转移是指通过一定的方式将可能面临的风险转移给他人，以降低甚至减免投资主体的风险程度。风险转移有两种方式：一是将风险源转移出去，二是将风险损失转移出去。就投资项目而言，第一种方式实质上是风险回避的一种特殊形式，如向专业性保险公司投保；采取合资、联营、增发新股、发行债券、联合开发等措施实现风险共担；通过技术转让、特许经营、战略联盟、租赁经营和业务外包等方式实现风险转移。风险转移的主要形式是保险和合同。

4) 风险自留

风险自留就是投资主体将风险损失留给自己承担。风险自留适用于以下两种情况。

(1) 已知有风险,但由于冒风险可能获得相应的利益,必须保留和承担这种风险,如股票投资,投资者知道投资股票有风险,但冒风险可能获得高额收益,所以还要保留和承担这个风险。

(2) 已知有风险,但若采取某种风险对策措施,其费用支出高于自留风险的损失,投资主体常常会自动自留风险。

2. 制定风险对策的原则

1) 针对性

从总体上而言,投资项目可能涉及的风险因素多种多样。就某一个具体投资项目而言,由于其具有自身的特点,就要求风险对策的制定应该具有针对性,要针对特定项目的主要或关键风险因素制定相应的风险对策。

2) 可行性

风险对策的制定应立足于现实,提出的风险防范对策应切实可行。这种可行包括技术、人力、物力、财力等多方面。

3) 经济性

应对风险是要付出代价的,如果实行风险对策的费用远远高过风险损失,则该对策就毫无意义可言。因此,在制定风险对策时一定要考虑其经济性,对风险对策所付出的代价和风险可能造成的损失进行权衡。

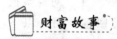
财富故事

把铃铛挂在猫身上

某地的一群老鼠深为一只凶狠无比、善于捕鼠的猫所苦。于是老鼠们聚集一堂,讨论如何解决这个心腹大患。老鼠们颇有自知之明,知道并没有猎杀猫儿的勇气,只不过想探知猫的行踪,早做防范。一只老鼠的提议立刻引来满场的叫好声,它建议在猫的身上挂个铃铛。在一片叫好声中,有一只不识时务的老鼠突然问道:"谁来挂铃铛?"顿时全场一片肃静。

管理心得: 老鼠的期望是合理的,想法却是自作聪明,它的提议在巨大的风险面前就无路可行了。没有了行动,再好的创意始终只是胡思乱想,无法带来实际的价值和增量。企业的经营和财务管理要想取得预期的结果,也要切合实际进行风险衡量,不考虑风险的投资,再好的项目也可能会成为空中楼阁。

典型案例分析

【背景】

淮海实业股份有限公司发生如下业务。

(1) 公司从 2005 年 1 月 1 日开始,每年年底向银行存入 10 万元,共 5 年,年利率为 5%。

(2) 公司计划在 5 年后还清 10 万元的债务,从现在起每年末等额存入银行一笔款项,年利率为5％。

(3) 公司年初租入设备一台，每年末需要支付租金1万元，年利率8％。

(4) 公司贷款100万元，在10年内以年利率8％等额偿还。

(5) 公司从2008年1月1日开始，每年年初向银行存入10万元，年利率为5％，期限5年。

(6) 公司向银行借入一笔款项，银行贷款的年利率为10％，每年复利一次。银行规定前5年不用还款，但从第6年至第15年每年年末偿还本息5 000元。

(7) 公司拟建立一项永久性奖学金，每年计划发放20 000元奖学金。银行年利率为10％。

【要求】

(1) 根据淮海公司发生的具体业务，分析是哪一种年金，相应的年金终值和现值是多少？

(2) 偿债基金、投资回收额是多少？

【解析】

(1) 为已知普通年金求终值（普通年金终值）

$F=A \cdot (F/A, i, n)=10 \times (F/A, 5\%, 5)=10 \times 5.525\,6=55.256(万元)$

(2) 为已知终值求年金（偿债基金）

$A=F \cdot (A/F, i, n)=10 \cdot (A/F, 5\%, 5)=10 \times 1/5.525\,6=1.809\,8(万元)$

(3) 为已知普通年金求现值（普通年金现值）

$P=A \cdot (P/A, i, n)=1 \times (P/A, 8\%, 5)=1 \times 3.992\,7=3.992\,7(万元)$

(4) 为已知普通年金现值求年金（投资回收额）

$A=P \cdot (A/P, i, n)=100 \times (A/P, 8\%, 10)=100 \times 1/6.710\,1=14.902\,9(万元)$

(5) 为已知年金求即付年金现值、终值

$$F=A \times [(F/A, i, n+1)-1]=10 \times [(F/A, 5\%, 6+1)-1]$$
$$=10 \times (8.142\,0-1)=71.42(万元)$$
$$P=A \times [(P/A, i, n-1)+1]=10 \times [(P/A, 5\%, 5-1)+1]$$
$$=10 \times (3.546\,0+1)=45.46(万元)$$

(6) 为已知年金求递延年金现值与终值

现值可采取三种方法计算。

方法1：$P=A \times (P/A, i, n) \times (P/F, i, m)$
$=5\,000 \times (P/A, 10\%, 10) \times (P/F, 10\%, 5)=19\,076(元)$

方法2：$P=A \times [(P/A, i, m+n)-(P/A, i, m)]$
$=5\,000 \times [(P/A, 10\%, 5+10)-(P/A, 10\%, 5)]=19\,076(元)$

方法3：$P=A \times [(F/A, i, n) \times (P/F, i, m+n)]$
$=5\,000 \times [(F/A, 10\%, 10) \times (P/F, 10\%, 5+10)]=19\,076(元)$

淮海实业股份有限公司的递延年金终值与普通年金的终值相同。

(7) 为已知永续年金求现值

$P=A \times 1/i=20\,000 \times 1/10\%=200\,000(元)$

任务指南

任务1 利用资金时间价值确定付款方案

(1) 2002、2003、2004、2005年每年年初存入5 000元,求在2005年年末的终值。这是普通年金求终值的问题,2005年12月31日的余额为

$$5\,000 \times (F/A, 10\%, 4) = 5\,000 \times 4.641\,0 = 23\,205(元)$$

(2) 借款现值=1 000(万美元),还款现值=$280 \times (P/A, 8\%, 5) = 280 \times 3.992\,7 = 1\,118$(万美元)>1 000(万美元)。由于还款现值大于贷款现值,所以外商计算错误。

(3) $F = 300 \times [(F/A, 10\%, 4+1) - 1] = 300 \times (6.105 - 1) = 153.53$(万元)

淮海实业公司4年年末一次取出的本利和为153.53(万元)。

(4) $P = 100 \times [(P/A, 6\%, 5-1) + 1] = 100 \times (3.465\,1 + 1) = 446.51$(万元)

该公司应当存入银行的本金为446.51(万元)

(5) 有如下三种方案。

① $P_0 = 20 + 20 \times (P/A, 10\%, 9) = 20 + 20 \times 5.759 = 135.18$(万元)

② 注意递延期为4年。

方法1:$P = 25 \times (P/A, 10\%, 10) \times (P/F, 10\%, 4) = 104.93$(万元)

方法2:$P = 25 \times [(P/A, 10\%, 14) - (P/A, 10\%, 4)] = 104.93$(万元)

③ 注意递延期为3年。

$P = 24 \times [(P/A, 10\%, 13) - (P/A, 10\%, 3)] = 110.78$(万元)

该公司应当选择第二方案。

(6) 本金=50 000/8%=625 000(元)

任务2 利用风险价值指标选择投资项目

(1) 相关计算如下。

① A项目的预期收益率为19.5%。

B项目的预期收益率为16.25%。

② A项目收益率的标准差为5.22%。

B项目收益率的标准差为16.35%。

③ A项目的标准离差率为26.77%。

B项目的标准离差率为100.62%。

(2) A项目的标准离差率小于B项目的标准离差率,A项目的风险程度小于B项目的风险程度。

(3) A项目的风险收益率为1.61%。

B项目的风险收益率为6.04%。

A项目的投资收益率为5.61%。

B项目的投资收益率为10.04%。

项目小结

本项目明确了资金时间价值的含义、单利与复利的区别、单利与复利现值与终值的计算及应用等内容,与日常生活联系密切,对投资价值的评价也很重要,同时还学习了普通年金的终值、现值计算,即付年金的终值、现值计算,递延年金的现值计算,永续年金的现值计算等知识,实际应用性强,对日常理财有较大的帮助,其难点就是计算不易记忆,课后应认真复习记忆,熟练掌握应用。

职业能力训练

一、单项选择题

1. 资金时间价值的实质是(　　)。
   A. 利息率　　　　　　　　　　B. 资金周转使用后的价值增值额
   C. 企业的成本利润率　　　　　D. 差额价值

2. 利用标准差比较不同投资项目风险大小的前提条件是(　　)。
   A. 项目所属的行业相同　　　　B. 项目的预期报酬相同
   C. 项目的年收益相同　　　　　D. 项目的各种可能收益发生的概率相同

3. 下列有价证券的收益率最接近于无风险状态下的收益率的是(　　)。
   A. 国库券　　　　B. 股票　　　　C. 企业债券　　　　D. 金融债券

4. 如果一笔资金的现值与将来值相等,那么(　　)。
   A. 折现率一定很高　　　　　　B. 不存在通货膨胀
   C. 折现率一定为 0　　　　　　D. 现值一定为 0

5. 已知甲方案投资收益率的期望值为 15%,乙方案投资收益率的期望值为 12%,两个方案都有投资风险,比较甲、乙两方案风险大小应采用的指标是(　　)。
   A. 方差　　　　B. 净现值　　　　C. 标准离差　　　　D. 标准离差率

6. 存本取息可视为(　　)。
   A. 即付年金　　　　B. 递延年金　　　　C. 先付年金　　　　D. 永续年金

7. 甲方案在五年中每年年初付款 2 000 元,乙方案在五年中每年年末付款 2 000 元,若利率相同,则两者在第五年年末时的终值(　　)。
   A. 相等　　　　　　　　　　　B. 前者大于后者
   C. 前者小于后者　　　　　　　D. 可能会出现上述三种情况中的任何一种

8. 某公司年初购买债券 12 万元,利率 6%,单利计息,则第四年年底债券到期时的本利和是(　　)。
   A. 2.88 万元　　　B. 15.12 万元　　　C. 14.88 万元　　　D. 3.12 万元

9. 一项 100 万元的借款,借款期限 5 年,年利率 10%,每半年复利一次,则实际利率比其名义利率高(　　)。
   A. 5%　　　　　B. 0.4%　　　　　C. 0.25%　　　　　D. 0.35%

10. 一笔贷款在5年内分期等额偿还，那么(　　)。
    A. 利率是每年递减的   B. 每年支付的利息是递减的
    C. 支付的还贷款是每年递减的   D. 第5年支付的是特大的一笔余额

二、多项选择题

1. 货币时间价值是(　　)。
    A. 货币经过一定时间的投资和再投资所增加的价值
    B. 现在的一元钱和一年后的一元钱的经济效用不同
    C. 没有考虑风险和通货膨胀条件下的社会平均资金利润率
    D. 随着时间的延续，资金总量在循环和周转中按几何级数增长，使货币具有时间价值

2. 属于在期末发生的年金形式有(　　)。
    A. 即付年金   B. 永续年金   C. 普通年金   D. 递延年金

3. 年金具有(　　)。
    A. 等额性   B. 系列性   C. 多次性   D. 固定性

4. 递延年金的特点是(　　)。
    A. 第一期没有支付额   B. 终值大小与递延期长短有关
    C. 终值计算与普通年金相同   D. 现值计算与普通年金相同

5. 下列项目中构成必要投资报酬率的是(　　)。
    A. 无风险报酬率   B. 风险报酬率
    C. 内含报酬率   D. 通货膨胀贴补率

6. 下列年金中，可计算终值与现值的有(　　)。
    A. 普通年金   B. 预付年金   C. 递延年金   D. 永续年金

7. 下列关于货币时间价值的各种表述中，正确的有(　　)。
    A. 货币时间价值不可能由时间创造，而只能由劳动创造
    B. 只有把货币作为资金投入生产经营才能产生时间价值，即时间价值是在生产经营中产生的
    C. 时间价值的相对数是扣除风险报酬和通货膨胀贴水后的平均资金利润率或平均报酬率
    D. 时间价值是对投资者推迟消费的耐心给予的报酬

8. 下列表述中，正确的有(　　)。
    A. 复利终值系数和复利现值系数互为倒数
    B. 普通年金终值系数和普通年金现值系数互为倒数
    C. 普通年金终值系数和偿债基金系数互为倒数
    D. 普通年金现值系数和回收系数互为倒数

三、判断题

1. 一般说来，资金时间价值是指没有通货膨胀条件下的投资报酬率。(　　)
2. 当利息在一年内复利几次时，给出的年利率称为名义利率。(　　)
3. 风险不仅能带来超出预期的损失，呈现其不利的一面，而且能带来超出预期的收益，呈现其有利的一面。(　　)
4. 风险和收益是对等的。风险越大，要求的报酬率就越高。(　　)

5. 对不同的投资方案，标准差越大，风险越大；标准差越小，风险越小。（　　）
6. 风险报酬是指投资者由于冒风险进行投资而获得的超过资金时间价值的额外报酬。
（　　）
7. 永续年金可视作期限无限的普通年金，终值与现值的计算可在普通年金的基础上求得。
（　　）
8. 在通货膨胀率很低的情况下，政府债券的利率可视同为资金时间价值。（　　）
9. 对于多个投资方案而言，无论各方案的期望值是否相同，标准离差率最大的方案一定是风险最大的方案。（　　）
10. 预付年金的终值与现值可在普通年金终值与现值的基础上乘$(1+i)$得到。（　　）
11. 终值系数和现值系数互为倒数，因此，年金终值系数与年金现值系数也互为倒数。
（　　）

四、学习领域情境实训
【情境资料】
1. 王某拟于年初借款 50 000 元，每年年末还本付息均为 6 000 元，连续 10 年还清。假设预期最低借款利率为 7%，王某能否按其计划借到款项？
2. 假设某工厂有一笔 100 000 元的资金，准备存入银行，希望在 7 年后利用这笔款项的本利和购买一套设备，当时的银行存款利率为复利 10%，该设备的预期价格为 194 000 元。
要求：试用数据说明 7 年后这家工厂能否用这笔款项的本利和购买设备。
已知$(P/A,10\%,7)=4.8684$；$(F/P,10\%,7)=1.949$；$(P/F,10\%,7)=0.5132$。
3. 某企业有一个投资项目，预计在 2007 年至 2009 年每年年初投入资金 300 万元，从 2010 年至 2019 年的 10 年中，每年年末流入资金 100 万元。如果企业的贴现率为 8%，试计算：
（1）在 2009 年末各年流出资金的终值之和。
（2）在 2010 年初各年流入资金的现值之和。
（3）判断该投资项目方案是否可行。
已知$(F/A,8\%,3)=3.2464$　$(P/A,8\%,3)=2.5771$
　　$(F/A,8\%,10)=14.487$　$(P/A,8\%,10)=6.7101$
4. 某企业有 A、B 两个投资项目，计划投资额均为 1000 万元，其收益（净现值）的概率分布见下表 2-3。要求：

表 2-3　A、B 项目收益概率分布

市场状况	概率	A 项目净现值	B 项目净现值
好	0.2	200 万元	300 万元
一般	0.6	100 万元	100 万元
差	0.2	50 万元	-50 万元

（1）分别计算 A、B 两个项目净现值的期望值。
（2）分别计算 A、B 两个项目期望值的标准差。
（3）判断 A、B 两个投资项目的优劣。

【实训要求】

将全班同学分成8个小组，每组推选一名同学担任组长，共同进行方案的决策。完成任务后，各组相互交流心得，同时安排1~2名同学作典型发言。最后，老师对各组工作方案实施进行点评，并给予相应的成绩评定，另外，各小组也相互给出成绩评定。

项目 3　编制财务预算

知识目标	技能目标
(1) 了解财务预算的含义及内容 (2) 学会财务预算的编制方法 (3) 理解现金预算与预算财务报表的编制	能够独立编制财务预算

重　点	难　点
财务预算的编制	财务预算的编制方法

工　作　任　务

任务 1　编制固定预算

淮海实业股份有限公司于 2008 年 10 月预计生产 101 号产品 1 000 件，预计单位产品成本如下：直接材料 12 元，直接人工 8 元，制造费用 5 元。

【要求】

根据以上资料编制该公司 2008 年 10 月 #101 号产品成本固定预算。

任务 2　编制弹性预算

2008 年 1 月淮海实业股份有限公司一车间业务量范围为机器工时：900～1 050 小时。相关预算资料见表 3-1。

表3-1 制造费用弹性预算资料

单位:元

业务量范围(机器工时)	900~1 050 小时	
项目	固定成本(a)	单位变动成本(b)
电费		0.8
耗用物料		1.0
燃油	230	0.6
修理费	500	0.7
折旧费	3 000	
管理人员工资	1 500	
保险费	1 000	
合计	6 230	3.1

【要求】

根据上述资料编制该公司2008年第二季度制造费用弹性预算。

任务3 编制现金预算

淮海公司生产台式电脑塑料箱、笔记本电脑塑料箱两种产品。该公司2009年12月31日的简略式资产负债表见表3-2。

表3-2 淮海公司资产负债表

2009年12月31日　　　　　　　　　　　　　　　　　　　　单位:元

资产		负债与股东权益	
现金	1 100	短期借款	70 000
应收账款	130 000	应付账款	62 800
存货:材料	22 400	实收资本	150 000
产成品	78 400	留存收益	66 100
固定资产净值	117 000		
合计	348 900	合计	348 900

该公司2010年销售预算中:现金收入合计360 000元,销售环节税金(消费税)现金支出为23 000元;直接材料预算中:现金支出130 000元;直接人工预算中:直接人工成本总额83 500元;制造费用预算中:现金支出的费用58 000元;销售及管理费用预算中:销售及管理费用合计为8 600元。

其他资料如下:2010年预计分配股利5 000元,免交所得税,期末现金余额3 000元,现金余缺可通过归还短期借款或取得短期借款解决。

【要求】

编制淮海公司2010年现金预算。

项目3 编制财务预算

任务 4　编制预计财务报表

淮海公司在 2010 年销售预算中：预计销售收入 460 000 元，销售税金及附加 23 000 元；产品生产成本预算中：预计销售成本 349 600 元；销售及管理费用预算中：销售及管理费用合计为 8 600 元。免交所得税。

【要求】
编制淮海公司 2010 年预计利润表。

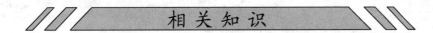

3.1　财务预算概述

3.1.1　财务预算的含义

财务预算是一系列专门反映企业未来一定预算期内预计财务状况和经营成果，以及现金收支等价值指标的各种预算的总称，具体包括反映现金收支活动现金预算、反映企业财务状况的预计资产负债表、反映企业财务成果的预计利润表和预计现金流量表等内容。

财务预算具有规划、沟通和协调、资源分配、营运控制和绩效评估的功能。

3.1.2　财务预算的分类

1. 按预算期的长短分类

按预算期的长短可以分为长期预算和短期预算。长期预算是指预算期超过一年的预算，例如资本预算和长期销售预算等。短期预算指预算期在一年以内的预算，如业务预算等。企业长期预算对短期预算有很重要的影响。

2. 按预算的内容分类

按预算的内容可分为财务预算、业务预算和专门预算。财务预算是指企业在一定时期内货币资金的收支及财务状况的预算，包括短期现金收支预算和信贷预算，以及长期的资本支出预算和长期资金筹措预算。业务预算用于计划企业的基本经济业务，包括销售预算和生产预算等。专门预算主要对企业某专项投资而编制的预算；如企业的购置较大的固定资产预算等。

 特别提示

三种预算在编制时各有侧重点，相互之间又密不可分，业务预算和专门预算是财务预的基础，财务预算是业务预算和专门预算的汇总。

3. 按预算的编制方法分类

按预算的编制方法可以分为固定预算、弹性预算、零基预算、增量预算、定期预算、滚

动预算等。在企业进行的财务预算中,经常运用固定预算与弹性预算编制混合预算,以便能满足企业经营管理的客观需要。

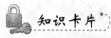

全面预算管理
全面预算管理起源于20世纪20年代,最初在美国的通用电气、杜邦公司应用,很快就成了大型工商企业的标准作业程序。20世纪90年代中后期,全面预算管理的概念逐步为中国的大型国有企业所接受,部分大型国有企业开始推行全面预算管理,并取得良好的效果。比如,宝钢集团从20世纪90年代中期就开始实施全面预算管理,管理水平得到大幅度提升。

3.2 财务预算的编制方法

3.2.1 固定预算方法与弹性预算方法

编制预算的方法按其业务量基础的数量特征不同,可分固定预算方法和弹性预算方法两大类。

1. 固定预算方法

固定预算,又称静态预算,是指在编制预算时,只根据预算期内正常的、可实现的某一固定业务量(如生产量、销售量)水平作为唯一基础来编制预算的一种方法。

固定预算方法存在过于机械呆板和可比性差的缺点。

2. 弹性预算方法

弹性预算,又称变动预算或滑动预算,是指为克服固定预算方法的缺点而设计的,以业务量、成本和利润之间的依存关系为依据,以预算期可预见的各种业务量水平为基础,编制能够适应多种情况预算的一种方法。

与固定预算方法相比,弹性预算方法具有预算范围宽、可比性强的优点。

编制弹性成本(费用)预算的主要方法包括公式法和列表法。

编制弹性利润预算的方法包括因素法和百分比法。

3.2.2 增量预算方法与零基预算方法

编制成本费用预算的方法按其出发点的特征不同,可分为增量预算方法和零基预算方法两大类。

1. 增量预算方法

增量预算方法,又称调整预算方法,是指以基期成本费用水平为基础,结合预算期业务量水平及有关影响成本因素的未来变动情况,通过调整有关原有费用项目而编制预算的一种方法。

增量预算方法的假定前提有:①现有的业务活动是企业必需的;②原有的各项开支都是合理的;③增加费用预算是值得的。

增量预算方法的缺点是：①受原有费用项目限制，可能导致保护落后；②滋长预算中的"平均主义"和"简单化"；③不利于企业未来发展。

2. 零基预算方法

零基预算，又称零底预算，是指在编制成本费用预算时，不考虑以往会计期间所发生的费用项目或费用数额，而是将所有的预算支出均以零为出发点，一切从实际需要与可能出发，逐项审议预算期内各项费用的内容及开支标准是否合理，在综合平衡的基础上编制费用预算的一种方法。

零基预算的优点是：不受现有费用项目和开支水平限制；能够调动各方面降低费用的积极性，有助于企业的发展。其缺点是工作量大，编制时间较长。

3.2.3 定期预算方法与滚动预算方法

编制预算的方法按其预算期的时间特征不同，可分为定期预算方法和滚动预算方法两大类。

1. 定期预算方法

定期预算，是指在编制预算时以不变的会计期间（如日历年度）作为预算期的一种预算编制的方法。

其优点是能够使预算期间与会计年度相配合，便于考核和评价预算的执行结果；其缺点是远期指导性差、灵活性差和连续性差。

2. 滚动预算方法

滚动预算，又称连续预算或永续预算，是指在编制预算时，将预算期与会计年度脱离，随着预算的执行不断延伸补充预算，逐期向后滚动，使预算期永远保持为一个固定期间的一种预算编制方法。

滚动预算按其预算编制和滚动的时间单位不同可分为逐月滚动、逐季滚动和混合滚动三种方式。

与传统的定期预算方法相比，按滚动预算方法编制的预算具有透明度高、及时性强、连续性好，以及完整性和稳定性突出等优点。

知识卡片

预算控制的发展

预算控制，是企业管理控制发展中的一个重要里程碑。自从20世纪初在美国的通用电气、杜邦、通用汽车公司产生并得到推广以来，该方法已经从一种计划、协调工具，发展成为集控制、激励、评价等功能为一体的一种综合贯彻企业经营战略的管理机制，处于内部控制的核心。预算控制的成功，取决于两个方面。首先，企业的经营环境必须高度稳定，才能保证预算目标在未来一定期间是有效的；其次，管理者必须拥有良好的预测模型，才能使其准确预测其将负的业绩标准。然而，进入20世纪90年代以来，随着企业经营环境的变化和经营不确定性的增强，这种控制模式开始遭到了诟病，主要批评包括：预算关注成本削减而非增值；过于强调垂直的命令和控制，无法适应企业日益形成的网状组织结构的需要；预算容易导致操纵业绩和逆向行为；预算编制依据的假设过多等。

为此，人们开始考虑改进预算，采取各种努力来消除预算控制中计划不准的不足，主要代表是作业基础预算（activity-based budgeting，ABB）。与传统预算源于产品或市场，关注责任中心或部门不同的是，ABB是按照企业的作业模型来编制预算的，从而将作业管理的思想引入到预算中。ABB首先将对产品或服务的需求，借助作业分配率、资源分配率转化为对作业，进而对资源的需求，并进行内部平衡，形成经营计划。以此为基础，再产生财务计划。由于以经营计划平衡为基础，它避免了反复测算平衡财务计划的工作，而且可以揭示出不平衡的根源；便于基层经理和一线员工理解计划，更有利于促进改进业绩，加强业绩评估和决策；同时也适应组织机构扁平化的发展趋势。

3.3 财务预算的编制

3.3.1 现金预算的编制

现金预算，又称为现金收支预算，是反映预算期企业全部现金收入和全部现金支出的预算。完整的现金预算，一般包括以下四个组成部分，如图3.1所示。

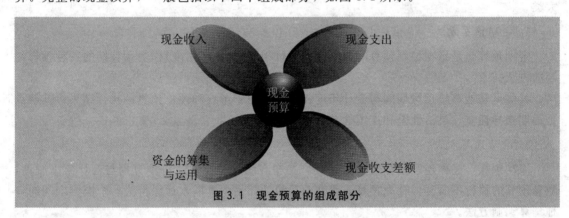

图3.1 现金预算的组成部分

现金收入主要指经营业务活动的现金收入，以及主要来自于现金余额和产品销售现金收入。现金支出除了涉及有关直接材料、直接人工、制造费用和销售及管理费用、缴纳税金、股利分配等方面的经营性现金支出外，还包括购买设备等资本性支出。现金收支差额反映了现金收入合计与现金支出合计之间的差额，差额为正，说明现金有多余，可用于偿还过去向银行取得的借款，或用于购买短期证券；差额为负，说明现金不足，要向银行取得新的借款。资金的筹集和运用主要是反映了预算期内向银行借款还款、支付利息以及进行短期投资及投资收回等内容。

现金预算实际上是其他预算有关现金收支部分的汇总，以及收支差额平衡措施的具体计划。它的编制，要以其他各项预算为基础，或者说其他预算在编制时要为现金预算做好数据准备。

1. 销售预算

销售预算是整个预算的编制起点，其他预算的编制都以销售预算作为基础，根据预算期现销收入与回收赊销货款的可能情况反映现金收入，以便为编制现金收支预算提供信息。

【例3-1】 假定淮海有限公司生产和销售甲产品，根据2009年各季度的销售量及售价的有关资料编制"销售预算表"，见表3-3。

项目3 编制财务预算

表3-3 淮海有限公司销售预算表
2009年度销售预算表　　　　　　　　　　　　　　　　单位：元

项目	第一季度	第二季度	第三季度	第四季度	合计
预计销售量(件)	5 000	7 500	10 000	9 000	31 500
预计单位售价(元/件)	20	20	20	20	20
销售收入	100 000	150 000	200 000	180 000	630 000

在实际工作中，产品销售往往不是现购现销的，即产生了很大数额的应收账款，所以，销售预算中通常还包括预计现金收入的计算，其目的是为编制现金预算提供必要的资料。

假设本例中，每季度销售收入在本季度收到现金60%，其余赊销在下季度收账。淮海有限公司2009年预计现金收入表见表3-4。

表3-4 淮海有限公司预计现金收入表
2009年度现金收入表　　　　　　　　　　　　　　　　单位：元

项目	本期发生额	现金收入			
		第一季度	第二季度	第三季度	第四季度
期初数	31 000	31 000			
第一季度	100 000	60 000	40 000		
第二季度	150 000		90 000	60 000	
第三季度	200 000			120 000	80 000
第四季度	180 000				108 000
期末数	−72 000				
合计	589 000	91 000	130 000	180 000	188 000

2. 生产预算

生产预算是根据销售预算编制的。通常，企业的生产和销售不能做到"同步量"，生产数量除了满足销售数量外，还需要设置一定的存货，以保证能在发生意外需求时按时供货，并可均衡生产，节省赶工的额外开支。预计生产量可用下列公式计算。

　　　　　预计生产量=预计销售量+预计期末存货量−预计期初存货量

【例3-2】 假设例3-1中，淮海有限公司希望能在每季度末保持相当于下季度销售量10%的期末存货，上年年末产品的期末存货为500件，单位成本8元，共计4 000元。预计下年第一季度销售量为10 000件，淮海有限公司2009年生产预算见表3-5。

表3-5 淮海有限公司生产预算表
2009年度生产预算表　　　　　　　　　　　　　　　　单位：件

项目	第一季度	第二季度	第三季度	第四季度	全年合计
预计销售量	5 000	7 500	10 000	9 000	31 500
加：期末存货	750	1 000	900	1 000	1 000
合计	5 750	8 500	10 900	10 000	32 500
减：期初存货	500	750	1 000	900	500
预计生产量	5 250	7 750	9 900	9 100	32 000

55

3. 直接材料预算

在生产预算的基础上，可以编制直接材料预算，但同时还要考虑期初、期末原材料存货的水平。直接材料生产上的需要量同预计采购量之间的关系可按下列公式计算：

$$预计采购量＝生产需要量＋期末库存量－期初库存量$$

期末库存量一般按照下期生产需要量的一定百分比来计算，生产需要量的计算公式为

$$生产需要量＝预计生产量×单位产品材料耗用量$$

【例 3-3】 根据例 3-2 资料，假设甲产品只耗用一种材料，淮海有限公司期望每季度末材料库存量分别为 2 100kg、3 100kg、3 960kg、3 640kg。上年年末库存材料为 1 500kg。淮海有限公司 2009 年直接材料预算见表 3-6。

表 3-6　淮海有限公司直接材料预算表

2009 年度直接材料预算表　　　　　　　　　　　　　　　单位：元

项目	第一季度	第二季度	第三季度	第四季度	全年合计
预计生产量(件)	5 250	7 750	9 900	9 100	32 000
单位产品材料用量(千克/件)	2	2	2	2	2
生产需用量(千克)	10 500	15 500	19 800	18 200	64 000
加：预计期末存量	2 100	3 100	3 960	3 640	3 640
合计	12 600	18 600	23 760	21 840	67 640
减：预计期初存量	1 500	2 100	3 100	3 960	1 500
预计采购量	11 100	16 500	20 660	17 880	66 140
单价(元/千克)	2.5	2.5	2.5	2.5	2.5
预计采购金额(元)	27 750	41 250	51 650	44 700	165 350

材料的采购与产品的销售有相同之处，即货款也不是马上用现金全部支付的，这样就可能存在一部分应付款项，所以，为了便于编制现金预算，对于材料采购还须编制现金支出预算。

假设本例材料采购的货款有 50％在本季度内付清，另外 50％在下季度付清。淮海有限公司 2009 年度预计现金支出表见表 3-7。

表 3-7　淮海有限公司预计现金支出表

2009 年度预计现金支出表　　　　　　　　　　　　　　　单位：元

项目	本期发生额	现金支出			
		第一季度	第二季度	第三季度	第四季度
期初数	11 000	11 000			
第一季度	27 750	13 875	13 875		
第二季度	41 250		20 625	20 625	
第三季度	51 650			25 825	25 825
第四季度	44 700				22 350
期末数	－22 350				
合计	154 000	24 875	34 500	46 450	48 175

4. 直接人工预算

直接人工预算也是以生产预算为基础编制的。其主要内容有预计生产量、单位产品工时、人工总工时、每小时人工成本和人工总成本。直接人工预算也能为编制现金预算提供资料。

【例 3-4】 淮海有限公司 2009 年直接人工预算见表 3-8。

表 3-8 淮海有限公司直接人工预算表

2009 年度直接人工预算表　　　　　　　　　　　　　　　　单位：元

项目	第一季度	第二季度	第三季度	第四季度	全年合计
预计生产量(件)	5 250	7 750	9 900	9 100	32 000
单位产品工时(小时)	0.2	0.2	0.2	0.2	0.2
人工总工时(小时)	1 050	1 550	1 980	1 820	6 400
每小时人工成本(元)	10	10	10	10	10
人工总成本(元)	10 500	15 500	19 800	18 200	64 000

5. 制造费用预算

制造费用预算是指除了直接材料和直接人工预算以外的其他一切生产成本的预算。制造费用按其成本性态可分为变动制造费用和固定制造费用两部分。变动制造费用以生产预算为基础来编制，即根据预计生产量和预计的变动制造费用分配率来计算；固定制造费用是期间成本直接列入损益作为当期利润的一个扣减项目，与本期的生产量无关，一般可以按照零基预算的编制方法编制。

【例 3-5】 淮海有限公司 2009 年制造费用预算见表 3-9。

表 3-9 淮海有限公司制造费用预算表

2009 年度制造费用预算表　　　　　　　　　　　　　　　　单位：元

项目	每小时费用分配率(元/小时)	第一季度	第二季度	第三季度	第四季度	全年合计
预计人工总工时(小时)		1 050	1 550	1 980	1 820	6 400
变动制造费用						
间接材料	1	1 050	1 550	1 980	1 820	6 400
间接人工	0.6	630	930	1 188	1 092	3 840
修理费	0.4	420	620	792	728	2 560
水电费	0.5	525	775	990	910	3 200
小计	2.5	2 625	3 875	4 950	4 550	16 000
固定制造费用						
修理费		3 000	3 000	3 000	3 000	12 000
水电费		1 000	1 000	1 000	1 000	4 000
管理人员工资		2 000	2 000	2 000	2 000	8 000
折旧		5 000	5 000	5 000	5 000	20 000
保险费		1 000	1 000	1 000	1 000	4 000
小计		12 000	12 000	12 000	12 000	48 000

续表

项目	每小时费用分配率（元/小时）	第一季度	第二季度	第三季度	第四季度	全年合计
合计		14 625	15 875	16 950	16 550	64 000
减：折旧		5 000	5 000	5 000	5 000	20 000
现金支出费用		9 625	10 875	11 950	11 550	44 000

在制造费用预算中，除了折旧费以外都需支付现金。为了便于编制现金预算，需要预计现金支出，将制造费用预算额扣除折旧费后，调整为"现金支出的费用"。

6．产品生产成本预算

为了计算产品的销售成本，必须先确定产品的生产总成本和单位成本。产品生产成本预算是生产预算、直接材料预算、直接人工预算、制造费用预算的汇总。

【例3-6】 淮海有限公司2009年度产品生产成本预算见表3-10。公司采用变动成本法计算产品成本。

表3-10　淮海有限公司产品生产成本预算表

2009年度生产成本预算表　　　　　　　　　　　　　　　　单位：元

成本项目	全年生产量32 000(件)			
	单耗（千克/件或小时/件）	单价（元/千克或元/小时）	单位成本（元/件）	总成本
直接材料	2	2.5	5	160 000
直接人工	0.2	10	2	64 000
变动制造费用	0.2	2.5	0.5	16 000
合计			7.5	240 000
产成品存货	数量（件）	单位成本（元）		总成本
年初存货	500	8		4 000
年末存货	1 000	7.5		7 500
本年销售	31 500			236 500

由于期初存货的单位成本为8元，而本年生产产品的单位成本为7.5元，两者不一致，所以，存货流转采用先进先出法。

7．销售及管理费用预算

销售及管理费用预算是指为了实现产品销售和维持一般管理业务所发生的各项费用。它是以销售预算为基础，按照成本的性态分为变动销售及管理费用和固定销售及管理费用。其编制方法与制造费用预算相同。

【例3-7】 淮海有限公司2009年度销售及管理费用预算见表3-11。

表 3-11　淮海有限公司销售及管理费用预算表

2009 年度销售及管理费用预算表　　　　　　　　　　　　　　单位：元

项目	变动费用率(按销售收入)	第一季度	第二季度	第三季度	第四季度	全年合计
预计销售收入		100 000	150 000	200 000	180 000	630 000
变动销售及管理费用						
销售佣金	1%	1 000	1 500	2 000	1 800	6 300
运输费	1.60%	1 600	2 400	3 200	2 880	10 080
广告费	5%	5 000	7 500	10 000	9 000	31 500
小计	7.60%	7 600	11 400	15 200	13 680	47 880
固定销售及管理费用						
薪金		5 000	5 000	5 000	5 000	20 000
办公用品		4 500	4 500	4 500	4 500	18 000
杂项		3 500	3 500	3 500	3 500	14 000
小计		13 000	13 000	13 000	13 000	52 000
合计		20 600	24 400	28 200	26 680	99 880

8. 现金预算

现金预算的编制，是以各项日常业务预算和特种决策预算为基础来反映各预算的收入款项和支出款项。其目的在于，当资金不足时为企业如何筹措资金提供依据，当资金多余时为企业怎样运用资金提供依据，并且为企业提供现金收支的控制限额，以便发挥现金管理的作用。

【例 3-8】　根据例 3-1 至例 3-7 所编制的各种预算提供的资料，并假设淮海有限公司每季度末应保持现金余额 10 000 元，若资金不足或多余，可以以 2 000 元为单位进行借入或偿还，借款年利率为 8%，于每季度初借入，每季度末偿还，借款利息于偿还本金时一起支付。同时，在 2009 年度该公司准备投资 100 000 元购入设备，于第二季度与第三季度分别支付价款 50%；每季度预交所得税 20 000 元；预算在第三季度发放现金股利 30 000 元，在第四季度购买国库券 10 000 元。

依上述资料编制淮海有限公司 2009 年度现金预算表，见表 3-12。

表 3-12　淮海有限公司现金预算表

2009 年度现金预算表　　　　　　　　　　　　　　　　　　　单位：元

项目	第一季度	第二季度	第三季度	第四季度	全年合计
期初现金余额	8 000	13 400	10 125	11 725	8 000
加：销货现金收入	91 000	130 000	180 000	188 000	589 000
可供使用现金	99 000	143 400	190 125	199 725	597 000
减：现金支出					
直接材料	24 875	34 500	46 450	48 175	154 000
直接人工	10 500	15 500	19 800	18 200	64 000
制造费用	9 625	10 875	11 950	11 550	44 000
销售及管理费用	20 600	24 400	28 200	26 680	99 880
预交所得税	20 000	20 000	20 000	20 000	80 000
购买国库券				10 000	10 000
发放股利			30 000		30 000
购买设备		50 000	50 000		100 000

续表

项目	第一季度	第二季度	第三季度	第四季度	全年合计
支出合计	85 600	155 275	206 400	134 605	581 880
现金收支差额	13 400	−11 875	−16 275	65 120	15 120
向银行借款		22 000	28 000		50 000
归还银行借款				50 000	50 000
借款利息(年利8%)				2 440	2 440
期末现金余额	13 400	10 125	11 725	12 680	12 680

3.3.2 预算财务报表的编制

1. 预计利润表

预计利润表是综合反映预算期内企业经营活动成果的一种财务预算。它是根据销售、产品成本、费用等预算的有关资料编制的。

【例3-9】 根据前述的各种预算,淮海有限公司2009年度的预计利润表见表3-13。

表3-13 淮海有限公司预计利润表

2009年度预计利润表　　　　　　　　　　　　　　　　　　　　　　单位:元

项目	第一季度	第二季度	第三季度	第四季度	全年合计
销售收入	100 000	150 000	200 000	180 000	630 000
减:变动生产成本	37 750①	56 250	75 000	67 500	236 500
变动销售及管理费用	7 600	11 400	15 200	13 680	47 880
边际贡献	54 650	82 350	109 800	98 820	345 620
减:固定制造费用	12 000	12 000	12 000	12 000	48 000
固定销售及管理费用	13 000	13 000	13 000	13 000	52 000
利息支出				2 440	2 440
税前利润	29 650	57 350	84 800	71 380	243 180
减:所得税(25%)	7 412.50	14 337.50	21 200	17 845	60 795
税后利润	22 237.50	43 012.50	63 600	53 535	182 385

注:①变动生产成本(第一季度)=500×8+4 500×7.5=37 750(元)。

2. 预计资产负债表

预计资产负债表是总括反映预算期内企业财务状况的一种财务预算。编制时,以期初资产负债表为基础,根据销售、生产、资本等预算的有关数据加以调整编制的。

【例3-10】 淮海有限公司2009年度的预计资产负债表见表3-14。

项目3 编制财务预算

表 3-14 淮海有限公司预计资产负债表

2009 年度预计资产负债表　　　　　　　　　　　　　　　　　单位：元

资产	期初数	期末数	负债和所有者权益	期初数	期末数
流动资产			流动负债		
货币资金	8 000	12 680	应付账款	11 000	22 350
交易性金融资产		10 000	未交所得税		-19 205③
应收账款	31 000	72 000			
原材料	3 750	9 100	流动负债合计	11 000	3 145
库存商品	4 000	7 500	长期负债		
流动资产合计	46 750	111 280	长期借款	40 000	40 000
固定资产原值	270 000	370 000①	股东权益		
减：累计折旧	32 250	52 250②	普通股	200 000	200 000
固定资产净值	237 750	317 750	留存收益	33 500	185 885④
资产总计	284 500	429 030	负债和所有者权益总计	284 500	429 030

注：①＝270 000＋100 000（表 3-10）。
　　②＝32 250＋20 000（表 3-7）。
　　③＝60 795－80 000（表 3-10、表 3-11）。
　　④＝33 500＋182 385－30 000（表 3-10、表 3-11）。

财富故事

曲突徙薪

有位客人到某人家里做客，看见主人家的灶上烟囱是直的，旁边又有很多木材。客人告诉主人说，烟囱要改曲，木材须移去，否则将来可能会有火灾，主人听了没有作任何表示。不久主人家里果然失火，四周的邻居赶紧跑来救火，最后火被扑灭了，于是主人烹羊宰牛，宴请四邻，以酬谢他们救火的功劳，但并没有请当初建议他将木材移走、烟囱改曲的人。有人对主人说："如果当初听了那位先生的话，今天也不用准备筵席，而且没有火灾的损失，现在论功行赏，原先给你建议的人没有被感恩，而救火的人却是座上客，真是很奇怪的事呢！"主人顿时省悟赶紧去邀请当初给予建议的那个客人来吃酒。

管理心得：一般人认为，足以摆平或解决企业财务管理过程中的各种棘手问题的人，就是优秀的财务管理者，其实这是有待商榷的，俗话说："预防重于治疗"，防患于未然更胜于治乱于已成，由此观之，做好企业财务预算从根本上杜绝不良财务状况发生才是根本。

典型案例分析

【背景】

淮海公司期初现金余额为 8 756 元，需要保留的期末现金余额为 11 000 元，银行借款按"每期期初借入、期末归还"来预计利息，年利息率为 3%。2010 年预计分配股利 24 000 元，预计所得税 28 486 元，支付债券利息 4 000 元。

该公司 2010 年销售预算中：现金收入合计 582 000 元，销售环节税金（消费税）现金支出为 32 200 元；直接材料预算中：现金支出 272 300 元；直接人工预算中：直接人工成本总额 88 250 元；制造费用预算中：现金支出的费用 61 120 元；销售及管理费用预算中：销售及管理费用合计为 36 400 元；资本支出预算中：该公司决定于 2010 年购置不需要安装的新机器一台，价值 30 000 元。

【要求】

编制淮海公司 2010 年现金预算。

【解析】

淮海公司 2010 年现金预算见表 3-15。

表 3-15　淮海公司 2010 年现金预算

单位：元

项目	金额
期初现金余额	8 756
预算期现金收入额	582 000
可供使用现金	590 756
预算期现金支出额	572 756
其中：直接材料	272 300
直接人工	88 250
制造费用	61 120
销售及管理费用	36 400
产品销售税金（消费税）	32 200
预计所得税	28 486
购买机器设备	30 000
预分股利	24 000
现金余缺	18 000
向银行借款	100 000
归还银行借款	100 000
支付银行借款利息（年利率3%）	3 000
支付债券利息	4 000
期末现金余额	11 000

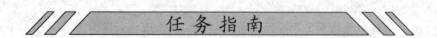

任务 1　编制固定预算

产品成本预算见表 3-16。

表 3-16 产品成本预算表

单位：元

成本项目	预计产量/件	单位成本预算/元	总成本/元
直接材料		12.00	12 000
直接人工	1 000	8.00	8 000
制造费用		5.00	5 000
合计		25.00	25 000

淮海实业股份有限公司 2008 年 10 月实际生产♯101 产品 1 000 件（与预计产量相同），实际成本为 25 800 元，其中直接材料 12 600 元，直接人工 8 000 元，制造费用 5 200 元，单位成本 25.80 元。则实际产品成本计算表见表 3-17。

表 3-17 产品成本计算表

单位：元

成本项目	预计产量/件	单位成本预算/元	总成本/元
直接材料		12.60	12 000
直接人工	1 000	8.00	8 000
制造费用		5.20	5 000
合计		25.80	25 000

将以上两个表中资料进行对比，即将预算期的实际执行结果(25 800 元)与按预算期内计划规定的某一业务量水平(1 000 件)所确定的预算数(25 000 元)进行比较，可以得知其实际成本超出预算 800 元。可以据此对企业相关部门及生产车间的业务进行评价与考核。

任务 2 编制弹性预算

制造费用弹性预算见表 3-18。

表 3-18 制造费用弹性预算表

单位：元

业务量(机器工时)	900 小时	950 小时	1 000 小时	1 050 小时
生产能力利用	90%	95%	100%	105%
1. 变动成本				
电费(单位变动成本 0.8)	720	760	800	840
耗用物料(单位变动成本 1.0)	900	950	1 000	1 050
合计	1 890	1 800	1 710	1 620
2. 混合成本				
燃油	770	800	830	860
修理费	1 130	1 165	1 200	1 235
合计	1 900	1 965	2 030	2 095

续表

业务量(机器工时)	900 小时	950 小时	1 000 小时	1 050 小时
生产能力利用	90%	95%	100%	105%
3. 固定成本				
折旧费	3 000	3 000	3 000	3 000
管理人员工资	1 500	1 500	1 500	1 500
保险费	1 000	1 000	1 000	1 000
合计	5 500	5 500	5 500	5 500
总计	9 020	9 175	9 330	9 485

任务3　编制现金预算

淮海公司2010年现金预算见表3-19。

表3-19　淮海公司2010年现金预算

单位：元

项目	金额
期初现金余额	1 100
预算期现金收入额	360 000
可供使用现金	361 100
预算期现金支出额	308 100
其中：直接材料	130 000
直接人工	83 500
制造费用	58 000
销售及管理费用	8 600
产品销售税金（消费税）	23 000
预分股利	5 000
现金余缺	53 000
短期银行借款	
归还短期银行借款	50 000
期末现金余额	3 000

任务4　编制预计财务报表

淮海公司2010年预计利润见表3-20。

表 3-20 淮海公司 2010 年预计利润表

单位：元

项目	金额
销售收入	460 000
销售税金及附加	23 000
销售成本	349 600
毛利	87 400
销售及管理费用	8 600
利润总额	78 800

项目小结

通过本项目的学习，要具备"预则立，不预则废"的意识观念和不畏繁杂，勇于探索的精神。本项目重点学习了固定预算与弹性预算的编制方法；学习了销售费用预算、管理费用预算及现金预算的编制，重点是现金预算表编制方法；学习了财务费用预算、预计利润表及预计资产负债表编制，重点是预计利润表及预计资产负债表编制方法。

职业能力训练

一、单项选择题

1. 以下各项中，不属于财务预算的是（　　）。
   A. 预计现金流量表　　　　　　B. 现金预算
   C. 生产成本预算　　　　　　　D. 预计资产负债表
2. 在编制预算时，不适宜采用弹性预算方法的是（　　）。
   A. 利润预算　　　　　　　　　B. 制造费用预算
   C. 销售及管理费用预算　　　　D. 现金预算
3. 在编制预算时，预算期必须与会计年度口径一致的编制方法是（　　）。
   A. 定期预算　　　　　　　　　B. 零基预算
   C. 滚动预算　　　　　　　　　D. 弹性预算
4. 在编制预算时，应考虑预算期内一系列可能达到的业务量水平的编制方法是（　　）。
   A. 固定预算　　　　　　　　　B. 增量预算
   C. 弹性预算　　　　　　　　　D. 滚动预算
5. 直接人工预算的主要编制基础是（　　）。
   A. 销售预算　　　　　　　　　B. 现金预算
   C. 生产预算　　　　　　　　　D. 产品成本预算
6. 直接材料预算主要是根据（　　）编制的。
   A. 销售预算　　B. 生产预算　　C. 现金预算　　D. 产品成本预算

7. （　　）是编制生产预算的基础。
   A. 销售预算　　　B. 现金预算　　　C. 直接材料预算　　　D. 直接人工预算
8. 下列预算中，只反映实物量，不反映价值量的是（　　）。
   A. 销售预算　　　B. 生产预算　　　C. 直接材料预算　　　D. 直接人工预算
9. 在编制制造费用预算时，将制造费用预算扣除（　　）后，调整为现金收支的费用。
   A. 变动制造费用　　　　　　　　　　B. 管理人员工资
   C. 折旧　　　　　　　　　　　　　　D. 水电费
10. 在下列各项中，不能作为编制现金预算依据的是（　　）。
    A. 制造费用预算　　　　　　　　　　B. 销售及管理费用预算
    C. 产品生产成本预算　　　　　　　　D. 特种决策预算

二、多项选择题

1. 下列各项中，属于现金支出预算内容的有（　　）。
   A. 直接材料　　　B. 直接人工　　　C. 购置固定资产　　　D. 制造费用
2. 下列各项中，包括在现金预算中的有（　　）。
   A. 现金收入　　　B. 现金支出　　　C. 现金收支差额　　　D. 资金的筹集与使用
3. 全面预算具体包括（　　）。
   A. 日常业务预算　　　　　　　　　　B. 财务预算
   C. 生产预算　　　　　　　　　　　　D. 特种决策预算
4. 下列项目中，属于直接人工预算的内容是（　　）。
   A. 预计生产量　　　　　　　　　　　B. 单位产品耗用工时
   C. 人工总工时　　　　　　　　　　　D. 人工总成本
5. 生产预算是编制（　　）的依据。
   A. 直接材料预算　　　　　　　　　　B. 直接人工预算
   C. 产品成本预算　　　　　　　　　　D. 现金预算
6. 在财务预算中，专门用以反映企业未来一定预算期内预计财务状况和经营成果的预算为（　　）。
   A. 现金预算　　　　　　　　　　　　B. 预计资产负债表
   C. 预计损益表　　　　　　　　　　　D. 预计现金流量表
7. 编制现金预算的依据有（　　）。
   A. 销售预算　　　　　　　　　　　　B. 直接材料预算
   C. 生产预算　　　　　　　　　　　　D. 直接人工预算
8. 下列预算中，能够既反映经营业务又反映现金收支内容的有（　　）。
   A. 销售预算　　　　　　　　　　　　B. 生产预算
   C. 直接材料预算　　　　　　　　　　D. 制造费用预算
9. 编制预计资产负债表的依据包括（　　）。
   A. 现金预算　　　　　　　　　　　　B. 特种决策预算
   C. 日常业务预算　　　　　　　　　　D. 预计损益表
10. 与生产预算有直接联系的预算是（　　）。
    A. 直接材料预算　　　　　　　　　　B. 制造费用预算
    C. 销售及管理费用预算　　　　　　　D. 直接人工预算

三、判断题

1. 滚动预算的主要特点是预算期永远保持 12 个月。（   ）
2. 财务预算是关于企业在未来一定期间内财务状况和经营成果以及现金收支等价值指标的各种预算总称。（   ）
3. 在编制零基预算时，应以企业现有的费用水平为基础。（   ）
4. 能够克服固定预算缺点的预算方法是滚动预算。（   ）
5. 销售管理费用预算是根据生产预算来编制的。（   ）
6. 预算比决策估算更细致、更精确。（   ）
7. 销售量和单价预测的准确性，直接影响企业财务预算的质量。（   ）
8. 预计资产负债表是以本期期初实际资产负债表各项目的数字为基础，并作必要的调整来进行编制的。（   ）
9. 在编制制造费用预算时，应将固定资产折旧费剔除。（   ）
10. 生产预算是日常业务预算中唯一仅以实物量作为计量单位的预算，不直接涉及现金收支。（   ）

四、学习领域情境实训

【情境资料】

淮海公司在 2010 年销售预算中：预计销售收入 644 000 元，销售税金及附加 32 200 元；产品生产成本预算中：预计销售成本 473 480 元；销售及管理费用预算中：销售及管理费用合计为 45 000 元；利息费用预算中：利息 7 000 元。淮海公司预算期所得税率为 25%。

要求：编制淮海公司 2010 年预计利润表，见表 3-21。

表 3-21 淮海公司 2010 年预计利润表

单位：元

项目	金额
销售收入	
销售税金及附加	
销售成本	
毛利	
销售及管理费用	
利息	
利润总额	
应交所得税（25%）	
税后净利润	

【实训要求】

将全班同学分成 8 个小组，每组推选一名同学担任组长，共同进行方案的决策。完成任务后，各组相互交流心得，同时安排 1~2 名同学作典型发言。最后，老师对各组工作方案实施进行点评，并给予相应的成绩评定，另外，各小组也相互给出成绩评定。

项目 4　制定融资方案

 学习目标

知识目标	技能目标
(1) 掌握企业筹资方式、渠道	(1) 会筹资工作的基本流程
(2) 掌握吸收直接投资的相关内容	(2) 会选择筹资渠道，能够预测企业对外筹资额
(3) 掌握销售百分比法	(3) 能合理选择权益资金筹集种类，会描述权益资金筹集流程
(4) 掌握吸收直接投资、股票、内部留存收益的含义、特征等知识	(4) 能合理选择能负债资金筹集种类，会描述权益资金筹集流程
(5) 掌握商业信用、银行借款、租赁、债券的含义、特征、债务偿还方式等知识	(5) 会用经营杠杆、财务杠杆及复合杠杆分析企业的财务管理工作
(6) 掌握经营杠杆、财务杠杆含义，经营风险、财务风险衡量系数的计算公式及应用	(6) 会计算不同筹资方式的筹资成本
(7) 掌握复合杠杆含义、复合风险系数计算公式及应用	(7) 能够确定企业的资本结构
(8) 个别资金成本、综合资金成本、无差别差点法计算公式	

 重点与难点

重　点	难　点
(1) 销售百分比法	(1) 销售百分比法在企业预测筹资中的应用
(2) 吸收直接投资、发行股票、内部留存收益	(2) 发行股票条件的确认及发行手续办理等工作
(3) 商业信用租赁、发行债券、银行借款	(3) 发行债券条件的确认及发行手续办理等工作
(4) 经营杠杆、经营风险、经营杠杆系数	(4) 杠杆系数在企业财务管理工作中的应用
(5) 财务杠杆、财务风险、财务杠杆系数	(5) 无差别差点法在企业资本结构认定中的应用
(6) 复合杠杆、复合风险、复合杠杆系数	
(7) 个别资金成本、综合资金成本公式	

工作任务

任务1 利用销售百分比法预测外部筹资额

淮海实业股份有限公司2008年12月31日资产负债表简要内容如下：2008年销售收入为150万元，销售净利润率为1.8%。公司还有剩余生产能力，预计2009年销售收入为180万元，销售净利润率与2008年持平，净利润的50%将作为现金股利。预测该公司2009年应追加的外部筹资数额。见表4-1。

表4-1 公司简要资产负债表

单位：元

资产	金额	负债及所有者权益	金额
*现金	7 500	应付票据	50 000
*应收账款	240 000	*应付账款	264 000
*存货	261 000	*应付费用	10 500
预付费用	1 000	长期负债	5 500
固定资产净值	28 500	实收资本	25 000
		留存收益	183 000
合计	538 000	负债及所有者权益合计	538 000

【要求】

预测该公司2009年应追加的外部筹资数额。

任务2 权益资本筹资形式的选择

淮海实业股份有限公司2010年度欲融资3 000万元，以调整公司的资本结构，现有注册资本5 000万元，其中权益资本3 000万元，债务资本2 000万元。

【要求】

试分析淮海实业股份有限公司以权益资本的形式筹资时，可以选择的种类及筹资中注意的事项。

任务3 债务资本筹资形式的选择

任务2续，淮海实业股份有限公司2010年度欲融资3 000万元，以调整公司的资本结构，现有注册资本5 000万元，其中权益资本3 000万元，债务资本2 000万元。

【要求】

试分析淮海实业股份有限公司以负债资金的形式筹资时,可以选择的种类、操作程序、偿还率方式及筹资中注意的事项。

任务4 经营风险的衡量

淮海实业股份有限公司2010年产品生产有关销售、成本等资料见表4-2。

表4-2 淮海实业股份有限公司有关资料表

单位:元

项目	2009年	2010年	变动额	变动率/%
销售额	300 000	360 000	60 000	20
变动成本	200 000	240 000	40 000	20
边际贡献	100 000	120 000	20 000	20
固定成本	80 000	80 000	0	
息税前利润	20 000	40 000	20 000	100

【要求】

计算2010年淮海实业股份有限公司经营杠杆系数,确定经营风险。

任务5 财务风险的衡量

淮海实业股份有限公司计划年度预测需要资金100 000元。现有两种融资方案可供选择,方案A:发行20 000股普通股,每股面值5元;方案B:50%采用负债筹资,利率10%。若当前年度息税前利润为15 000元,所得税率25%,预计下年度息税前利润也同比增长20%,见表4-3。

表4-3 企业的融资方案与每股盈余计算分析表

单位:元

时间	项目	方案A	方案B
2009年	发行普通股股数	20 000	10 000
	普通股股本(每股面值5元)	100 000	50 000
	债务(利率10%)	0	50 000
	资金总额	100 000	100 000
	息税前利润	15 000	15 000
	减:债务利息	0	5 000
	税前利润	15 000	10 000
	减:所得税(25%)	3 750	2 500
	税后净利	11 250	7 500
	每股利润(元/股)	0.562 5	0.75

续表

时间	项目	方案 A	方案 B
2010 年	息税前利润增长率	20%	20%
	增长后的息税前利润	18 000	18 000
	减：债务利息	0	5 000
	税前利润	18 000	13 000
	减：所得税(25%)	4 500	3 250
	税后净利	13 500	9 750
	每股利润(元/股)	0.675	0.975
	每股利润增加额	0.112 5	0.225
	普通股每股利润增长率(%)	20%	30%

【要求】

计算淮海实业股份有限公司方案 A、B 的财务杠杆系数，确定财务风险。

任务6 综合风险的衡量

淮海实业股份有限公司有关资料见表 4-4，分析复合杠杆效应。

表 4-4 淮海实业股份有限公司复合杠杆分析表

单位：元

项目	2009 年	2010 年	增减百分比
销售收入	560 000	700 000	25%
变动成本	320 000	400 000	
边际贡献	240 000	300 000	
固定成本	200 000	200 000	
息税前利润(EBIT)	40 000	100 000	150%
利息费用	5 000	5 000	
税前利润	35 000	95 000	
所得税(25%)	8 750	23 750	
税后净利	26 250	71 250	171.43%
普通股数量(股)	10 000	10 000	
每股收益(EPS)	2.625	7.125	171.43%

【要求】

计算淮海实业股份有限公司的复合杠杆系数，确定公司的复合风险。

任务7 最佳资本结构的确定

淮海实业股份有限公司现有注册资本5 000万元,其中权益资本3 000万元,债务资本2 000万元。2011年度欲融资3 000万元,以调整公司的资本结构,可以选择负债融资,也可以选择权益融资。其中债务资金2 000万元,利息率为8%,普通股资金3 000万元(发行普通股300万股,每股面值10元)。由于扩大业务,需追加筹资3 000万元。其筹资方式有两种:方案A是全部发行普通股,增发300万股,每股面值10元;方案B是全部公司债务,债务利率8%,利息240万元,企业的所得税税率为25%。淮海实业股份有限公司筹资预计可实现息税前利润为1 000万元。

(1) 若2011年筹资3 000万元均为银行借款,三年期年利率8%,每年付息一次,到期一次还本,筹资费率为0.5%。

(2) 若2011年筹资3 000万元均为债券,面值为1 000万元,票面年利率为12%,每年付一次利息,发行价为2 200万元,发行费率为5%。

(3) 若2011年筹资3 000万元均为优先股,按面值发行3 000万元的优先股股票,筹资费率为5%,股利率为10%。

(4) 若2011年筹资3 000万元均为普通股,按面值发行3 000万元的普通股股票,筹资费率为2%,股利率为10%,股利增长率每年为3%。

(5) 若2011年筹资3 000万元均为留存收益,普通股股利率为10%,股利增长率每年为4%。

【要求】

(1) 试确定淮海实业股份有限公司采用银行借款、企业债券、优先股、普通股、留存收益等筹资方式时的资金成本。

(2) 确定淮海实业股份有限公司筹资后的综合资金成本,详细数据见表4-5。

(3) 根据背景资料,确定淮海实业股份有限公司筹资后资本结构。

表4-5 淮海实业股份有限公司资本结构

单位:万元

筹资方式	筹资总额	所占比重/%	资金成本/%
银行借款	1 000	12.5	见要求(1)的成本计算
公司债券	1 000	12.5	
优先股	1 000	12.5	
普通股	4 000	50	
留存收益	1 000	12.5	
合计	8 000	100	

相关知识

4.1 筹资管理

4.1.1 企业筹资的概念

企业筹资是指企业根据其生产经营、调整资金结构等活动的需要,通过一定的渠道,采取适当的方式,获取所需资金的一种行为。

4.1.2 企业筹资的渠道与方式

1. 筹资的渠道

筹资的渠道主要指资金来源的对象。目前我国筹资的渠道如下。

(1) 国家财政资金。国家财政资金是指国家对企业的直接投资,是国有企业的主要资金来源渠道。

(2) 银行信贷资金。银行对企业的各种贷款,目前是我国企业最主要的借入资金的来源渠道。我国银行分为商业银行和政策性银行两种。

(3) 非银行金融机构资金。非银行金融机构包括信托投资公司、保险公司、租赁公司、证券公司、企业集团所属的财务公司等。非银行金融机构为企业及个人提供各种金融服务,包括信贷资金的投放、物资的融通及为企业承销证券等金融服务。

(4) 其他法人资金。法人包括以盈利为目的的企业法人,又包括社团法人,这些单位都会有一部分暂时闲置的资金,此处主要指企业法人资金。

(5) 个人资金。个人拥有的资金以购买股票或企业债券等方式投入企业。个人资金已逐渐成为我国企业的重要资金来源。

(6) 企业自留资金。企业自留资金是指企业内部形成的资金,又称为内部资金,包括计提时而定资产折旧、提取的盈余公积与未分配利润等。这些资金不需要企业通过一定的方式去筹集,而由企业内部自动生成或转移。

(7) 外商资金。外商资金既包括外资企业又包括外国投资者及港、澳、台投资者的投资,我国部分企业还直接在境外及香港发行股票或债券。

2. 筹资方式

筹资方式是指企业筹集资金所采取的具体形式。筹资渠道是客观存在的,而筹资方式则是企业的主观行为。我国企业的筹资方式主要有以下 6 种。

(1) 吸收直接投资,即直接从投资者处取得货币资金或财产物资作为资本金,用于企业的生产经营活动。

(2) 发行股票,即企业通过证券市场发行股票,从投资者处取得股本金。

(3) 发行债券,即企业通过证券市场发行企业债券,从投资者处借入资金。

(4) 银行借款,即企业向银行借入货币资金。

(5) 商业信用,即由于企业间的业务往来而发生的债权债务。

(6) 融资租赁,即企业向租赁公司等机构取得固定资产而形成的债务。

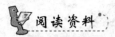

安然事件——震惊世界的丑闻

安然公司是一个典型示范的"金字塔"式关联企业集团，公司连续六年被《财富》杂志评选为"美国最具创新精神公司"。为了避免扩张融资危及原有股权或加大企业风险，安然选择了利用关联企业来隐藏债务，这就使得安然华丽的外衣下隐藏着一张丑陋的面容：安然公司的大部分价值都来自于被隐藏的债务。诚然，安然公司的轰然倒塌有其深层原因，但这种关联交易也难辞其咎。

4.1.3 企业资金需要量预测

适当的筹资规模是筹集资金的基本原则，要合理确定筹资规模，必须先采用科学的方法预测资金需要量。资金需要量的预测有很多方法，现主要介绍销售百分比法。

销售百分比法是根据销售额与资产负债表中有关项目间的比例关系，预测各项目短期资金需要量的方法。该方法有两个基本假定：第一，假定某项目与销售额的比例已知且不变；第二，假定未来的销售额已知。销售百分比法一般通过编制预测资产负债表来确定企业的资金需用量。

预测资产负债表是利用销售百分比法原理预测外部筹资需要量的报表，其基本格式与实际资产负债表大致相同。企业通过编制预测资产负债表，可以预测资产、负债及留存收益等有关项目的数额，从而确定企业需要从外部筹资的数额。

(1) 确定资产、负债中与销售额有固定比率关系的项目，这种项目称之为敏感项目。敏感项目包括敏感资产项目，如现金、应收账款、存货等，还包括敏感负债项目，如应付账款、预提费用等。与敏感项目相对应的是非敏感项目，它是指在短期内不随着销售收入的变动而变动的项目，如对外投资、长期负债、实收资本等。在生产能力范围内，增加销售量一般不需增加固定资产，如果在生产能力已经饱和的情况下继续增加产销量，可能需增加固定资产投资额，因此固定资产项目既可能是非敏感性资产，也可能是敏感性资产。

(2) 计算基期敏感项目与销售收入的百分比，确定需要增加的资金。

(3) 确定计划年度需要增加的资金数额。

(4) 确定对外筹集资金的规模。

外部资金需要量＝增加的资产－增加的负债－增加的留存收益

增加的资产＝增量收入×基期变动资产占基期销售额的百分比

增加的负债＝增量收入×基期变动负债占基期销售额的百分比

增加的留存收益＝预计销售收入×销售净利率×收益留存率

即：对外筹资的需要量

$$\Delta F = K(A-L) - R$$

式中：ΔF——企业在预测年度需从企业外部追加筹措资金的数额；

K——预测年度销售收入对于基年度增长的百分比；

A——随销售收入变动而成正比例变动的资产项目基期金额；

L——随销售收入变动而成正比例变动的负债项目基期金额；

R——预测年度增加的可以使用的留存收益。

【例4-1】 某公司2010年销售收入为1 000万元，销售净利率为10%，净利润的60%

分配给投资者。2010 年 12 月 31 日的资产负债表(简表)见表 4-6。

表 4-6 资产负债表(简表)

2010 年 12 月 31 日 单位:万元

资产	期末余额	负债及所有者权益	期末余额
货币资金	100	应付账款	40
应收账款	200	应付票据	60
存货	300	长期借款	300
固定资产净值	400	实收资本	400
		留存收益	200
资产总计	1 000	负债与所有者权益总计	1 000

该公司 2011 年计划销售收入比上年增长 20%。据历年财务数据分析,公司流动资产与流动负债随销售额同比率增减,公司现有生产能力尚未饱和。假定该公司 2011 年的销售净利率和利润分配政策与上年保持一致,预测该公司 2011 年外部融资需求量。

解:外部资金需要量 ΔF=增加的资产-增加的自然负债-增加的留存收益

其中

增加的资产=增量收入×基期变动资产占基期销售额的百分比
=(1 000×20%)×(100+200+300)/1 000=120(万元)

增加的自然负债=增量收入×基期变动负债占基期销售额的百分比
=(1 000×20%)×(40+60)/1 000=20(万元)

增加的留存收益=预计销售收入×计划销售净利率×留存收益率
=1 000×(1+20%)×10%×(1-60%)=48(万元)

即

外部资金需要量 ΔF=(变动资产销售百分比×新增销售额)-
(变动负债销售百分比×新增销售额)-
[预计销售额×计划销售净利率×(1-股利支付率)]
=120-20-48=52(万元)

或

外部融资需求量 ΔF=基期变动资产×销售增长率-基期变动负债×销售增长率-
[计划销售净利率×预计销售额×(1-股利支付率)]
=(100+200+300)×20%-(40+60)×20%-1 000×(1+20%)×
10%×(1-60%)
=120-20-48=52(万元)

特别提示

注意掌握外部融资需求的敏感分析:销售净利率越高,外部融资越少;股利支付率越高,外部融资越多。

4.1.4 权益资金筹集

1. 吸收直接投资

吸收直接投资不以股票为媒介，它是非股份制企业筹措权益资本的一种基本方式。

1) 吸收直接投资的渠道

(1) 吸收国家投资。国家投资是指有权代表国家投资的政府部门或者机构以国有资产投入企业，由此形成国家资本金。

(2) 吸收法人投资。法人投资是指其他企业、事业单位以其可支配的资产投入企业，由此形成法人资本金。

(3) 吸收个人投资。个人投资是指城乡居民或本企业内部职工以其个人合法财产投入企业，形成个人资本金。

(4) 吸收外商投资。外商投资指外国投资者或我国港、澳、台地区投资者的资金投入企业，形成外商资本金。

2) 吸收直接投资的出资方式

(1) 现金投资。现金投资是企业吸收直接投资最乐于采用的方式。企业有了现金，可用于购置资产、支付费用，使用方式灵活方便。因此，企业一般都争取投资者以现金方式出资。

(2) 实物投资。实物投资是指投资者以房屋、建筑物、设备等固定资产和材料、燃料、产品等流动资产作价投资。企业吸收的实物投资一般应符合以下条件：确为企业科研、生产、经营所需；技术性能比较好；作价公平合理。

(3) 无形资产投资。无形资产投资是指投资者以专利权、商标权、商誉、非专利技术、土地使用权等无形资产作价投资。企业吸收的工业产权、非专利技术作价出资的金额不得超过公司注册资本的20%，但国家对采用高新技术成果出资有特别规定的除外。

3) 吸收直接投资的程序

(1) 确定吸收直接投资的资金数量。企业新建或扩大规模而吸收直接投资时，应当合理确定所需吸收直接投资的数量，以利于正确筹集所需资金。国有企业的增资，须由国家授权投资的机构或国家授权的部门决定。合资或合营企业的增资须由出资各方协商决定。

(2) 选择吸收直接投资的具体方式。企业从哪些方面、以何种形式吸收直接投资，需要由企业和投资者双向选择、协商确定。企业应根据其生产经营等活动的需要以及协议等规定，选择吸收投资方向和具体形式。

(3) 签署合同或协议等文件。企业吸收直接投资，不论是为了新建还是为了增资，都应当由有关方面签署合同或协议等书面文件。对于国有企业，应由国家授权投资的机构等签署创建或增资合同；对于合资企业，应由合资各方共同签订合资或增资协议。

(4) 取得资金来源。签署文件后，企业应按文件规定取得资金来源。吸收现金投资的，企业应按文件约定的划款期限、每期数额及划款方式，足额取得现金。吸收出资各方以实物资产或无形资产投资的，应结合具体情况，采用适当方法，进行合理估价，然后办理产权的转移手续，取得资产。

4) 吸收直接投资的优点

(1) 有利于增强企业信誉。吸收直接投资所筹集的资金属于企业的权益资金，与负债资本比较，它能提高企业的资信和借款能力。

(2) 有利于尽快形成生产能力。吸收直接投资不仅可以筹取现金，而且能够直接获得所需的先进设备和技术，与仅筹取现金的筹资方式相比较，它能尽快地形成生产经营能力。

(3) 有利于降低财务风险。吸收直接投资可以按照企业的经营状况支付报酬，经营状况好就多支付，经营状况不好就少支付或不支付，支付方式比较灵活。

(4) 筹资方式简便、筹资速度快。吸收直接投资的双方直接接触磋商，没有中间环节，只要双方协商一致，筹资即可成功。

5) 吸收直接投资的缺点

(1) 资金成本较高。企业向投资者支付的报酬是根据企业实现的净利润和投资者的出资额计算的，不能减免企业所得税，当企业盈利丰厚时，企业向投资者支付的报酬很大。

(2) 企业控制权分散。吸收直接投资的新投资者享有企业经营管理权，这会造成原有投资者控制权的分散与减弱。

2. 发行股票

股票是股份有限公司发行的用以证明投资者的股东身份和权益并据以获得股利的一种可转让的书面凭证。股票有很多种，按股东权利和义务的不同，可将股票分为普通股票和优先股票；按股票票面是否记名，可将股票分为记名股票和无记名股票；按股票票面有无金额，可将股票分为有面值股票和无面值股票；按股票发行时间的先后，可将股票分为始发股和新发股；按发行对象和上市地区，可将股票分为A股、B股、H股和N股等。

1) 普通股筹资

普通股是股份公司发行的具有管理权而股利不固定的股票，是股份制企业筹集权益资金的最主要方式。

(1) 普通股的特点如下。

① 普通股股东对公司有经营管理权。

② 普通股股东对公司有盈利分享权。

③ 普通股股东有优先认股权。

④ 普通股股东有剩余财产要求权。

⑤ 普通股股东有股票转让权。

(2) 普通股的发行价格如下。

① 面值发行。股票的票面价格是指股票票面上所标明的金额，也叫做股票面值。股票面值通常为1元钱。

② 市价发行。市价发行，也称时价发行，即以股票市场上原股票现行市价为基准来确定股票发行价格，一般说时价发行属于溢价。溢价所得款项列入公司资本公积金，归股东所有。

③ 中间价发行。中间价发行是取股票市场价格与面值的中间值作为股票的发行价格，一般用于股东配股。

(3) 普通股筹资的优点如下。

① 无固定股利负担。通过发行普通股来进行筹资，公司对普通股股东发放股利的原则是"多盈多分、少盈少分、不盈不分"。可见，普通股股利并不构成公司固定的股利负担，是否发放股利、什么时候发放股利以及发放多少股利，主要取决于公司的获利能力和股利政策。

② 无固定到期日，无需还本。通过发行普通股来进行筹资，公司筹集的资金是永久性资金，也叫权益资本或自有资金，公司无需向投资人归还投资。这对于保证公司对资本的最低需要，保证公司资本结构的稳定，维持公司长期稳定发展具有重要意义。

③ 普通股筹资的风险小。由于普通股筹资没有固定的股利负担，没有固定的到期日，无需还本，筹集的资金是永久性资金，投资人无权要求公司破产。

④ 普通股筹资能增强公司偿债和举债能力。发行普通股筹集的资金是公司的权益资本或自有资金，而权益资本或自有资金是公司偿债的真正保障，是公司以其他方式筹资的基础，它反映了公司的实力。所以，利用普通股筹资可增强公司的偿债能力，增强公司的信誉，进而增强公司举债能力。

⑤ 普通股可在一定程度上抵消通货膨胀的影响，因而易吸收资金。从长期来看，普通股股利具有增长的趋势，而且在通货膨胀期间，不动产升值时，普通股也随之升值。

（4）普通股筹资的缺点如下。

① 普通股筹资的资金成本较高。发行普通股进行筹资时，一方面公司要向资产评估机构或会计师事务所支付验资费、评估费，要向律师事务所支付律师费，要向证券承销机构支付委托发行费、手续费，还要支付股票印刷费、公告费和包装费等资金筹集费；另一方面从投资人角度看，由于投资于股票的风险大，所以要求的股票投资报酬率也高。而从筹资方角度看，投资人要求的投资报酬率即发行股票筹资的资金成本率较高。再者，普通股股利税后支付，不具有节税作用，也加大了普通股筹资的资金成本。

② 普通股的追加发行会分散公司的控制权。当公司增资发行普通股时，新股东会相应加入，新股东的加入会稀释原有股东的参与权和控制权。

③ 普通股的追加发行有可能引发股价下跌。由于普通股具有同股、同权、同利的特点，所以新加入的股东会分享公司未发行新股前积累的盈余，这样公司的每股收益就会下降，从而可能导致普通股市价下跌。

2）优先股筹资

优先股是相对普通股而言的，较普通股具有某些优先权利，同时也受到一定限制的股票。优先股的含义主要体现在"优先权利"上，包括优先分配股利和优先分配公司剩余财产权利。具体的优先条件须由公司章程予以明确规定。

（1）优先股的特征如下。

① 优先分配固定的股利。优先股股东通常优先于普通股股东分配股利，且其股利一般是固定的，受公司经营状况和盈利水平的影响较少。所以，优先股类似固定利息的债券。

② 优先分配公司剩余财产。当公司因解散、破产等进行清算时，优先股股东优先于普通股股东分配公司的剩余财产。

③ 优先股股东一般无表决权。在公司股东大会上，优先股股东一般没有表决权，通常也无权过问公司的经营管理，仅在涉及优先股股东权益问题时享有表决权。因此，优先股股东不可能控制整个公司。

④ 优先股可由公司赎回。发行优先股的公司按照公司章程的有关规定，根据公司的需要，可以以一定的方式将所发行的优先股收回，以调整公司的资本结构。

（2）优先股筹资的优点如下。

① 优先股一般没有固定的到期日，不用偿付本金。发行优先股筹集资金，实际上近乎得

到一笔无限期的长期贷款，公司不承担还本义务，也无须再做筹资计划。对可赎回优先股，公司可在需要时按一定价格收回，这就使得这部分资金利用更有弹性。当财务状况较弱时发行优先股，而财务状况转强时收回，这有利于结合资金需求加以调剂，同时也便于掌握公司的资本结构。

② 股利的支付既固定又有一定的灵活性。一般而言，优先股都采用固定股利，但对固定股利的支付并不构成公司的法定义务。如果公司财务状况不佳，可以暂时不支付优先股股利，即使如此，优先股股东也不能像公司债权人那样迫使公司破产。

③ 保持普通股股东对公司的控制权。当公司既想向外界筹措自有资金，又想保持原有股东的控制权时，利用优先股筹资尤为恰当。

④ 从法律上讲，优先股股本属于自有资金，发行优先股能加强公司的自有资本基础，可适当增强公司的信誉，提高公司的借款举债能力。

(3) 优先股筹资的缺点如下。

① 优先股的成本虽低于普通股，但一般高于债券。

② 对优先股的筹资制约因素较多。例如，为了保证优先股的固定股利，当企业盈利不多时，普通股就可能分不到股利。

③ 可能形成较重的财务负担。优先股要求支付固定股利，但又不能在税前扣除，当盈利下降时，优先股的股利可能会成为一项较重的财务负担，有时不得不延期支付，会影响公司的形象。

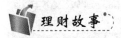

玉林柴油机厂的股份制改造

从1987年到1991年，玉林柴油机厂(玉柴)的厂长王建明经历了漫漫5年的"跑部生涯"。他无数次、不厌其烦地申明玉柴扩大规模的前景和对国家的贡献，希望国家机械电子工业部能给予一定的投资，但每次都落空了。一个偶然的机会，王建明听到了中国证券研究中心副研究员刘继鹏关于股份制的讲座，深受启发。于是在刘继鹏的帮助下，玉柴经过120天的闪电行动，成功地进行了股份制改造，定向募集资金2.4亿元。从此，玉柴走上了一条快速发展的道路。

3. 留存收益

留存收益，即公积金及未分配利润，是指企业税后利润留归企业使用的资金。它也是一种长期筹资方式，是企业资金的主要来源之一。

采用留存收益筹集资金方式，无需支付筹资费用，而采用其他长期筹资方式，如长期借款、发行股票、债券都需支付大量筹资费用，所以，依靠企业内部积累筹集资金、降低筹资成本无疑是有益的。同时，因为留存收益资金属于主权资金，可以增加企业的信用度。

4.1.5 负债资金的筹集

1. 银行借款

银行借款是企业根据借款合同从银行以及其他金融机构借入的，需要还本付息的款项。

1) 银行借款的种类

银行贷款的种类见表4-7。

表4-7 银行贷款的种类

标准	种类	特点
期限长短	短期借款	指借款期限在一年以内的借款
	中期借款	指借款期限在一年以上五年以下的借款
	长期借款	指借款期限在五年以上的借款
有无担保	信用借款	指以借款人的信誉为依据而借入的款项,无需以某种财产作为抵押,又称无担保借款
	抵押借款	指以一定的财产或一定的保证人作为担保而借入的款项,又称担保借款
	票据贴现	指企业以持有未到期的商业票据向银行贴付一定的利息而借入的款项,又称提供借款
偿还方式	一次偿还借款	
	分期偿还借款	
贷款的用途	基本建设借款	指列入计划以扩大生产能力为主要目的的新建、扩建工程及其有关工程,因自筹资金不足,需要向银行申请的借款
	专项借款	指企业因为专门用途而向银行申请借入的款项,主要用于更新改造设备、大修理、科研开发、小型技术措施以及技术转让费周转金等的借款
	流动资金借款	指企业为满足流动资金的需要而向银行借入的款项,包括流动资金借款、生产周转借款、临时借款、结算借款和卖方借款
提供借款的机构	政策性银行贷款	指执行国家政策性贷款业务的银行向企业发放的贷款,如国家开发银行为企业承建国家重点建设项目所需资金而贷给的款项
	商业银行贷款	指商业银行向企业提供的贷款,主要满足企业生产经营的资金需要

2) 银行借款的程序

企业向银行借款的程序大致分为以下几个步骤。

(1) 企业提出借款申请。企业要向银行借款,首先应提出申请,填写包括借款金额、借款用途、偿还能力、偿还方式等内容的借款《申请书》,并提供借款人的基本情况、上年度的财务报告等资料。

(2) 银行审查借款申请。银行接到借款申请后,应对企业的申请进行审查,审查的内容如下。

① 对借款人的信誉等级进行评估。评估可由银行独立进行、内部掌握,也可委托独立的信誉评定机构进行评估。

② 对贷款人进行调查。银行应对贷款人的信用、借款的合法性、安全性及盈利性进行调查,还要核实抵押物、保证人情况,测定贷款风险。

③ 贷款审批。银行一般都建立了审贷分离、分级审批的贷款管理制度。审查人员应对调查人员提供的资料，认真进行审查，决定是否提供贷款。

(3) 签订借款合同。为了维护借贷双方的合法权益，企业与银行应签订借款合同。合同的内容主要如下。

① 基本条件。基本条件主要是规定双方的权利和义务，具体包括数额、方式、发放时间、还款期限、利率及利息的支付方式等。

② 保证条款。保证条款包括借款按规定的用途使用、有关的物资保证、抵押财产担保人及其责任等。

③ 违约条款。违约条款主要载明对企业逾期不还或挪用贷款如何处理和银行不按期发放贷款的处理。

④ 其他附属条款。包括双方经办人、合同生效日期等。

(4) 企业取得借款。双方签订合同后，银行应按合同规定的日期向企业发放贷款。

(5) 企业归还借款。企业取得借款后，应按合同规定按时、足额归还借款本息。

3) 与银行借款有关的信用条件和保护性条款

根据国际惯例，银行发放贷款时，一般会附有一些信用条款，主要有以下 4 个方面。

(1) 补偿性余额。补偿性余额是银行要求借款企业在银行中保留一定数额的存款余额，约为借款额的 10%～20%，其目的是降低银行贷款风险，但对借款企业来说，补偿性余额实际上提高了借款的利率，加重了利息负担。

【例 4-2】 某企业按年利率 9% 向银行借款 500 万元，补偿性余额比例为 10%。要求：计算企业实际借款利率。

解：企业实际借款利率 $=\dfrac{名义利率}{1-补偿性余额比率}=\dfrac{9\%}{1-10\%}=10\%$

(2) 信贷额度。信贷额度是借款企业与银行在协议中规定的借款最高限额。信贷额度的有效期通常为 1 年，但根据情况也可延期 1 年。在信贷额度内，企业可以随时按需要支用借款，但当企业财务状况恶化时银行可不再提供贷款，且不承担法律责任。此外，如果协议是非正式的，则银行并无必须按最高借款限额保证贷款的法律义务。

(3) 周转信贷协议。周转信贷协议是银行具有法律义务地承诺提供不超过某一最高限额贷款的协议。在协定的有效期内，只要企业借款总额未超过最高限额，银行必须满足企业任何时候提出的借款要求。企业享用周转信贷协议，要对贷款限额中的未使用部分付给银行一笔承诺费。

【例 4-3】 某企业与银行商定的周转信贷额度为 3 000 万元，承诺费率为 1‰，该企业年度内实际借款额为 2 500 万元。要求：计算该企业应向银行支付的承诺费。

解：应付承诺费 $=(3\,000-2\,500)\times 1‰=5$(万元)

(4) 借款抵押。银行向财务风险大、信誉度低的企业发放贷款时，往往需要抵押品担保。短期借款的抵押品通常是借款企业的应收账款、存货、股票、债券、房屋等。银行根据抵押品的变现能力来决定贷款金额，一般为抵押品面值的 30%～90%。抵押借款的成本一般要高于非抵押借款，这是因为银行向客户提供抵押贷款的风险很高，管理的要求更高，为此需要收取较高的利息和额外的手续费。

4) 银行借款的优点

(1) 借款筹资速度快。企业利用银行借款筹资一般所需时间较短，程序较为简单，可以快速获得现金。

(2) 借款成本较低。利用银行借款筹资，其利息可在所得税前列支，故可减少企业实际负担的成本，因此比股票筹资的成本要低得多。与债券相比，借款利率一般低于债券利率，筹资费用也较小。

(3) 借款弹性较大。在借款时，企业与银行直接商定贷款的时间、数额和利率；在用款期间，企业如因财务状况发生某些变化，亦可与银行再行协商，变更借款数量及还款期限等。因此，银行借款筹集资金对企业具有较大的灵活性。

(4) 企业利用借款筹资，与债券一样可以发挥财务杠杆的作用。

5) 银行借款的缺点

(1) 筹资风险较高。借款通常有固定的利息负担和固定的偿付期限，故借款企业的筹资风险较高。

(2) 限制条件较多。这可能会影响到企业以后的筹资和投资活动，如要求担保等。

(3) 筹资数量有限。一般不如股票、债券那样可以一次筹集到大批资金。

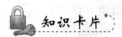知识卡片

利用浮账量

企业账簿上的现金数字很少能代表企业在银行中的可用现金。实际上，企业在银行里的可用资金，通常要大于企业账簿上的现金余额。公司的银行存款余额同它的账面现金余额之差，被称为净浮账量（net float）。净浮账量产生于从支票开出，到它最终被银行结算之间的时滞。由于公司开出的支票可能仍处于传送处理过程中，因此很可能出现当公司账簿现金余额为负数时，银行中的存款余额仍为正的情况。如果净浮账量能被准确地估计，银行存款余额就可以减少并利用这笔资金投资，获取一个正的收益。这种方式通常被财务总监称为"利用浮账量"。

2. 发行债券

债券是社会各类经济主体为筹集负债资金而向投资人出具的，承诺按一定利率定期支付利息，到期偿还本金的债权债务凭证。

1) 债券的基本要素

(1) 债券的面值。债券的面值是债券持有人借以生息的本金和债券到期时偿还债务的金额。目前一般大都趋向小面值。

(2) 债券的期限。债券从发行日开始至到期日止，这一段时间为债券的期限。在债券的期限内，企业必须定期支付利息，到期必须偿还本金。

(3) 债券的利率。债券上一般都注明年利率，利率有固定的，也有浮动的。面值与利率相乘则为年利息。

(4) 偿还方式。债券的偿还方式一般有到期还本付息和分期还息，以及以旧换新等方式。到期还本付息是在债券期限到期时一次还本付息。以旧换新是以新的债券来换取一次或多次发行的旧公司债券。

(5) 发行价格。一般来说，债券的面值即是债券的价格，但由于资金市场上的供求关系及利率的变化，有时债券的价格会与面值相背离，高于或低于面值，但差额通常不会很大。因此债券发行的价格有三种：一是按债券面值等价发行；二是低于债券的面值折价发行；三是高于债券的面值溢价发行。

2) 债券的种类

债券有国家债券、企业债券和金融债券,这里主要介绍企业债券。企业债券按不同标准,可以分为不同类型,见表 4-8。

表 4-8 企业债券的种类

标准	分类	特点
有无抵押	抵押债券	以企业的不动产做抵押而发行的债券。如果不能按期还本付息或破产清算,可以将抵押品拍卖补偿
	信用债券	是无抵押品担保,全凭公司良好的信誉而发行的债券。由于这种债券无抵押品,因此,如果公司破产清算,债券持有人只能将其作为一般债权来分享财产
	担保债券	指由一定保证人作担保而发行的债券。当企业没有足够的资金偿还债券时,债权人可要求保证人偿还
发行方式	记名债券	是在债券名册上登有债券持有人姓名或名称,凭名册姓名偿还本金或支付利息,债券转让时要办理过户手续
	不记名债券	在债券上没有姓名或名称,凭券还本付息,其流动方便,转让无需过户
偿还方式	定期偿还债券	在到期日还本付息(包括分期偿还)的债券
	不定期偿还债券	是按抽签确定债券号码偿还本金和利息的债券
有无利息	有息债券	是除本金外再按面值的一定比率加计利息
	无息债券	不计利息,按面值折价出售,到期按面值归还本金。债券的面值与买价的差额就是持券人的收益
计息标准	固定利率债券	是债券的利息率在债券的期限内保持固定
	浮动利率债券	是利息率随基本利率变动而变动(如保值贴补率)的债券
可否转换	可转换债券	可转换债券是可以转换成普通股的债券,可转换债券在规定时期内(一般为债券期限)转换时,应按规定的价格或一定的比例转换为普通股
	不可转换债券	不可转换债券是不能转换为普通股的债券

3) 债券的发行价格

债券的发行价格有三种:一是按债券面值等价发行,等价发行又叫面值发行;二是按低于债券面值折价发行;三是按高于债券面值溢价发行。

债券发行价格可根据资金时间价值原理来计算。

(1) 按期支付利息,到期一次还本,且不考虑发行费用的债券发行价格的计算公式为

债券发行价格=票面金额×$(P/F, i, n)$+债券面值×票面利率×$(P/A, i, n)$

(2) 不计复利、到期一次还本付息的债券发行价格的计算公式为

债券发行价格=票面金额×(1+票面利率×n)×$(P/F, i, n)$

式中:n——债券期限;

i——市场利率。

【例 4-4】 某企业发行债券筹资,面值 1 000 元,期限 5 年,发行时市场利率 10%,

每年年末付息,到期还本。要求:分别按票面利率为8%、10%、12%计算债券的发行价格。

解:若票面利率为8%:

$$发行价格 = 1\,000 \times (P/F, 10\%, 5) + 1\,000 \times 8\% \times (P/A, 10\%, 5)$$
$$= 1\,000 \times 0.620\,9 + 80 \times 3.790\,8$$
$$= 924.16(元)$$

若票面利率为10%:

$$发行价格 = 1\,000 \times (P/F, 10\%, 5) + 1\,000 \times 10\% \times (P/A, 10\%, 5)$$
$$= 1\,000 \times 0.620\,9 + 100 \times 3.790\,8$$
$$= 1\,000(元)$$

若票面利率为12%:

$$发行价格 = 1\,000 \times (P/F, 10\%, 5) + 1\,000 \times 12\% (P/A, 10\%, 5)$$
$$= 1\,000 \times 0.620\,9 + 120 \times 3.790\,8$$
$$= 1\,075.80(元)$$

【例4-5】 根据例4-4资料,改成单利计息、到期一次还本付息,其余不变。

解:若票面利率为8%:

$$发行价格 = 1\,000 \times (1 + 5 \times 8\%) \times (P/F, 10\%, 5)$$
$$= 1\,400 \times 0.620\,9$$
$$= 869.26(元)$$

若票面利率为10%:

$$发行价格 = 1\,000 \times (1 + 5 \times 10\%) \times (P/F, 10\%, 5)$$
$$= 1\,500 \times 0.620\,9$$
$$= 931.35(元)$$

若票面利率为12%:

$$发行价格 = 1\,000 \times (1 + 5 \times 12\%) \times (P/F, 10\%, 5)$$
$$= 1\,600 \times 0.620\,9$$
$$= 993.44(元)$$

由上面计算可见,由于市场利率是复利年利率,所以当债券以单利计息、到期一次还本付息时,即使票面利率与市场利率相等,也不会是面值发行。

4)债券筹资的优点

(1)债券成本较低。与股票的股利相比较而言,债券的利息允许在所得税前支付,发行公司可享受税收利益,故公司实际负担的债券成本一般低于股票成本。

(2)可利用财务杠杆。无论发行公司的盈利多少,债券持有人一般只收取固定的利息,而更多的收益可用于分配给股东或留用公司经营,从而增加股东和公司的财富。

(3)保障股东控制权。债券持有人无权参与发行公司的管理决策,因此,公司发行债券不会像增发新股票那样可能会分散股东对公司的控制权。

5)债券筹资的缺点

(1)财务风险较高。债券有固定的到期日,并需要定期支付利息,发行公司必须承担按期还本付息的义务。在公司经营不景气时,亦需向债券持有人还本付息,这会给公司带来更大的财务困难,有时甚至导致破产。

(2)灵活性低。发行债券的限制条件一般要比长期借款、租赁筹资的限制条件都多且严格，从而限制了公司债券筹资方式的使用，甚至影响公司以后的筹资能力。

(3) 筹资数量有限。公司利用债券筹资一般受一定额度的限制。我国《公司法》规定，发行公司流通在外的债券累计余额不得超过公司净资产的40%。

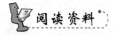

淮海电力公司发行公司债

2007年8月23日，淮海电力宣布将发行规模不超过80亿元人民币的公司债。这与金地集团宣布公司债发行计划的日期只相隔一天。淮海电力公告称，公司债券的存续期限为5～10年（含当年），具体期限还需根据市场情况确定，发行的公司债券不向原有股东进行配售。公告披露，公司债发行采取"一次核准，分期发行"的方式进行：第一期发行40亿元，在中国证监会核准发行之日起6个月内发行；第二期发行不超过40亿元（含40亿元），在中国证监会核准发行之日起24个月内择期发行。淮海电力此次计划发行的公司债规模远超出金地集团计划发行的12亿元。

3. 融资租赁

租赁是指出租人在承租人给予一定报酬的条件下，在契约合同规定的期限内，授予承租人占有和使用财产权利的一种经济行为。

1) 融资租赁的基本特征

融资租赁，又称财务租赁，是由租赁公司按照承租企业的要求融资购买设备，并在契约或合同规定的较长期限内提供给承租企业使用的信用性业务，它是现代租赁的主要类型。承租企业采用融资租赁的主要目的是融通资金。一般融资的对象是资金，而融资租赁集融资与融物于一身，具有借贷性质，是承租企业筹集长期负债资金的一种特殊方式。其特点如下。

(1) 由承租企业向租赁公司提出正式申请，由租赁公司融资购进设备租给承租企业使用。

(2) 租赁期限较长，大多为设备可使用年限的一半以上。

(3) 租赁合同比较稳定，在规定的租期内未经双方同意，任何一方不得中途解约，这有利于维护双方的利益。

(4) 由承租企业负责设备的维修保养和保险，但无权自行拆卸改装。

(5) 租赁期满时，按事先约定的办法处置设备，一般有退还、续租和留购三种选择，通常由承租企业留购。

2) 融资租赁的类型

(1) 直接租赁。直接租赁是融资租赁的典型形式，是指承租人直接向出租人租人所需要的资产，并付出租金。通常所说的融资租赁就是指直接租赁形式。直接租赁的出租人主要是制造厂商和租赁公司。

(2) 售后租回。根据协议，企业将某资产卖给出租人，再将所售资产租回，并按期向租赁公司支付租金。采用这种融资形式，承租企业因出售资产而获得了一笔现金，同时因将其租回而保留了资产的使用权，但失去了资产的所有权。从事售后租回的出租人为租赁公司等金融机构。

(3) 杠杆租赁。杠杆租赁是由资金出借人为出租人提供部分购买资产的资金，再由出租人将资产租给承租人的方式。因此，杠杆租赁就涉及出租人、承租人和资金出借人三方。这种方式和其他租赁方式一样对承租人没有影响，但对出租人来说，它只支付购买资产的部分资金,另一部分是以该资产作为担保向资金出借入借来的,因此,它既是出租人,又是借资人,同时又拥有资产所有权。如果不能按期偿还借款,则资产所有权要归资金出借人所有。

(4) 转租赁。这种租赁形式的特点是,承租人所租设备是租赁公司从国内外的其他租赁公司或设备制造厂商租来的。

3) 融资租赁租金的计算

融资租赁租金是承租企业支付给租赁公司让渡租赁设备的使用权或价值的代价。租金的数额大小、支付方式对承租企业的财务状况有直接的影响,也是租赁决策的重要依据。

(1) 租金的构成。

① 租赁资产的价款,包括设备的买价、运杂费及途中保险费等。

② 利息,即租赁公司所垫资金的应计利息。

③ 租赁手续费,包括租赁公司承办租赁业务的营业费用及应得到的利润。租赁手续费的高低由租赁公司与承租企业协商确定,一般以租赁资产价款的某一百分比收取。

(2) 租金的支付方式。

① 租金按支付时期长短不同,可分为年付、半年付、季付、月付。

② 租金按每期支付租金的时间不同,可分为先付租金和后付租金。先付租金指在期初支付租金;后付租金指在期末支付租金。

③ 租金按每期支付金额不同,可分为等额支付和不等额支付。

(3) 租金的计算方法。

融资租赁租金计算方法较多,常用的有平均分摊法和等额年金法。

① 平均分摊法。平均分摊法是指先以商定的利息率和手续费率计算出租赁期间的利息和手续费,然后连同租赁设备的购置成本的应该摊销总额按租金支付次数平均计算出每次应付租金的数额的方法。

在平均分摊法下,每次应付租金数额的计算公式为

$$R=\frac{(C-S)+I+F}{N}$$

式中：R——每次期末应付租金数额;

C——租赁设备的购置成本;

S——期满时由租入方留购,支付给出租方的转让价;

I——租赁期间利息;

F——租赁期间手续费;

N——租赁期间租金支付次数。

【例4-6】 某企业向租赁公司租入一套设备,设备原价100万元,租期5年,预计租赁期满租入企业支付的转让价为5万元。年利率为10%,手续费为设备原价的2%,租金每年年末支付一次。要求:计算该企业每年应付租金的数额。

解:$R=\{(100-5)+[100\times(1+10\%)^5-100]+100\times 2\%\}\div 5=31.61$(万元)

② 等额年金法。等额年金法是将租赁资产在未来各租赁期内的租金按一定的贴现率予以折现,使其正好等于租赁资产的成本。在这种方法下,要将利息率和手续费率综合在一起确定一个租费率,作为贴现率。这种方法与平均分摊法比较,计算是复杂了,但因为考虑了资金的时间价值,结论更具客观性。

在实际租赁过程中,租金有先付租金(期初支付,即租金是预付年金)和后付租金(期末支付,即租金是普通年金)两种支付方式。

先付租金的计算公式

$$R = \frac{C - S \times (P/F, i, n)}{(P/A, i, n-1) + 1}$$

式中：i——贴现率；其他符号意义同前。

后付租金的计算公式

$$R = \frac{C - S \times (P/F, i, n)}{(P/A, i, n)}$$

【例 4-7】 仍用例 4-6 的资料，分别对以下三种情况用等额年金法计算该企业每年应付租金额：①租费率为 12%，租金在每年年末支付；②租费率为 12%，租金在每年年初支付；③租金在每年年末支付，但租赁手续费在租入设备时一次付清。

解：设三种情况的每年应付租金额分别为 R_1，R_2，R_3，则：

$$R_1 = \frac{100 - 5 \times (P/F, 12\%, 5)}{(P/A, 12\%, 5)} = \frac{100 - 5 \times 0.567\,4}{3.604\,8} \approx 26.95(万元)$$

$$R_2 = \frac{100 - 5 \times (P/F, 12\%, 5)}{(P/A, 12\%, 4)} = \frac{100 - 5 \times 0.567\,4}{3.037\,3 + 1} \approx 24.07(万元)$$

$$R_3 = \frac{100 - 5 \times (P/F, 10\%, 5)}{(P/A, 10\%, 5)} = \frac{100 - 5 \times 0.620\,9}{3.790\,8} \approx 25.56(万元)$$

4) 融资租赁的优点

(1) 迅速获得所需资产。融资租赁集融资与融物于一身，一般要比先筹措现金再购置设备来得更快，可使企业尽快形成生产经营能力。

(2) 租赁筹资限制较少。企业运用股票、债券、长期借款等筹资方式，都受到相当多的资格条件的限制，相比之下，租赁筹资的限制条件很少。

(3) 免遭设备陈旧过时的风险。随着科学技术的不断进步，设备陈旧过时的风险很高，而多数租赁协议规定由出租人承担设备陈旧过时风险，承租企业可免遭这种风险。

(4) 全部租金通常在整个租期内分期支付，可适当降低不能偿付的危险。

(5) 租金费用可在所得税前扣除，承租企业能享受税收利益。

5) 融资租赁的缺点

(1) 成本较高，租金总额通常要高于设备价值的 30%。

(2) 承租企业在财务困难时期，支付固定的租金也将构成一项沉重的负担。

(3) 不利于改进资产。在租赁期内，未经出租人同意，承租人一般不得随意改进所租入的资产。

4. 商业信用

1) 应付账款

应付账款是企业赊购货物而形成的短期债务，即卖方允许买方在购买货物后一定时期内支付货款的一种形式，是一种典型的商业信用形式。卖方往往通过这种方式来推销商品，而买方通过延期付款，等同于向卖方借款购买商品，从而解决了暂时性的资金短缺困难。

(1) 应付账款成本。应付账款一般可享受现金折扣优惠，同时也附有信用条件。信用条件包括：买方在规定折扣期内付款而享受到的免费信用；买方放弃折扣而付出的有代价信用；买方超过规定的信用期推迟付款而强制获得的展期信用。因此，采用应付账款形式筹集到的短期借款并不都是免费的，有时是要付出代价的。

【例 4-8】 某企业购入一批原材料，价款总额为 100 万元，付款约定为 (2/10, n/

30)。(2/10, n/30)就是一种信用条件,表示付款信用期为 30 天,若能提早在 10 天内付款,买方可以享受 2%的现金折扣,若不准备享受 2%的现金折扣,则应该在 30 天内付清货款。

如果该企业现准备在 10 天内付款,则可以享受到 2%的现金折扣,折扣额为 2 万元(100×2%),免费信用额度为 98 万元(100-2)。

如果该企业准备放弃现金折扣,在 10 天后(不超过 30 天)付款,则该企业将取得有代价的信用额度 100 万元,这种代价就是企业放弃现金折扣的机会成本。其计算公式为

$$放弃现金折扣成本率 = \frac{现金折扣率 \times 360}{(1-现金折扣率) \times (信用期-折扣期)}$$

$$= \frac{2}{98} \times \frac{360}{20}$$

$$= 36.73\%$$

该企业放弃现金折扣的成本为 36.73%。一般来说,企业向银行取得信用额度借款的年利率都会比放弃现金折扣的成本低,因此放弃现金折扣而进行商业信用筹资是一种代价较高的筹资方式。但是如果企业在放弃现金折扣的同时,推迟付款的时间越长,其成本就越小。因为从放弃现金折扣成本的计算公式中,可以发现放弃现金折扣的成本与折扣百分比的大小、折扣期的长短同方向变化,与信用期的长短反方向变化。如果例 4-8 中,企业延期至 60 天付款,其成本为:$\frac{2\%}{1-20\%} \times \frac{360}{60-10} = 14.7\%$。

(2)利用现金折扣的决策。

在信用条件下,因为获得不同的信用要负担不同的代价,买方企业要在选择何种信用之间作出决策。一般情况下:

① 如果短期借款利率低于放弃现金折扣的机会成本,买方企业应该借入资金,在折扣期内付款,享受现金折扣。比如,如上例中同期的银行短期借款利率为 10%,企业应利用更便宜的短期借款在折扣期内偿还应付账款;反之,企业应该放弃折扣。

② 如果在折扣期内用应付账款进行短期投资,短期投资收益率高于放弃现金折扣的成本,则应放弃折扣去追求更高的收益。同时,如果企业放弃折扣推迟付款,应将付款日选择在信用期的最后一天,以降低放弃折扣的成本。

③ 如果企业由于资金缺乏,准备在信用展期内付款,这时企业需要在降低了的放弃折扣成本与展期付款带来的信誉恶化中作出选择。

④ 如果有两家以上的卖方提供不同的信用条件,买方不准备享受现金折扣时,应衡量放弃现金折扣成本的大小,选择信用成本较小的;买方准备享受现金折扣(即在折扣期内付款)时,此时"放弃现金折扣成本"实际上是一种收益,应选择信用成本较大的。

【例 4-9】 某公司准备采购一批材料,供应商报价如下。

(1)立刻付款,价格为 48 150 元。

(2)30 天内付款,价格为 48 750 元。

(3)31 天至 60 天内付款,价格为 49 350 元。

(4)61 天至 90 天内付款,价格为 50 000 元。

假设银行短期借款利率为 10%,每年按 360 天计算。要求:计算放弃现金折扣成本,并选择对该公司最有利的付款方式。

解：(1) 立刻付款：

折扣率＝(50 000－48 150)/50 000＝3.7%

放弃现金折扣成本＝3.7%/(1－3.7%)×360/(90－0)＝15.37%

(2) 30 天付款：

折扣率＝(50 000－48 750)/50 000＝2.5%

放弃现金折扣成本＝2.5%/(1－2.5%)×360/(90－30)＝15.38%

(3) 60 天付款：

折扣率＝(50 000－49 350)/50 000＝1.3%

放弃现金折扣成本＝1.3%/(1－1.3%)×360/(90－60)＝15.81%

所以，最有利的付款方式是第 60 天付款 49 350 元。

2) 商业汇票

商业汇票是指单位之间根据购销合同进行延期付款的商品交易时，开出的反映债权债务关系的票据。根据承兑人的不同，商业汇票可分为商业承兑汇票和银行承兑汇票。商业承兑汇票是指由收款人开出，经付款人承兑，或由付款人开出并承兑的汇票。银行承兑汇票是指由收款人或承兑申请人开出，由银行审查同意承兑的汇票。商业汇票是一种期票，是反映应付账款和应收账款的书面证明。对于买方来说，它是一种短期融资方式。

3) 预收账款

在这种形式下，卖方要先向买方收取货款，但要延期到一定时期以后交货，这等于卖方向买方先借一笔资金，是另外一种典型的商业信用形式。通常，购买单位对于紧俏商品乐意采用这种形式，以便顺利获得所需商品。另外，生产周期长、售价高的商品，如轮船、飞机等，生产企业也经常向订货者分次预收货款，以缓解资金占用过多的矛盾。

4) 商业信用筹资的优点

(1) 筹资方便。商业信用随商品交易自然产生，属于自然性筹资，事先不必正式规划，方便灵活。

(2) 限制条件少。商业信用相对银行借款一类的筹资方式，没有复杂的手续和各种附加条件，也不需抵押担保。

(3) 筹资成本低，甚至不发生筹资成本。如果没有现金折扣，或者公司不放弃现金折扣，则利用商业信用筹资不会发生筹资成本。

5) 商业信用筹资的缺点

商业信用的期限一般较短，如果企业取得现金折扣，则时间会更短，如果放弃现金折扣，则需付出较高的资金成本。

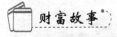

个性成就事业　"80 后"沈子凯卖火柴赚得百万身家

杭州人沈子凯是个"80 后"大男孩，头衔是杭州吉卜力艺术创造社的市场总监，以火柴为主要经营方向。

在卖火柴之前，沈子凯拥有一家自己的广告公司。再往前，他是一个艺术设计专业的学生，梦想着像无印良品、暴力熊、宜家那样，用创意和设计的手段，将生活中很普通的东西变成有趣好玩的产品。

开广告公司时，生意不错，沈子凯安生了两年。2007 年，一个做创意的朋友送给沈子凯一盒酒店用火柴让他选择了改行。黑色的外盒上用 UV 工艺压着细碎的花纹，火柴又长又粗，与平时看到的火柴完

中小企业财务管理教程

全两样。朋友说这叫送财,既漂亮又讨口彩的礼物让沈子凯很高兴,无聊时常常反复把玩这盒火柴,他想起了曾经的创意产品计划。经过一番思考和市场调查,他离开一手创办的广告公司,注册了这家名叫杭州吉卜力艺术创造社的公司,专心开发起艺术火柴。

2007年7月,沈子凯正式注册了纯真年代艺术火柴商标,3个月后开始销售,并在2008年4月份正式开始加盟连锁。随着第一家店的开张,在西塘、黄山、上海、苏州、阳朔、北京等地的10多家加盟店陆续开张营业,自己的直营店也于7月份在绍兴——鲁迅故里开张。目前纯真年代的近百个经销商遍布了除西藏、新疆外的中国大半地区。

事实上,沈子凯并不是转型卖火柴的个案。在重庆的"70后"杨华成和"80后"的沈子凯互不认识,不过他们的境遇却十分雷同:杨原本也经营着自己的广告公司,现在他也卖起了火柴,只不过杨华成卖火柴要比沈子凯稍早,2006年做了10多年包装印刷行业的杨华成卖掉了自己的广告印刷公司,边休息边寻找新的项目。

2007年春节,杨华成在朋友的家里看到一盒艺术火柴,立马爱不释手,靠着自己对印刷包装领域的熟悉,他敏锐地感到了这个项目的市场前景。凭借多年积累的资源,杨华成和朋友迅速成立重庆奇品堂文化传播公司,注册火焰神话品牌开始卖火柴。

沈子凯和杨华成卖的都是包装鲜艳的艺术火柴。这种时尚精美的火柴近几年备受欢迎,在国内许多旅游景区和大城市的商场里如雨后春笋般冒出无数的专卖店,而沈子凯的纯真年代和杨华成的火焰神话正是其中最活跃的品牌。

火柴的历史已经有180多年,从1887年英国人发明安全火柴,直到20世纪90年代初,火柴都是人们日常生活的必需品。但廉价打火机的普及,让火柴慢慢退出了人们的视线。如今无论是在城市还是乡村,曾经红火的火柴都几乎销声匿迹。

伴随传统火柴角色隐退的,还有各地大大小小的火柴厂,它们或转产,或关闭,存活下来的也是苟延残喘,目前全国上规模的传统火柴企业已不足50家,全年销售额约为5 000万元,一件(1 000盒)的利润平均0.7元,每小盒仅仅几厘钱,平均只有2.6%的利润,相较现代企业的高盈利能力,传统火柴业基本处于微利或无利状态。

但是,传统火柴消亡的同时也为艺术火柴的出现创造了可能。就像沈子凯所说:当打火机满天飞,人人都在用ZIPPO的时候,原来的个性和时尚就变成了平庸和无趣。当大家都在玩时,这个东西往往就不再好玩了。

如今,穿了新衣服摇身一变的艺术火柴早已远离火柴最初的功用,已不再是一种廉价的点火工具,而其材料和工艺也与传统产品有不小的差别。例如,传统火柴用的是便宜低档的油面纸,而艺术火柴用的是白卡等高档纸张,还使用了外盘腹膜等包装技术。火柴本身的材料是$2mm \times 2mm$的东北精选小白杨,火柴头也比传统的要大,而且长短规格不一,极富个性。

作为世界上数量仅次于邮票的收藏品,传统火柴的火花(火柴盒上的贴画)这一小众市场给艺术火柴以很大的启发。而对于20世纪七八十年代出生的年轻群体而言,包含童年回忆的火柴经过重新包装,甚至可以与实用功能完全剥离,而仅仅成为一种收藏品。送财的概念也让这种价格适中的产品适合定位于小礼品,在旅游景点、综合商业区等地点具有广阔的销售市场。

4.2 资金成本

4.2.1 资金成本的概念与作用

1. 资金成本的概念

资金成本是企业为筹措并使用资金而支付的费用,具体包括用资费用与筹资费用。

(1)用资费用。用资费用是指企业在投资、生产经营过程中因使用资金而支付的费用。如向股东支付的股息、向债权人支付的利息等,这是资金成本的主要内容。

(2) 筹资费用。筹资费用是指企业在筹集资金过程中，为取得资金而支付的费用。如发行股票或债券的发行费、向银行支付的借款手续费等。筹资费用是在筹资时一次发生的，而在用资过程中不再发生的费用。

资金成本在财务管理中一般用相对数表示，即表示为用资费用与实际筹得资金（筹资总额减去筹资费用）的比率。其计算公式为

$$资金成本＝每年的用资费用/（筹资总额－筹资费用）$$

2. 资金成本的作用

资金成本在筹资决策中的作用表现为以下 4 个方面。

(1) 资金成本是影响企业筹资总额的重要因素。
(2) 资金成本是企业选择资金来源的基本依据。
(3) 资金成本是企业选用筹资方式的参考标准。
(4) 资金成本是确定最优资金结构的主要参数。

4.2.2 个别资金成本

个别资金成本是指各种筹资方式的成本，包括债券成本、银行借款成本、优先股成本、普通股成本和留存收益成本，前两者可统称为负债资金成本，后三者统称为权益资金成本。

1. 银行借款资本成本

银行借款资本成本的计算公式为

$$K_1=\frac{I_1(1-t)}{P_1(1-f_1)}=\frac{i_1(1-t)}{1-f_1}$$

式中：K_1——银行借款资本成本；
  　　I_1——银行借款年利息；
  　　P_1——银行借款筹资总额；
  　　t——所得税税率；
  　　f_1——银行借款筹资费率；
  　　i_1——银行借款年利息率。

2. 债券资本成本

债券资本成本的计算公式为

$$K_2=I_2(1-t)/P_2(1-f_2)=B \cdot i_2(1-t)/P_2(1-f_2)$$

式中：K_2——债券资本成本；
  　　I_2——债券年利息；
  　　P_2——债券筹资总额；
  　　t——所得税税率；
  　　f_2——债券筹资费率；
  　　i_2——债券年利息率。

【例 4-10】　某企业按面值发行债券 2 000 万元，筹资费率 2%，债券票面利率 10%，每年年末付息，所得税率 25%。要求：计算该债券的资本成本。

解：$K_2=10\%(1-25\%)/(1-2\%)=7.65\%$

【例 4-11】　某企业发行债券 1 000 万元，面额 1 000 元，按溢价 1 050 元发行，筹资费率

2%，债券票面利率10%，每年年末付息，所得税率25%。要求：计算该债券的资本成本。

解：$K_2 = 1\,000 \cdot 10\%(1-25\%) / 1\,050(1-2\%) = 7.29\%$

3. 优先股资本成本

优先股资本成本的计算公式为

$$K_3 = \frac{D}{P_3(1-f_3)}$$

式中：K_3——优先股资本成本；
　　　D——优先股年股利额；
　　　P_3——优先股筹资总额；
　　　f_3——优先股筹资费率。

4. 普通股资本成本

普通股资本成本的计算公式为

$$K_4 = \frac{D}{P_4(1-f_4)} + G$$

式中：K_4——普通股资本成本；
　　　D_1——预期第1年普通股股利；
　　　P_4——普通股筹资总额；
　　　f_4——普通股筹资费率；
　　　G——普通股年股利增长率。

5. 留存收益资本成本

留存收益资本成本的计算公式为

$$K_5 = \frac{D_1}{P_4} + G$$

式中：K_5——留存收益资本成本，其余字母意义同普通股资本成本公式。

4.2.3　综合资金成本的计算

综合资金成本是以各种资金所占的比重为权数，对各种资金成本进行加权平均计算出来的，也称为加权平均资金成本。其计算公式为

$$K_W = \sum_{j=1}^{n} K_j \cdot W_j$$

式中：K_W——综合资本成本(加权平均资本成本)；
　　　K_j——第j种资金的资本成本；
　　　W_j——第j种资金占全部资金的比重。

【例4-12】　某企业为筹集资金，计划发行债券500万元，票面利率8%，筹资费用率为2%；优先股100万元，股利率12%，筹资费用率为5%；普通股300万元，筹资费用率为7%，预计下一年的股利率为14%，股利以每年4%的速度递增；留存收益100万元。试计算此次筹资计划的加权平均资金成本(企业适用所得税税率为25%)。

解：债券资本成本率 = $8\%(1-25\%) / (1-2\%) = 6.12\%$

优先股资本成本率 = $12\% / (1-5\%) = 12.63\%$

普通股资本成本率 = $14\% / (1-7\%) + 4\% \approx 19.05\%$

留存收益资本成本＝14％＋4％＝18％
综合资本成本率＝6.12％×50％＋12.63％×10％＋19.05％×30％＋18％×10％
　　　　　　　＝11.84％

计算综合资本成本率时，权数基础的选择：账面价值权数（了解过去），市场价值权数（反映现在），目标价值权数（预知未来）。

大宇汽车，过度负债的牺牲品

大宇汽车，一个曾经令大宇集团风光无限的名字，一个曾经创造过人均年产165台汽车辉煌历史的公司，于2000年11月8日宣告破产。导致这一结果的直接原因是该公司无力偿还到期的445亿韩元的期票，更主要的原因是大宇汽车公司已处于资不抵债的败落局面。有媒体认为，大宇汽车公司破产的根源在于该公司过度的负债经营。

4.3　资本结构

4.3.1　资本结构的概念

资本结构是指企业各种资金的构成及其比例关系。资本结构有广义和狭义之分。狭义的资本结构是指长期资金结构；广义的资本结构是指全部资金（包括长期资金、短期资金）的结构。本项目所指资本结构是指狭义的资本结构。

4.3.2　资本结构的优化

资本结构的优化旨在寻求最佳资本结构，最佳资本结构是指在一定条件下使企业综合资本成本最低、企业价值最大的资本结构。

确定最佳资本结构的方法有比较综合资本成本法、比较普通股每股利润法和每股利润无差别点分析法。

1. 比较综合资本成本法

比较综合资本成本法是通过计算各方案加权平均的资金成本，并根据加权平均资金成本的高低来确定最佳资金结构的方法。最佳资金结构亦即加权平均资金成本最低的资金结构。

【例4-13】　某公司原有资产1 000万元，其中长期债券400万元，票面利率9％；优先股100万元，年股息率11％；普通股500万元，今年预计每股股息2.6元，股价20元，并且股息以2％的速度递增。该公司计划再筹资1 000万元，有A、B两个方案可供选择：

A方案：发行1 000万元债券，票面利率10％，由于负债增加，股本要求股息增长速度为4％。

B方案：发行600万元债券，票面利率10％，发行400万元股票，预计每股股息为3.3元，股价为30元，年股利以3％的速度递增。

要求：企业适用所得税税率为30％。根据资料计算A、B方案的加权平均资金成本并评价其优劣。

解：原债券成本率＝9％(1－30％)＝6.3％
原优先股成本率＝11％
原普通股成本率＝2.6/20＋2％＝15％
A方案：
新债券成本＝10％(1－30％)＝7％
增资后普通股成本＝2.6/20＋4％＝17％
A方案综合资本成本率＝6.3％×400/2 000＋7％×1 000/2 000＋11％×100/2 000＋
　　　　　　　　　　17％×500/2 000
　　　　　　　　　＝9.06％
B方案：
新债券成本＝10％×(1－30％)＝7％
增资后普通股成本＝3.3/30＋3％＝14％
B方案综合资本成本率＝6.3％×400/2 000＋7％×600/2 000＋11％×100/2 000＋
　　　　　　　　　　14％×900/2 000
　　　　　　　　　＝10.21％

由以上计算结果可知，A方案的综合资本成本低于B方案，应采用A方案。

2. 比较普通股每股利润法

普通股每股利润＝净利润/普通股股数＝(息税前利润－利息－所得税)/普通股股数
　　　　　　　＝［(息税前利润－利息)×(1－所得税率)］/普通股股数

【例4－14】 某企业现有权益资金500万元(普通股50万股，每股面值10元)。企业拟再筹资500万元，现有三个方案可供选择，即A方案：发行年利率为9％的长期债券；B方案：发行年股息率为8％的优先股；C方案：增发普通股50万股。预计当年可实现息税前盈利100万元，所得税率30％。

要求：用每股利润法选择最优资本结构。

解：各方案的每股利润分别为

$$EPS_A = \frac{(100-500\times 9\%)\times(1-30\%)}{50} = 0.77(元)$$

$$EPS_B = \frac{100\times(1-30\%)-500\times 8\%}{50} = 0.60(元)$$

$$EPS_C = \frac{100\times(1-30\%)}{50+50} = 0.70(元)$$

由以上计算结果可知，A方案的每股利润最大，应采用A方案筹资。

3. 每股利润无差别点分析法

当预计的息税前利润大于每股利润无差别点时，负债筹资方案可以加大企业财务杠杆的作用，放大收益倍数。当预计息税前利润小于每股利润无差别点时，发行股票筹资比较好。

每股利润无差别点的计算公式满足：［(息税前利润－利息$_1$)×(1－所得税率)］/普通股股数$_1$＝［(息税前利润－利息$_2$)×(1－所得税率)］/普通股股数$_2$，然后计算得出每股利润无差别的息税前利润。

每股利润无差别点是指使不同资本结构的每股利润相等的息税前利润点，这一点是两种资本结构优劣的分界点。

【例4-15】 某公司2007年初的负债及所有者权益总额为9 000万元,其中,公司债券为1 000万元(按面值发行,票面年利率为8%,每年年末付息,三年后到期);普通股股本为4 000万元(面值1元,4 000万股);资本公积为2 000万元;其余为留存收益。

2007年该公司为扩大生产规模,需要再筹集1 000万元资金,有以下两个筹资方案可供选择。A方案:增加发行普通股,预计每股发行价格为5元;B方案:增加发行同类公司债券,按面值发行,票面年利率为8%。

预计2007年可实现息税前利润2000万元,适用的企业所得税税率为33%。

要求:

(1) 计算增发股票方案的下列指标。

① 2007年增发普通股股份数。

② 2007年全年债券利息。

(2) 计算增发公司债券方案下的2007年全年债券利息。

(3) 计算每股利润的无差异点,并据此进行筹资决策。

解:(1)计算增发股票方案的下列指标。

① 2007年增发普通股股份数=10 000 000/5(股)=200(万股)

② 2007年全年债券利息=1 000×8%=80(万元)

(2) 增发公司债券下的2007年全年债券利息=(1 000+1 000)×8%=160(万元)

(3) 计算每股利润的无差异点,并据此进行筹资决策。

① 根据题意,列方程

$$\frac{(\overline{EBIT}-80)(1-33\%)}{4\ 200}=\frac{(\overline{EBIT}-160)(1-33\%)}{4\ 000}$$

每股利润无差异点的息税前利润

$$(160\times4\ 200-80\times4\ 000)/(4\ 200-4\ 000)=1\ 760(万元)$$

② 筹资决策

∵ 预计息税前利润=2 000万元>每股利润无差异点的息税前利润=1 760万元

∴ 应当通过增加发行公司债券的方式筹集所需资金(或:应按B方案筹资)

优序融资理论

1. 不同资金来源的资金成本率的高低各不相同且不固定,但总体上看存在这样一种基本规律,即:普通股成本最高,优先股成本次之,长期负债的成本相对较低。在资本市场充分发达的情况下,不同类别资金的成本又呈现出一种相对稳定的状态。

2. 债券融资具有抵税利益。只有当债务融资超过特定临界点时,增加的破产成本和代理成本才会抵消企业节税利益,因此,企业保持合理的债务比例有助于企业价值的提升。

3. 债务融资对管理者具有激励作用,可在一定程度上降低由于所有权与控制权分离而产生的代理成本。

4. 通常而言,债务融资向市场传递的是积极信号,有助于提高企业的市场价值。总之,在各类资金成本既定的前提下,优化融资结构将有助于企业总资金成本水平的降低。在西方企业实践过程中,大部分的企业在融资时首选内部融资,若需外部融资,则首选发行债券,然后才发行股票,这就是现代资本结构理论中的"优序融资理论"。

4.4 杠杆原理

4.4.1 经营杠杆

经营杠杆是指在某一固定经营成本比重的作用下,销售量变动对息税前利润产生的影响。由于固定经营成本的存在,当产销量变动较小的幅度时,息税前利润将变动较大的幅度,这就是经营杠杆效应。经营杠杆效应的大小可以用经营杠杆系数(DOL)来表示,它是企业息税前利润的变动率与产销量变动率的比率。用公式表示为

经营杠杆系数＝息税前利润变动率/产销量变动率

经营杠杆系数的简化公式为

经营杠杆系数＝基期边际贡献/基期息税前利润
　　　　　　＝基期边际贡献/(基期边际贡献－基期固定成本)

引起企业经营风险的主要原因是市场需求和成本等因素的不确定性,经营杠杆本身并不是利润不稳定的根源。但是,经营杠杆扩大了市场和生产等不确定因素对利润变动的影响。而且通过上述计算可以看出,经营杠杆系数越大,利润变动越激烈,企业的经营风险就越大。一般来说,在其他条件相同的情况下,经营性固定成本占总成本的比例越大,经营杠杆系数越高,经营风险就越大。如果经营性固定成本为零,则经营杠杆系数为1,息税前利润变动率将恒等于产销量变动率,企业就没有经营风险。

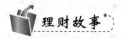

"秦池",昙花一现为哪般?

1996年11月,秦池酒厂以3.2亿元天价买下中央电视台黄金时段广告,秦池酒厂一夜成名。巨额广告投入确实给秦池带来了"惊天动地"的效果。然而好景不长,1998年秦池经营陷入困境,亏损已成定局。这一切主要源于巨额广告支出使秦池经营杠杆作用程度加大,经营风险加大。当1996年秦池酒厂的销量大幅增加时,经营杠杆产生积极作用,而1998年,由于市场竞争和秦池自身问题导致其市场份额下降时,经营杠杆产生了消极作用,最终导致秦池的衰败。

4.4.2 财务杠杆

财务杠杆是指资本结构中债务的运用对普通股每股利润的影响能力。企业的融资来源不外乎两种:债务资金与权益资金。不论企业营业利润为多少,债务的利息、融资租赁的租金和优先股的股利通常都是固定不变的。这种由于固定性财务费用的存在而导致普通股股东权益变动大于息税前利润变动的杠杆效应,称作财务杠杆效应。财务杠杆效应的大小用财务杠杆系数(DFL)来度量。它是指普通股每股利润(简称EPS)的变动率与息税前利润(EBIT)变动率的比率。用公式表示为

财务杠杆系数＝普通股每股利润变动率/息税前利润变动率
　　　　　　＝基期息税前利润/(基期息税前利润－基期利息)

对于存在银行借款、融资租赁,且发行优先股的企业来说,可以按以下公式计算财务杠杆系数

财务杠杆系数＝息税前利润/{(息税前利润－利息－融资租赁租金)－
[优先股股利/(1－所得税税率)]}

财务风险是指企业为取得财务杠杆利益而利用负债资金时，增加了破产机会或普通股每股利润大幅度变动的机会所带来的风险。财务杠杆会加大财务风险，企业举债比重越大，财务杠杆效应越强，财务风险越大。财务杠杆与财务风险的关系可通过计算分析不同资金结构下普通股每股利润及其标准离差和标准离差率来进行测试。

特别提示

实务中，企业的财务决策者在确定企业负债的水平时，必须认识到负债可能带来的财务杠杆收益和相应的财务风险，从而在利益与风险之间做出合理的权衡。

4.4.3 综合杠杆

复合杠杆又称总杠杆，是由经营杠杆和财务杠杆共同作用形成的总杠杆。如前所述，由于存在固定性的经营成本，产生经营杠杆作用，使息税前利润的变动幅度大于产销业务量的变动幅度；同样由于存在固定性财务费用，产生财务杠杆效应，使企业每股利润的变动率大于息税前利润的变动率。如果两种杠杆共同起作用，那么产销业务量稍有变动，每股利润就会发生更大的变动。这种由于固定生产经营成本和固定财务费用的共同存在而导致的每股利润变动率大于产销业务量变动率的杠杆效应称为复合杠杆效应。复合杠杆效应的大小用复合杠杆系数(DTL)来衡量，它是经营杠杆与财务杠杆的乘积，是指每股利润变动率与产销业务量变动率的比率。

综合杠杆计算公式为

复合杠杆系数＝普通股每股利润变动率/产销量变动率

或

复合杠杆系数＝经营杠杆系数×财务杠杆系数

由于复合杠杆作用使普通股每股利润大幅度波动而造成的风险，称为复合风险。复合风险直接反映企业的整体风险。在其他因素不变的情况下，复合杠杆系数越大，复合风险越大；复合杠杆系数越小，复合风险越小。通过计算分析复合杠杆系数及普通股每股利润的标准离差和标准离差率可以揭示复合杠杆同复合风险的内在联系。

【例 4-16】 某企业 2009 年资产总额是 1 000 万元，资产负债率是 40%，负债的平均利息率是 5%，实现的销售收入是 1 000 万元，全部固定成本和费用共 220 万元。如果 2010 年预计销售收入提高 50%，其他条件不变。

要求：计算 2010 年的经营杠杆、财务杠杆和复合杠杆。

解：利息＝1 000×40%×5%＝20(万元)

固定成本＝全部固定成本费用－利息＝220－20＝200(万元)

变动成本＝销售收入×变动成本率＝1 000×30%＝300(万元)

基期息税前利润＝销售收入－变动成本－固定成本＝1 000－300－200＝500(万元)

基期边际贡献＝销售收入－变动成本＝1 000－300＝700(万元)

DOL＝基期边际贡献/(基期边际贡献－基期固定成本)＝700÷(700－200)＝1.4
DFL＝基期息税前利润/(基期息税前利润－基期利息)＝500÷(500－20)＝1.042
DTL＝DOL×DFL＝1.46

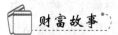

从财务杠杆看"大马不死"的神话

韩国大宇集团于1967年由金宇中创建，初创时主要从事劳动密集型产品的生产和出口。20世纪70年代侧重发展化学工业，80年代后向汽车、电子和重工业领域投资，并参与国外资源的开发。经营范围包括外贸、造船、重型装备、汽车、电子、通信、建筑、化工、金融等，有系列公司29个，国外分公司30多个。大宇集团曾经是仅次于现代集团的韩国第二大企业，世界20家大企业之一，资产达650亿美元。在一代人的心目中，金宇中及其大宇集团是韩国的象征。

然而超速发展的背后，大宇背负了高额的债务。大宇集团在政府政策和银行信贷的支持下，走上了一条"举债经营"之路。大宇集团试图通过大规模举债，达到大规模扩张的目的，最后实现"市场占有率至上"的目标。而举债经营能否给企业带来积极效应，关键在于两条：一是资金的利用效果如何，二是资金的收回速度快慢。当资金得到充分利用，总资产利润率大于利率时，举债可以提高企业的盈利水平。资金投入能得到充分有效利用，能够及早产生效益并收回所投资金，则到期债务本息的偿付就有保证。1997年亚洲金融危机爆发后，大宇集团已经显现出经营上的困难，其销售额和利润均不能达到预期目的，而与此同时，债权金融机构又开始收回短期贷款，政府也无力再给它更多支持。

1999年，经营不善、资不抵债的大宇集团不得不走上破产清算这一步。2000年12月，大宇汽车亦宣告破产。

那么，大宇集团为什么会倒下？经过分析，人们一致认为，在其轰然坍塌的背后存在的问题固然是多方面的，但不可否认有财务杠杆的消极作用在作怪。财务杠杆是一把双刃剑，利用财务杠杆，可能产生好的效果，也可能产生坏的效果。当息税前利润率大于债务利息率时，能取得财务杠杆利益；当息税前利润率小于债务利息率时，会产生财务风险。能使企业价值最大化的资本结构才是最优的，企业财务管理人员应合理安排资本结构，适度负债，来取得财务杠杆利益，控制财务风险，实现企业价值最大化。过度负债要负担较多的债务成本，相应要经受财务杠杆作用所引起的普通股收益变动较大的冲击。一旦企业息税前利润下降，企业的普通股收益就会下降得更快，当息税前利润不足以支付固定利息支出时，就会出现亏损，如果不能及时扭亏为盈，就可能会引起破产。亚洲金融危机是大宇扛不下去的导火索，而真正的危机是其债台高筑、大举扩张。

典型案例分析

案例1 编制资金需要量计划

【背景】

淮海公司2009年实际销售收入为25 000元，销售净利率为12％，净利润的60％分配给投资者。2009年12月31日的简要资产负债表见表4-9。

表 4-9 资产负债表

2009 年 12 月 31 日　　　　　　　　　　　　　　　　单位：万元

资产	期末余额	负债及所有者权益	期末余额
流动资产	12 000	应付款项	2 000
固定资产	8 000	长期借款	9 000
		实收资本	6 000
		留存收益	3 000
资产总计	20 000	负债及所有者权益总计	20 000

预计公司 2010 年计划销售收入为 30 000 万元。为实现这一目标，需要按比例相应增加固定资产，销售净利率及股利支付率保持不变。

【要求】

运用销售百分比法预计 2010 年该公司的外部融资需求。

【解析】

（1）确定随着销售额的变动而同步变动的资产或负债项目，并计算其与销售额的百分比。

流动资产/销售额＝12 000/25 000＝48％

固定资产/销售额＝8 000/25 000＝32％

应付款项/销售额＝2 000/25 000＝8％

（2）计算预计销售额下的资产和负债。

资产（负债）＝预计销售额×各项目的销售百分比

流动资产＝30 000×48％＝14 400（万元）

固定资产＝30 000×32％＝9 600（万元）

应付款项＝30 000×8％＝2 400（万元）

预计总资产＝14 400＋9 600＝24 000（万元）

预计总负债＝2 400＋9 000＝11 400（万元）

（3）预计留存收益增加额。

留存收益增加额＝预计销售额×销售净利率×（1－股利支付率）

　　　　　　　＝30 000×12％×（1－60％）＝1 440（万元）

（4）计算外部融资需求。

外部融资需求＝预计总资产－预计总负债－预计股东权益

　　　　　　＝24 000－11 400－（9 000＋1 440）＝2 160（万元）

案例 2　利用资金结构决策方法选择筹资方案

【背景】

淮海集团 2009 年年末总股本为 300 万股，该年利息费用为 500 万元，假定该部分利息费用在 2008 年保持不变，预计 2010 年销售收入为 15 000 万元，预计息税前利润与销售收入的比率为 12％。该企业决定于 2010 年年初从外部筹集资金 850 万元，具体筹资方案有以下两种。

方案一：发行普通股股票 100 万股，发行价每股 8.5 元。2009 年每股股利为 0.5 元，预计股利增长率为 5%。

方案二：发行债券 850 万元，债券利率 10%，企业所得税率为 25%。上述两种方案筹资费用忽略不计。

【要求】

董事会在讨论筹资方案时要求了解如下指标。

(1) 2010 年预计息税前利润。

(2) 每股利润无差别点。

(3) 根据每股利润无差别点作出最优筹资方案的决策，并说明理由。

(4) 计算方案一增发新股的资本成本。

【解析】

(1) 2010 年预计息税前利润 = 15 000 × 12% = 1800(万元)

(2) 每股利润无差别点 EBIT。

(EBIT − 500) × (1 − 25%)/(300 + 100) = (EBIT − 500 − 850 × 10%) × (1 − 25%)/300

每股利润无差别点 EBIT = 840(万元)

(3) 决策结论：应选择方案二，即发行债券。

理由：2010 年预计息税前利润(1800 万元) > 每股利润无差别点(840 万元)

(4) 增发新股的资本成本 = 〔0.5 × (1 + 5%)/8.5〕+ 5% = 11.18%

案例 3　商业信用融资案例分析

【背景】

恒通公司现在要从甲、乙两家企业中选择一家作为供应商。甲企业的信用条件为"2/10，$n/30$"，乙企业的信用条件为"1/20，$n/30$"。

【要求】

(1) 假如选择甲企业作为供应商，恒通公司在 10～30 天之间有一投资机会，投资回报率为 40%，恒通公司是否应在折扣期内归还甲公司的应付账款以取得现金折扣？

(2) 当恒通公司准备放弃现金折扣时，应选择哪家供应商？

(3) 当恒通公司准备享受现金折扣时，应选择哪家供应商？

【解析】

(1) 如果恒通公司不在 10 天内付款，意味着打算放弃现金折扣。

放弃现金折扣的成本为

$$2\%/(1-2\%) \times 360/(30-10) \times 100\% = 36.73\%$$

由于 10～30 天运用这笔资金可得 40% 的回报率，大于放弃现金折扣的成本 36.73%，故不应该在 10 天内归还，应将这笔资金投资于回报率为 40% 的投资机会。

(2) 放弃甲公司现金折扣的成本为 36.73%

放弃乙公司现金折扣的成本为

$$1\%/(1-1\%) \times 360/(30-20) = 36.36\% < 36.73\%$$

所以，如果恒通公司准备放弃现金折扣，应该选择乙公司作为供应商。

(3) 当享受现金折扣时，放弃现金折扣的成本为"收益率"，"收益率"越大越好。根据第(2)问的计算结果可知,当恒通公司准备享受现金折扣时,应选择甲公司。

任务指南

任务1 利用销售百分比法预测外部筹资额

(1) 找出变动性项目和非变动性项目,表中标有*的项目为变动性项目。
(2) 计算变动性项目的销售百分率及预计销售额下的资产与负债,见表4-10。

表4-10 淮海实业股份有限公司变动项目销售百分比率表

资产	金额(150)	2008年销售百分比	2009年销售(180)	负债及所有者权益	金额(150)	2008年销售百分比	2009年销售(180)
*现金	0.75	0.5%	0.9	应付票据	5		5
*应收账款	24.00	16.0%	28.8	*应付账款	26.4	17.6%	31.68
*存货	26.10	17.4%	31.32	*应付费用	1.05	0.7%	1.26
预付费用	0.10		0.1	长期负债	0.55		0.55
固定资产净值	2.85		2.85	实收资本	2.5		2.5
				留存收益	18.3		19.92
合计	53.80	33.9%	63.97	负债及所有者权益合计	53.8	18.3%	60.91
				资金需要量			3.06

(3) 计算需追加的外部筹资额。

新的销售额下需要的总资产＝639 700(元)

新的销售额下负债及留存收益提供的资金＝609 100(元)

需要从外部追加的资金＝639 700－609 100＝30 600(元)

或：需要增加的资金＝300 000×33.9%－300 000×18.3%＝46 800(元)

留存增加的资金＝1 800 000×1.8%×(1－50%)＝16 200(元)

需要追加的外部筹资额＝46 800－16 200＝30 600(元)

任务2 权益资本筹资形式的选择

淮海实业股份有限公司2010年3 000万元的筹资可以采取吸收直接投资、发行股票、内部留存收益、发行认股权证等形式完成筹资任务,公司可选择上述中的一种形式,或几种形式混合使用。在选择各不同的筹资类型时,充分发挥权益筹资的财务风险小、筹资限制条件少等优点;克服控制权分散、筹资成本高、稀释普通股收益等不足,从而实现调整公司资本结构的目标。

任务 3 债务资本筹资形式的选择

淮海实业股份有限公司 2008 年 2 000 万元的筹资可以采取发行公司债券、银行借款、融资租赁、商业信用等形式完成筹资任务,公司可选择上述中的一种形式,或几种形式混合使用。在选择各不同的筹资类型时,充分发挥负债筹资的筹资限制条件少、筹资速度快等优点;克服财务风险大、筹资数额有限等不足,从而实现调整公司资本结构的目标。

任务 4 经营风险的衡量

淮海实业股份有限公司 2010 年经营杠杆系数(DOL)=100%/20%=5。

上述计算是按经营杠杆的理论公式计算的,利用该公式,必须以已知变动前后的有关资料为前提,比较麻烦,而且无法预测未来(如 2010 年)的经营杠杆系数。按简化公式计算如下。

根据表 4-2 中 2009 年的资料可求得 2010 年的经营杠杆系数。

经营杠杆系数(DOL)= 100 000/20 000 = 5

计算结果表明,两个公式计算出的 2010 年经营杠杆系数是完全相同的。同理,可按 2010 年的资料求得 2011 年的经营杠杆系数。

经营杠杆系数(DOL)= 120 000/40 000 = 3

通过计算淮海实业股份有限公司 2010 年、2011 年经营杠杆系数,可以得出该公司 2010 年的经营风险较大,2011 年通过调整边际贡献和息税前利润,使公司的经营风险有所降低。

任务 5 财务风险的衡量

财务杠杆系数。
方案 A:15 000/(15 000−0)=1
方案 B:15 000/(15 000−5 000)=1.5

这说明,在利润增长时,方案 B 每股收益的增长幅度大于方案 A 的增长幅度;当然,当利润减少时,方案 B 每股收益减少的也更快。因此,企业息税前利润较多,增长幅度较大时,适当地利用负债性资金发挥财务杠杆的作用,可增加每股收益,使股票价格上涨,增加企业价值。

任务 6 综合风险的衡量

复合杠杆系数。
DCL=171.43%/25%=6.86

DCL 为 6.86，表明当销售收入增长 1% 时，每股收益（EPS）将增长 6.86%，反之，当销售收入下降 1% 时，每股收益（EPS）将下降 6.86%。

通过上述计算，发现该公司复合风险较大，该公司应清醒地认识到财务风险的重要性，积极保证企业的息税前利润的稳定性。

任务 7　最佳资本结构的确定

(1) 银行借款资金成本 = 8%(1−25%)/(1−0.5%) = 6.03%
债券资金成本 = 2 000×12%(1−25%)/2200(1−5%) = 8.61%
优先股资金成本 = 3 000×10%/3000(1−5%) = 10.53%
普通股资金成本 = 3 000×10%/3000(1−2%)+3% = 13.20%
留存收益资金成本 = 3 000×10%/3000+4% = 14%

(2) 淮海实业股份有限公司综合资本成本见表 4-11。

表 4-11　淮海实业股份有限公司综合资本成本

筹资方式	筹资总额	所占比重/%	资金成本/%
银行借款	1 000	12.5	6.03
公司债券	1 000	12.5	8.61
优先股	1 000	12.5	10.53
普通股	4 000	50	13.20
留存收益	1 000	12.5	14
合计	8 000	100	11.50

综合资本成本 = 12.5%×6.03%+12.5%×8.61%+12.5%×10.53%+50%×13.20%+12.5%×14% = 11.50%

(3) 企业资金结构变化情况表见表 4-12。

表 4-12　企业资金结构变化情况

单位：万元

筹资方式	原资金结构	增加筹资后资金结构	
		增发普通股（方案 A）	增发公司债券（方案 B）
公司债券	2 000	2 000	5 000
普通股（每股面值 10 元）	3 000	6 000	3 000
资金总额	5 000	8 000	8 000
普通股股数（万股）	300	600	300

EBIT = [300×(2 000×8%)−600×(5 000×8%)]/(33−600) = 640（万元）
EPS = (640−160)×(1−25%)÷600 = 0.6（元）

该公司预计可实现息税前利润为 1 000 万元，大于每股收益无差别点 640 万元，故该公司筹资应选方案 B。

项目小结

本项目介绍了筹资的动机、要求及筹资数量的预测方法等知识。重点是筹资数量的预测方法——销售百分比法的应用；主要学习了权益筹资方式中的吸收直接投资、股票筹资、内部筹资等内容，重点是股票筹资方式；主要学习负债筹资方式中的发行债券、商业信用、银行借款等内容，重点是商业信用和银行借款，难点为发行债券筹资方式应用；学习了经营杠杆、财务杠杆、复合杠杆系数与风险的认定，重点是系数的计算与应用；学习了资金成本的计算、企业资本结构的确定方法等知识，为中小企业的筹资管理打了良好的基础，不同的筹资方式有不同的成本，因此，资金成本的计算是决定企业良好的资本结构的前提，重点是企业筹资时资金成本的计算及最佳资本结构的认定方法。

职业能力训练

一、单项选择题

1. 在销售百分比法中，不与销售收入变动成正比例关系的资产项目是（　　）。
   A. 货币资金　　　　B. 应收账款　　　　C. 长期投资　　　　D. 存货
2. 下列不属于企业筹资方式的是（　　）。
   A. 吸收投资　　　　B. 经营租赁　　　　C. 商业信用　　　　D. 长期借款
3. 根据我国有关规定，股票不得（　　）。
   A. 平价发行　　　　B. 溢价发行　　　　C. 折价发行　　　　D. 市价发行
4. 一般而言，下列中资本成本最低的筹资方式是（　　）。
   A. 发行股票　　　　B. 发行债券　　　　C. 银行借款　　　　D. 保留盈余
5. 某企业需借入资金 600 万元，由于银行要求将贷款数额的 20% 作为补偿性余额，故企业需向银行申请的贷款数额为（　　）万元。
   A. 400　　　　　　B. 480　　　　　　C. 750　　　　　　D. 670
6. 某周转信贷协议额度 2 000 万元，承诺费率为 1%，借款企业年度内使用了 1 600 万元，则企业应向银行支付的承诺费用为（　　）。
   A. 3 000 元　　　　B. 35 000 元　　　　C. 40 000 元　　　　D. 15 000 元
7. 某企业按年利率 12% 从银行借入款项 100 万元，银行要求企业按贷款额的 15% 保持补偿性余额，则该项贷款的实际利率为（　　）。
   A. 12%　　　　　　B. 14.12%　　　　　C. 10.43%　　　　　D. 13.80%
8. 在计算资本成本时，与所得税有关的资金来源是下述情况中的（　　）。
   A. 普通股　　　　　B. 优先股　　　　　C. 银行借款　　　　D. 留存收益
9. 关于留存收益成本，下列说法错误的是（　　）。
   A. 是一种机会成本　　　　　　　　　　B. 不考虑筹资费用
   C. 实质是股东对企业追加投资　　　　　D. 计算与普通股成本完全相同

10. 财务杠杆系数影响企业的(   )。
    A. 税前利润   B. 息税前利润
    C. 税后利润   D. 财务费用
11. 企业在追加筹资时需要计算(   )。
    A. 加权平均资金成本   B. 边际资金成本
    C. 个别资金成本   D. 机会成本
12. 计算个别资本成本时,既不考虑所得税,又不考虑筹资费用的是(   )。
    A. 长期借款成本   B. 债券成本
    C. 普通股成本   D. 留存收益成本
13. 某公司财务杠杆系数等于1,这表明该公司当期(   )。
    A. 利息与优先股股息为零   B. 利息与优先股股息不好确定
    C. 利息与息税前利润为零   D. 利息与固定成本为零
14. 某企业在不发行优先股的情况下,本期财务杠杆系数为2,本期利息税前利润为400万元,则本期实际利息费用为(   )。
    A. 200万元   B. 300万元   C. 400万元   D. 250万元
15. 只要企业存在固定成本,则经营杠杆系数必(   )。
    A. 与销售量成正比   B. 与固定成本成反比
    C. 恒大于1   D. 与风险成反比

二、多项选择题

1. 一般认为,普通股与优先股的共同特征主要有(   )。
    A. 同属公司股本
    B. 股息从净利润中支付
    C. 均可参与公司重大决策
    D. 参与分配公司剩余财产的顺序相同
2. 企业资产租赁按其性质有(   )。
    A. 短期租赁   B. 长期租赁   C. 经营租赁   D. 融资租赁
3. 下列中,用于长期资本筹措的方式主要包括(   )。
    A. 预收账款   B. 吸收直接投资
    C. 发行股票   D. 发行长期债券
4. 融资租赁的租金总额一般包括(   )。
    A. 租赁手续费   B. 租赁设备的购置成本
    C. 利息   D. 预计净残值
5. 采用销售百分比法预测企业资金需要量时,如企业基期固定资产的剩余生产能力足以满足销售增长的需要,预测时应考虑的资产、负债项目有(   )。
    A. 应收账款   B. 存货   C. 固定资产   D. 应交税金
6. 能够被视为"自然融资"的项目有(   )。
    A. 短期借款   B. 应付账款   C. 应付水电费   D. 应付债券
7. 补偿性余额的约束使借款企业所受的影响有(   )。
    A. 减少了可用资金   B. 增加了筹资费用
    C. 减少了应付利息   D. 增加了应付利息

8. 资本成本包括( )。
   A. 资金筹集费　　B. 财务费用　　C. 资金占用费　　D. 资金费用
9. 资金筹集费是指为筹集资金而付出的代价,下列属于资金筹集费的有( )。
   A. 发行广告费　　　　　　　　B. 股票、债券印刷费
   C. 债券利息　　　　　　　　　D. 股票股利
10. 影响企业综合资金成本大小的因素主要有( )。
    A. 资本结构　　　　　　　　　B. 个别资本成本的高低
    C. 企业资产规模大小　　　　　D. 所得税税率(当存在债务融资时)
11. 负债资金在资金结构中产生的影响是( )。
    A. 降低企业资金成本　　　　　B. 加大企业财务风险
    C. 具有财务杠杆作用　　　　　D. 分散股东控制权
12. 对财务杠杆系数意义表述正确的是( )。
    A. 财务杠杆系数越大,财务风险越小
    B. 企业无负债、无优先股时,财务杠杆系数为1
    C. 财务杠杆系数表明的是销售变化率相当于每股收益变化率的倍数
    D. 财务杠杆系数越大,预期的每股收益也越大
13. 同综合杠杆系数成正比例变化的是( )。
    A. 销售额变动率　　　　　　　B. 每股利润变动率
    C. 经营杠杆系数　　　　　　　D. 财务杠杆系数
14. 关于经营杠杆系数,当息税前利润大于0时,下列说法正确的是( )。
    A. 在其他因素一定时,产销量越小,经营杠杆系数越大
    B. 在其他因素一定时,固定成本越大,经营杠杆系数越小
    C. 当固定成本趋近于0时,经营杠杆系数趋近1
    D. 当固定成本等于边际贡献时,经营杠杆系数趋近于0
15. 总杠杆系数是指( )。
    A. 息税前利润变动率/销售量变动率
    B. 基期息税前利润/基期税前利润
    C. 普通股每股利润变动率/销售量变动率
    D. 经营杠杆系数×财务杠杆系数

三、判断题

1. 融资租赁属于负债筹资。　　　　　　　　　　　　　　　　　　　　　　　　( )
2. 企业放弃现金折扣的成本率 $=\dfrac{\text{现金折扣率}\times 360}{(1-\text{现金折扣率})\times\text{折扣期限}}\times 100\%$。　　( )
3. 资金成本是投资人对投入资金所要求的最低收益率,也可作为判断投资项目是否可行的取舍标准。　　　　　　　　　　　　　　　　　　　　　　　　　　　　　　( )
4. 资本成本简单地说就是资金时间价值。　　　　　　　　　　　　　　　　　　( )
5. 普通股筹资不存在不能偿付的风险,所以与其他筹资方式相比,风险最小。　 ( )
6. 债券面值应包括币种和票面金额两个基本内容。　　　　　　　　　　　　　　( )
7. 企业按照销售百分率法预测出来的资金需要量,是企业在未来一定时期资金需要量的增量。　　　　　　　　　　　　　　　　　　　　　　　　　　　　　　　　( )

8. 资本成本通常用绝对数表示，等于资金使用费用与筹集费用之和。（　　）
9. 如果企业的债务资金为零，则财务杠杆系数必等于1。（　　）
10. 留存收益是企业利润所形成的，所以留存收益没有筹资费用。（　　）
11. 在筹资额和利息（股息）率相同时，企业借款筹资与发行优先股筹资的财务杠杆作用是相同的。（　　）
12. 财务杠杆系数是由企业资金结构决定的，该系数越大，财务风险越大。（　　）
13. 最优资金结构是使企业筹资能力最强、财务风险最小的资金结构。（　　）
14. 企业负债比例越高，财务风险越大，因此负债对企业总是不利的。（　　）
15. 当固定成本为零时，息税前利润的变动率应等于产销量的变动率。（　　）

四、学习领域情境实训

【情境资料】

1. 某公司 2010 年 12 月 31 日的资产负债简表见表 4-13。

表 4-13　资产负债简表

2010 年 12 月 31 日　　　　　　　　　　　　　　　　　　单位：万元

资产	期末数	负债与所有者权益	期末数
现金	500	应付账款	500
应收账款	1 500	应付票据	1 000
存货	3 000	短期借款	2 500
固定资产净值	3 000	长期借款	1 000
		实收资本	2 000
		留存收益	1 000
资产合计	8 000	负债与所有者权益合计	8 000

该公司 2010 年的销售收入为 10 000 万元，现在还有剩余生产能力，增加收入不需要增加固定资产投资。假定销售净利率为 10%，净利润的 60% 分配给投资者，2011 年的销售收入将提高 20%。要求：

（1）预测 2011 年需要增加的资金量。

（2）预测 2011 年需要向外筹集的资金量。

2. 某企业向租赁公司租入一套设备，设备原价 100 万元，租期 5 年，预计租赁期满租入企业支付的转让价为 5 万元。年利率为 10%，手续费为设备原价的 2%，租金每年末支付一次。要求：分别对以下三种情况用等额年金法计算该企业每年应付租金额。

（1）租费率为 12%，租金在每年年末支付。

（2）租费率为 12%，租金在每年年初支付。

（3）租金在每年年末支付，但租赁手续费在租入设备时一次付清。

3. 某企业按（2/10，n/30）条件购入一批货物，即企业如果在 10 日内付款，可享受 2% 的现金折扣，倘若企业放弃现金折扣，货款应在 30 天内付清。要求：（1）计算企业放弃该项现金折扣的机会成本。（2）若企业准备放弃折扣，将付款日期推迟到 50 天，计算放弃现金折扣的机会成本。（3）若另一家供应商提出（1/20，n/30）的信用条件，计算放弃折扣的机会成本；若企业准备享受现金折扣，应选择哪一家供应商有利？

4. 已知某公司当前资金结构见表 4-14。

表 4-14 某公司当前资金结构

筹资方式	金额/万元
长期债券(年利率 8%)	1 000
普通股(4500 万股)	4 500
留存收益	2 000
合计	7 500

因生产发展需要，公司年初准备增加资金 2 500 万元，现有两个筹资方案可供选择：甲方案为增加发行 1 000 万股普通股，每股市价 2.5 元；乙方案为按面值发行每年年末付息、票面利率为 10% 的公司债券 2 500 万元。假定股票与债券的发行费用均可忽略不计，适用的企业所得税税率为 33%。要求：

(1) 计算两种筹资方案下每股利润无差别点的息税前利润。
(2) 计算处于每股利润无差别点时乙方案的财务杠杆系数。
(3) 如果公司预计息税前利润为 1 200 万元，指出该公司应采用的筹资方案。
(4) 如果公司预计息税前利润为 1 600 万元，指出该公司应采用的筹资方案。

5. 某公司目前发行在外普通股 100 万股(每股 1 元)，已发行 10% 利率的债券 400 万元，该公司打算为一个新的投资项目融资 500 万元，新项目投产后公司每年息税前利润增加到 200 万元。现有两个方案可供选择：按 12% 的利率发行债券(方案 1)；按每股 20 元发行新股(方案 2)。公司适用所得税率 40%。要求：

(1) 计算两个方案的每股利润。
(2) 计算两个方案的每股利润无差别点息税前利润。
(3) 计算两个方案的财务杠杆系数。
(4) 判断哪个方案更好。

6. 淮海公司 2009 年实现销售额 300 万元，销售净利率为 10%，并按净利润的 40% 发放股利，假定该公司的固定资产利用能力已经饱和，2009 年年底的资产负债表见表 4-15。

表 4-15 资产负债表
2009 年 12 月 31 日　　　　　　　　　　　　　　　　　　　　　　单位：万元

资产	期末余额	负债及所有者权益	期末余额
货币资金	100	应付账款	250
应收账款	200	应交税费	50
存货	300	长期负债	100
固定资产	550	实收资本	600
无形资产	50	留存收益	200
资产总计	1 200	负债及所有者权益总计	1 200

若该公司计划在 2010 年把销售额提高到 360 万元，销售净利率、股利发放率仍保持 2009 年水平。

要求：运用销售百分比法预计 2010 年该公司的外部融资需求。

7. 红旗公司是一家经营机电设备的国有企业，改革开放以来，该企业不断地发展壮大，在市场经济的过程中走在前面。为了进一步拓展国际市场,公司需要在国外建立一个全资子公司。目前母公司的资金来源包括面值为 1 元的普通股 1 000 万股和平均利息率为 10% 的负债 3 200 万元,预计母公司当年能实现息税前利润 1 600 万元。开办这个全资子公司就是为了培养新的利润增长点,该全资子公司需要投资 4 000 万元。预计该子公司建成投产后会增加销售收入 2 000 万元,其中变动成本为 1 100 万元,固定成本为 500 万元。子公司资金来源有三种筹资形式供选择:①以 11% 的利率发行债券 4 000 万元;②按面值发行股利率为 12% 的优先股 4 000 万元;③按每股 20 元价格发行普通股 200 万股。公司所得税率为 25%。

要求:在不考虑财务风险的情况下,试利用无差别点分析法分析该公司应选择哪一种筹资方式。

8. 天缘公司是一家生产办公家具的公司,目前因材料短缺,从北方公司急购木材一批,价款 100 万元,款项未结。北方公司为了降低自己的债权风险,激励天缘早日付款,开出了"2/20,$n/45$"的信用条件。天缘公司会计人员在收到货物 30 天支付了该笔款项。财务经理在查阅公司相关记录时发现了这笔业务的处理情况,责问会计人员为什么没有享受北方公司提供的现金折扣。会计人员果断地回答:放弃现金折扣的成本仅为 2%,而要享受现金折扣从银行贷款成本却高达 10%,所以选择放弃。请根据这一案例回答以下问题:

(1) 会计人员就该笔交易的处理有无不当之处?如有,错在哪里?

(2) 放弃现金折扣的成本如何计量?

(3) 如果天缘公司贷款困难,必须放弃现金折扣时,就付款时间而言你会向财务经理作何建议?为什么?

【实训要求】

将全班同学分成 8 个小组,每组推选一名同学担任组长,共同进行方案的决策。完成任务后,各组相互交流心得,同时安排 1~2 名同学作典型发言。最后,老师对各组工作方案实施进行点评,并给予相应的成绩评定,另外,各小组也相互给出成绩评定。

项目 5　制定项目投资方案

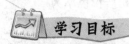 **学习目标**

知识目标	技能目标
(1) 掌握项目投资原始投资额的确定、项目计算期的确定 (2) 了解现金流量、现金流入量、现金流出量含义 (3) 掌握现金流量的计算 (4) 了解净静投资回收期、投资收益率两个评价指标内含 (5) 掌握净现值、净现值率、现值指数和内部收益报酬率等指标含义 (6) 各财务评价指标的应用条件及经济含义 (7) 各财务指标的具体计算公式	(1) 学会从事项目投资管理的基本工作流程 (2) 学会项目投资现金流量的计算 (3) 学会计算项目投资的各贴现指标和非贴现指标值，并能利用指标对项目投资进行单项指标评价

 **重点与难点**

重　点	难　点
(1) 现金流量、现金流入量、现金流出量、现金净流量的含义 (2) 净静投资回收期、投资收益率、净现值、净现值率、现值指数和内部收益报酬率等评价指标的内涵	(1) 现金净流量的估算 (2) 四个动态评价指标的应用

工作任务

任务 1　利用现金净流量评价投资方案

淮海实业股份有限公司 2008 年度有以下两种投资方案。

A 方案：2008 年 5 月拟建一项固定资产，需在建设起点一次投入全部资金 100 万元，按直线法折旧，使用寿命 10 年，期末有 10 万元净残值。建设期为 1 年，发生建设期资本化利息 10 万元。预计投产后每年可获息税前利润 10 万元。

B 方案：2008 年 7 月拟投资一条产品生产线，原始投资 125 万元，其中固定资产投资 100 万元，开办费投资 5 万元，流动资金投资 20 万元。建设期为 1 年，建设期发生与购建固定资产有关的资本化利息 10 万元。固定资产投资和开办费于建设起点投入，流动资金于完工时，即第 1 年末投入。该项目寿命期 10 年，固定资产按直线法折旧，期满有 10 万元净残值；开办费于投产后的前两年内平均返销完毕；流动资金于终结点一次回收。投产后每年获息税前利润分别为 14 万元、25 万元、28 万元、30 万元、25 万元、30 万元、35 万元、38 万元、45 万元和 50 万元。要求企业所得税税率为 25%。

【要求】

分别评价上述两种投资方案税前、税后各年的现金净流量。

任务 2　利用现金流量选择投资方案

淮海实业股份有限公司准备购入一设备以扩大生产能力。现有甲、乙两方案可供选择，甲方案需要投资 10 000 元，使用寿命 5 年，采用直线法计提折旧，5 年后设备无残值，5 年中每年销售收入 8 000 元，每年的付现成本 3 000 元。乙方案需要投资 12 000 元，使用寿命 5 年，采用直线法计提折旧，5 年后有残值收入 2 000 元，5 年中每年销售收入 10 000 元，第一年的付现成本 4 000 元，以后随着设备陈旧，将逐年增加修理 400 元，另需垫支营运资金 3 000 元。假设所得税率为 25%。

【要求】

计算两个方案的现金流量。

任务 3　利用项目投资评价指标评价 投资项目的财务可行性

续任务 1、2，假设项目的行业基准折现率为 10%，情况 1 的行业基准收益率为 10%；情况 2 行业基准收益率为 15%，基准投资回收期均为 5 年。具体现金净流量及息税前利润情况如下。

情况 1：2008 年 5 月拟建的单纯固定资产投资项目税前现金净流量：

$NCF_0 = -100$ 万元、$NCF_1 = 0$ 万元、$NCF_2 - 10 = 20$ 万元、$NCF_{11} = 30$ 万元，投产后平均年息税前利润 $P = 10$ 万元。

情况 2：2008 年 7 月拟建设的完整工业投资项目税前现金净流量：

$NCF_0 = -105$ 万元、$NCF_1 = -20$ 万元、$NCF_2 = 26.5$ 万元、$NCF_3 = 37.5$ 万元、$NCF_4 = 38$ 万元、$NCF_5 = 40$ 万元、$NCF_6 = 35$ 万元、$NCF_7 = 40$ 万元、$NCF_8 = 45$ 万元、$NCF_9 = 48$ 万元、$NCF_{10} = 55$ 万元、$NCF_{11} = 90$ 万元，

投产后息税前利润分别为：$P_1 = 14$ 万元、$P_2 = 25$ 万元、$P_3 = 28$ 万元、$P_4 = 30$ 万元、$P_5 = 25$ 万元、$P_6 = 30$ 万元、$P_7 = 35$ 万元、$P_8 = 38$ 万元、$P_9 = 45$ 万元、$P_{10} = 50$ 万元。

【要求】

利用贴现评价法和非贴现评价法评价淮海实业股份有限公司的投资项目的财务可行性。

任务4　利用贴现指标选择投资方案

淮海公司有一个投资项目，现有三种方案可供选择，市场利率为10%，资料见表5-1。

表5-1　淮海公司投资项目资料

单位：元

甲方案		乙方案		丙方案	
净收益	现金净流量	净收益	现金净流量	净收益	现金净流量
	(20 000)		(9 000)		(12 000)
1 800	11 800	(1 800)	1 200	600	4 600
3 240	13 240	3 000	6 000	600	4 600
		3 000	6 000	600	4 600
5 040	5 040	4 200	4 200	1 800	1 800

【要求】

利用净现值法、现值指数法、内含报酬率法比较三种方案的优劣，作出决策。

5.1　项目投资概述

5.1.1　项目投资的含义与类型

1. 项目投资的含义

企业投资按照投资对象和内容的不同可分为项目投资、证券投资和其他投资等类型。

其中项目投资是指以特定项目为对象，直接与新建或更新改造有关，并形成生产经营能力的物质技术基础的长期投资行为。例如，现有产品生产规模的扩张、新产品的开发、设备或厂房的更新以及新技术的研究与开发等。

与其他形式的投资相比，项目投资具有投资金额大、影响时间长、变现能力差和投资风险大的特点。

2. 项目投资的类型

项目投资又可分为新建项目投资和更新改造项目投资两大类型。新建项目投资以新增生产能力为目的，基本属于外延式扩大再生产；更新改造项目投资以恢复和改善生产能力为目的，基本属于内涵式扩大再生产。

5.1.2 项目投资的程序

项目投资的一般程序要经过 4 个步骤，如图 5.1 所示。

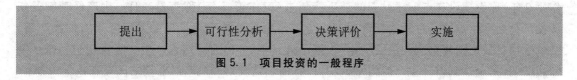

图 5.1 项目投资的一般程序

1. 项目投资的提出

在企业的生产经营过程中，会不断地产生出新的投资需要，也会出现很多的投资机会。当出现新的投资机会或产生新的投资需要时，就会提出新的投资项目。这些项目一般会由项目的提出者以报告的形式上报管理当局，以便他们研究和选择。管理当局会从各种投资方案中进行初步的筛选、分类和排序，同时结合企业的长期目标和具体情况，制订初步的投资计划。

2. 项目投资的可行性分析

企业初步确定的投资计划可能有多个，各投资项目之间也会受到资金、技术、环境、人力等的限制。这就要求对投资项目进行可行性分析，主要有三个方面。

(1) 技术上，要考虑所投项目技术是否先进，能否取得，能否实施，能维持多长时间，同时还要考虑项目本身在设计、施工等方面的具体要求。

(2) 财力上，首先预测资金的需要量，再看有无足够的资金支持。如果资金不足，能否及时筹措到所需资金，这是投资项目运行的前提。

(3) 经济上，要考虑项目投产后产品销路如何，能增加多少销售收入，为此发生多少成本和费用，能获得多少利润，有多大风险，整个方案在经济上是否合理等。

除对以上三个方面进行分析外，还要考虑项目的其他相关因素。如所在地区的自然资源、水电、交通、通信等协作条件是否满足项目需要，所需工人、技术人员、管理人员能否达到要求，项目实施后对环境是否会造成不良影响等。应当指出，对项目投资的可行性分析依赖于对项目有关资料的搜集和有关情况的预测，要尽可能搜集与项目有关的资料，进行科学的分析，作出正确的评价。

3. 项目投资的决策评价

项目是否能够实施取决于企业管理当局的决策评价结果。决策者要综合技术人员、财务人员、市场研究人员等的评价结果，集思广益，全面考核，最后作出是否采纳和采纳哪一个项目的决定。

财务人员的评价依据和评价方法，主要是计算项目的现金流量和以现金流量为基础计算各种评价指标。具体计算方法及其评价指标的运用将在本章后面几节中介绍。

4. 项目投资的实施

项目批准或采纳后，要筹集资金并付诸实施。大项目一般交由提出部门或由原设计人员组成的专门小组，由其负责拟定具体的实施计划并负责具体实施。有关方面如财务、技术要密切配合，保证投资项目保质、保量完成。项目投产后要严格管理，保证实现预期收益。

5.1.3 项目计算期

项目计算期(记作 n)，是指项目从开始投资建设到最终清理结束整个过程的全部时间，即项目的有效持续时间。项目计算期通常以年为计算单位。

一个完整的项目计算期,由建设期(记作 S,$S>0$)和生产经营期(记作户)两部分构成。其中,建设期是指从开始投资建设到建成投产这一过程的全部时间。建设期的第一年初(记作第 0 年)称为建设起点,建设期的最后一年末(记作第 S 年)称为投产日;生产经营期是指从投产日到终结点这一过程的全部时间。生产经营期开始于建设期的最后一年末即投产日,结束于项目最终清理结束的最后一年末(记作第 n 年),称为终结点。生产经营期包括试产期和达产期(完全达到设计生产能力)。项目计算期、建设期和生产经营期之间存在以下关系:

项目计算期(n)=建设期+生产经营期

5.1.4 现金流量

现金流量是指一个投资项目所引起的现金支出和现金收入的增加数量的总称。这里的"现金"是广义的现金,它不仅包括各种货币资金,而且还包括项目所需要投入的企业现有的非货币资源的变现价值。例如,一个投资项目需要使用原有的厂房、设备和材料的变现价值等。现金流量是在一个较长时期内表现出来的,受资金时间价值的影响,一定数额现金在不同时期的价值是不同的。因此,研究现金流量及其发生的期间对正确评价投资项目的效益有着重要的意义。

现金流量包括三项内容,即现金流入量、现金流出量和现金净流量。

1. 现金流入量

一个方案的现金流入量是指由该方案所引起的企业现金收入的增加额,主要包括以下内容。

(1)营业收入。营业收入是指项目投产后每年实现的全部销售收入或业务收入。营业收入是经营期主要的现金流入项目。

(2)回收固定资产的余值。当投资项目的有效期结束,残余的固定资产经过清理会得到一笔现金收入,如残值出售收入。同时,清理时还要支付清理费用,如清理人员的报酬。残值收入扣除清理费用后的净额,应当作为项目投资的一项现金流入。

(3)回收垫支的流动资金。当投资项目的有效期结束后,原先投入周转的流动资金可以转化成现金,用于其他方面,从而构成一项现金流入。

2. 现金流出量

一个方案的现金流出量是指由该方案所引起的企业现金支出的增加额,主要包括以下内容。

(1)建设投资。建设投资是指与形成生产经营能力有关的各种直接支出,包括固定资产投资、无形资产投资、开办费投资等,它是建设期发生的主要现金流出,其中,固定资产投资是所有类型投资项目都要发生的内容。这部分现金流出随着建设进程可能一次性投入,也可能分次投入。

(2)流动资金投资。在完整工业项目投资中,建设投资形成的生产经营能力要投入伙用,会引起对流动资金的需求,主要是保证生产正常进行必要的存货储备占用等,这使企业要追加一部分流动资金投资。这部分流动资金投资属于垫支的性质,当投资项目结束时,一般会如数收回。

(3)经营成本。经营成本是指在经营期内为满足正常生产经营而动用现实货币资金支付的成本费用,又被称为付现的营运成本(或简称付现成本)。它是生产经营阶段最主要的现金流出项目。

(4) 各项税款。这里指项目投产后依法缴纳的、单独列示的各项税款,如营业税、所得税等。

(5) 其他现金流出。其他现金流出指不包括在以上内容中的现金流出项目。例如项目所需投入的非货币资源的变现价值。项目投资可能会动用企业原有的资产,这时企业虽未直接支出现金,但原有资产的变现价值也要视为项目投资的现金流出。

3. 现金净流量

现金净流量是指一定期间现金流入量减去现金流出量的差额。这里所说的"一定期间"一般是指一年,当流入量大于流出量时,净流量为正值;反之,净流量为负值。

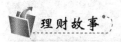

我投资,你赚钱

王永庆的台塑公司刚投产塑料粉时,由于规模小、产量低、成本高等原因,产品销售不畅。王永庆果断地做出了扩大规模降低成本的决定,并进行了大规模的扩建。成本降低后,销售却成为一个难题。解决方法之一就是对塑料粉进行二次加工,生产日用品,而台塑却缺乏相应的生产技术。一次乘坐飞机时,王永庆遇到了在日本经营一家小小吹气玩具厂的美国人卡林。他热情邀请卡林到台湾开设工厂,并提出"办厂的钱我出,赚的钱归你"的条件。于是,王永庆和卡林合作开办了卡林塑胶公司,使塑胶产品销路大大增加,产品积压问题也得到了解决。这一双赢的投资改善了台塑的现金流量状况,为台塑的发展做出了极大的贡献。

5.2 项目投资决策评价指标

5.2.1 非贴现指标

非贴现指标,也称为静态指标,即没有考虑资金时间价值因素的指标,主要包括投资利润率、投资回收期等指标。

1. 投资利润率

投资利润率,又称投资报酬率,是指项目投资方案的年平均利润额占平均投资总额的百分比。投资利润率的决策标准是:投资项目的投资利润率越高越好,低于无风险投资利润率的方案为不可行方案。投资利润率的计算公式为

$$投资利润率 = \frac{年平均利润额}{年平均投资总额} \times 100\%$$

式中:分子是平均利润,不是现金净流量,不包括折旧等;分母可以用投资总额的50%来简单计算平均投资总额,一般不考虑固定资产的残值。

【例 5-1】 某企业有甲、乙两个投资方案,投资总额均为 10 万元,全部用于购置新的设备,折旧采用直线法,使用期均为 5 年,无残值,其他有关资料见表 5-2。

表 5-2 企业投资方案相关资料

单位：元

项目计算期	甲方案		乙方案	
	利润	现金净流量(NCF)	利润	现金净流量(NCF)
0		−100 000		−100 000
1	15 000	35 000	10 000	30 000
2	15 000	35 000	14 000	34 000
3	15 000	35 000	18 000	38 000
4	15 000	35 000	22 000	42 000
5	15 000	35 000	26 000	46 000
合计	75 000	75 000	90 000	90 000

要求：计算甲、乙两方案的投资利润率。

解：甲方案投资润利率 $= \dfrac{15\,000}{100\,000 \div 2} \times 100\% = 30\%$

乙方案投资利润率 $= \dfrac{90\,000 \div 5}{100\,000 \div 2} \times 100\% = 36\%$

从计算结果来看，乙方案的投资利润率比甲方案的投资利润率高 6%（36%−30%），应选择乙方案。

2. 静态投资回收期

投资回收期是指收回全部投资总额所需要的时间。投资回收期是一个非贴现的反指标，回收期越短，方案就越有利。它的计算可分为两种情况。

1) 经营期年现金净流量相等

其计算公式为

$$投资回收期 = \dfrac{投资总额}{年现金净流量} \times 100\%$$

如果投资项目投产后若干年（假设为 M 年）内，每年的经营现金净流量相等，且有以下关系成立

$$M \times 投产后 M 年内每年相等的现金净流量(NCF) \geqslant 投资总额$$

则可用上述公式计算投资回收期。

【例 5-2】 根据例 5-1 资料，计算甲方案的投资回收期。

解：甲方案投资回收期 $= \dfrac{100\,000}{35\,000} = 2.86(年)$

【例 5-3】 某投资项目投资总额为 100 万元，建设期为 2 年，投产后第 1 年至第 8 年每年现金净流量为 25 万元，第 9 年、第 10 年每年现金净流量均为 20 万元。要求：计算项目的投资回收期。

解：因为 8×25 ≥ 投资额 100 万元

所以

$$投资回收期 = 2 + \dfrac{100}{25} = 6(年)$$

从此例中可知，投资回收期还应包括建设期。

2) 经营期年现金净流量不相等

此时，需计算逐年累计的现金净流量，然后用插入法计算出投资回收期。

【例5-4】 根据例5-1资料，计算乙方案的投资回收期。

解：列表计算乙方案累计现金净流量，见表5-3。

表5-3 乙方案累计现金净流量

单位：元

项目计算期	现金净流量（NCF）	累计现金净流量
1	30 000	30 000
2	34 000	64 000
3	38 000	102 000
4	42 000	144 000
5	46 000	190 000

从上表可得出，乙方案的投资回收期在第2年与第3年之间，用插入法计算为

$$乙方案投资回收期 = 2 + \frac{100\ 000 - 64\ 000}{102\ 000 - 64\ 000} = 2.95(年)$$

静态指标的计算简单明了、容易掌握。但是，这类指标的计算均没有考虑资金的时间价值。另外，投资利润率也没有考虑折旧的回收，即没有完整地反映现金净流量，无法直接利用现金净流量的信息，而静态投资回收期也没有考虑回收期之后的现金净流量对投资收益的贡献，也就是说，没有考虑投资方案的全部现金净流量，所以有较大局限性。因此，该类指标一般只适用于方案的初选，或者投资后各项目间经济效益的比较。

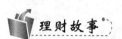

投资理财小故事

从前，有一个很有钱的富翁，他准备了一大袋的黄金放在床头，这样他每天睡觉时就能看到黄金，摸到黄金。

但是有一天，他开始担心这袋黄金随时会被歹徒偷走，于是就跑到森林里，在一块大石头底下挖了一个大洞，把这袋黄金埋在洞里。隔三差五地，这个富翁就会到森林里埋黄金的地方，看一看、摸一摸他心爱的黄金。

有一天，一个歹徒尾随这位富翁，发现了这块大石头底下的黄金，第二天就把这袋黄金给偷走了。富翁发觉自己埋藏已久的黄金被人偷走之后，非常伤心，正巧森林里有一位长者经过此地，他问了富翁伤心欲绝的原因之后，就对这位富翁说："我有办法帮你把黄金找回来！"话一说完，这位森林长者立刻拿起金色的油漆，把埋藏黄金的这块大石头涂成黄金色，然后在上面写下了"一千两黄金"的字样。写完之后，森林长者告诉这位富翁："从今天起，你又可以天天来这里看你的黄金了，而且再也不必担心这块大黄金被人偷走了。"

富翁看了眼前的场景，半天都说不出话来。

不要认为这个森林长者的脑袋有问题，因为在森林长者的眼里，如果金银财宝没有拿出来使用，那么藏在洞穴里的一千两黄金，与涂成黄金样的大石头就没什么两样。

5.2.2 贴现指标

贴现指标，也称为动态指标，即考虑资金时间价值因素的指标，主要包括净现值、净现值率、现值指数、内含报酬率等指标。

1. 净现值（NPV）

净现值是指在项目计算期内，按一定贴现率计算的各年现金净流量现值的代数和。所用的贴现率可以是企业的资本成本，也可以是企业所要求的最低报酬率水平。净现值的计算公式为

$$NPV = \sum_{t=0}^{n} NCFt \times (P/F, i, t)$$

式中： n——项目计算期（包括建设期与经营期）；
$NCFt$——第 t 年的现金净流量；
$(P/F, i, t)$——第 t 年、贴现率为 i 的复利现值系数。

净现值指标的决策标准是：如果投资方案的净现值大于或等于零，该方案为可行方案；如果投资方案的净现值小于零，该方案为不可行方案；如果几个方案的投资额相同，项目计算期相等且净现值均大于零，那么净现值最大的方案为最优方案。所以，净现值大于或等于零是项目可行的必要条件。

1) 经营期内各年现金净流量相等，建设期为零

净现值的计算公式为

净现值＝经营期每年相等的现金净流量×年金现值系数－投资现值

【例5-5】 某企业购入设备一台，价值为30 000元，按直线法计提折旧，使用寿命6年，期末无残值。预计投产后每年可获得利润4 000元，假定贴现率为12%。要求：计算该项目的净现值。

解：$NCF_0 = -30\,000$（元）

$NCF_{1-6} = 4\,000 + 30\,000/6 = 9\,000$（元）

$NPV = 9\,000 \times (P/A, 12\%, 6) - 30\,000$
$ = 9\,000 \times 4.111\,4 - 30\,000 = 7\,002.6$（元）

2) 经营期内各年现金净流量不相等

净现值的计算公式为

净现值＝$\sum$（经营期各年的现金净流量×各年的现值系数）－投资现值

【例5-6】 某企业拟建一项固定资产，需投资55万元，按直线法计提折旧，使用寿命10年，期末有5万元净残值。该项工程建设期为1年，投资额分别于年初投入30万元，年末投入25万元。预计项目投产后每年可增加营业收入15万元，总成本10万元，假定贴现率为10%。要求：计算该投资项目的净现值。

解：建设期现金净流量

$$NCF_0 = -30（万元）$$
$$NCF_1 = -25（万元）$$

经营期营业现金净流量

$$NCF_{2-10} = (15 - 9 - 1) + (55 - 5)/10 = 10（万元）$$

经营期终结现金净流量

$NCF_{11} = 10 + 5 = 15$(万元)

$NPV = 10 \times [(P/A, 10\%, 10) - (P/A, 10\%, 1)] + 15 \times (P/F, 10\%, 11) -$
$\quad\quad [30 + 25 \times (P/F, 10\%, 1)]$
$\quad = 10 \times (6.1446 - 0.9091) + 15 \times 0.3505 - (30 + 25 \times 0.9091)$
$\quad = 4.885$(万元)

净现值是一个贴现的绝对值正指标，其优点在于：①综合考虑了资金时间价值，能较合理地反映了投资项目的真正经济价值；②考虑了项目计算期的全部现金净流量，体现了流动性与收益性的统一；③考虑了投资风险性，因为贴现率的大小与风险大小有关，风险越大，贴现率就越高。但是该指标的缺点也是明显的，即无法直接反映投资项目的实际投资收益率水平；当各项目投资额不同时，难以确定最优的投资项目。

2. 净现值率（NPVR）与现值指数（PI）

上述的净现值是一个绝对数指标，与其相对应的相对数指标是净现值率与现值指数。净现值率是指投资项目的净现值与投资现值合计的比值；现值指数是指项目投产后按一定贴现率算的在经营期内各年现金净流量的现值合计与投资现值合计的比值，其计算公式为

$$\text{净现值率} = \text{净现值}/\text{投资现值}$$

$$\text{现值指数} = \sum \text{经营期各年现金净流量现值}/\text{投资现值}$$

净现值率与现值指数的关系为

$$\text{现值指数} = \text{净现值率} + 1$$

净现值率大于零，现值指数大于1，表明项目的报酬率高于贴现率，存在额外收益；净现值率等于零，现值指数等于1，表明项目的报酬率等于贴现率，收益只能抵补资本成本；净现值率小于零，现值指数小于1，表明项目的报酬率小于贴现率，收益不能抵补资本成本。所以，对于单一方案的项目来说，净现值率大于或等于零，现值指数大于或等于1是项目可行的必要条件。当有多个投资项目可供选择时，由于净现值率或现值指数越大，企业的投资报酬水平就越高，所以应采用净现值率大于零或现值指数大于1中的最大者。

【例5-7】 根据例5-5的资料，计算净现值率和现值指数。

解：净现值率 = 7 002.6/30 000 = 0.233 4

现值指数 = 9 000 × (P/A, 12%, 6)/30 000 = 1.233 4

现值指数 = 净现值率 + 1 = 0.233 4 + 1 = 1.233 4

【例5-8】 根据例5-6的资料，计算净现值率和现值指数。

解：净现值率 = 4.885/[30 + 25 × (P/F, 10%, 1)] = 0.092 65

现值指数 = {10 × [(P/A, 10%, 10) − (P/A, 10%, 1)] + 15 × (P/F, 10%, 11)} ÷
$\quad\quad$ [30 + 25(P/F, 10%, 1)]
$\quad = 1.092\ 65$

现值指数 = 净现值率 + 1 = 0.092 65 + 1 = 1.092 65

3. 内含报酬率（IRR）

内含报酬率，又称内部收益率，是指投资项目在项目计算期内各年现金净流量现值合计数等于零时的贴现率，亦可将其定义为能使投资项目的净现值等于零时的贴现率。显然，内含报酬率 IRR 满足下列等式

$$\sum_{t=0}^{n} NCFt \times (P/F, IRR, t) = 0$$

从上式中可知,净现值的计算是根据给定的贴现率求净现值。而内含报酬率的计算是先令净现值等于零,然后求能使净现值等于零的贴现率。所以,净现值不能揭示各个方案本身可以达到的实际报酬率是多少,而内含报酬率实际上反映了项目本身的真实报酬率。

特别提示

用内含报酬率评价项目可行的必要条件是:内含报酬率大于或等于贴现率。

(1) 经营期内各年现金净流量相等,且全部投资均于建设起点一次投入,建设期为零。即经营期每年相等的现金净流量(NCF)×年金现值系数(P/A, IRR, t)—投资总额=0
内含报酬率具体计算的程序如下。

① 计算年金现值系数(P/A, IRR, t)。

$$年金现值系数 = \frac{投资总额}{经营期每年相等的现金净流量}$$

② 根据计算出来的年金现值系数与已知的年限 n,查年金现值系数表,确定内含报酬率的范围。

③ 用插入法求出内含报酬率。

【例 5-9】 根据例 5-5 的资料,计算内含报酬率。

$$(P/A, IRR, 6) = \frac{30\,000}{9\,000} = 3.333\,3$$

查表可知

18%	IRR	20%
3.497 6	3.333 3	3.325 5

$$IRR = 18\% + \frac{3.497\,6 - 3.333\,3}{3.497\,6 - 3.325\,5} \times (20\% - 18\%) = 19.91\%$$

(2) 若投资项目在经营期内各年现金净流量不相等,或建设期不为零,投资额是在建设期内分次投入的情况下,无法应用上述的简便方法,必须按定义采用逐次测试的方法,计算能使净现值等于零的贴现率,即内含报酬率。其计算步骤如下。

第一步:估计一个贴现率,用它来计算净现值。如果净现值为正数,说明方案的实际内含报酬率大于预计的贴现率,应提高贴现率 i 再进一步测试;如果净现值为负数,说明方案本身的报酬率小于估计的贴现率,应降低贴现率再进行测算。如此反复测试,寻找出使净现值由正到负或由负到正且接近零的两个贴现率。

第二步:根据上述相邻的两个贴现率用插入法求出该方案的内含报酬率。由于逐步测试法是一种近似方法,因此相邻的两个贴现率不能相差太大,否则误差会很大。

【例 5-10】 根据例 5-6 资料,计算内含报酬率。

解:先按 16% 估计的贴现率进行测试,其结果净现值 2 855.8 元,是正数。于是把贴现率提高到 18% 进行测试,净现值为 1 090.6 元,仍为正数,再把贴现率提高到 20% 重新测试,净现值为 -526.5 元,是负数,说明该项目的内含报酬率在 18%~20% 之间。有关测试计算见表 5-4。

表 5-4 测试计算

单位：元

年份	现金净流量(NCF)	贴现率=16%		贴现率=18%		贴现率=20%	
		现值系数	现值	现值系数	现值	现值系数	现值
0	-30 000	1	-30 000	1	-30 000	1	-30 000
1	8 000	0.862 1	6 896.8	0.847 5	6 780	0.833 3	6 666.4
2	8 000	0.743 2	5 945.6	0.718 2	5745.6	0.694 4	5 555.2
3	9 000	0.640 7	5 766.3	0.608 6	5 477.4	0.578 7	5 208.3
4	9 000	0.552 3	4 970.7	0.515 8	4 642.2	0.482 3	4 340.7
5	10 000	0.476 2	4 762.0	0.437 1	4 371.0	0.401 9	4 019.0
6	11 000	0.410 4	4 514.4	0.370 4	4 074.4	0.334 9	3 683.9
净现值			2 855.8		1 090.6		-526.5

然后用插入法近似计算内含报酬率：

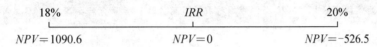

$IRR=18\%+(1\,090.6-0)/[1\,090.6-(-526.5)]\times(20\%-18\%)=19.35\%$

内含报酬率是个动态相对量正指标，它既考虑了资金时间价值，又能从动态的角度直接反映投资项目的实际报酬率，且不受贴现率高低的影响，比较客观，但该指标的计算过程比较复杂。

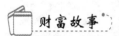

"股神"巴菲特：世界上最成功的投资者

香港《信报》发表文章说，巴菲特创造了前无古人的投资成绩，他的投资成绩每年平均复息增长24%，保持达 30 多年之久。假如你在 1956 年将 1 万美元交给他，今天这笔钱已超过 1.4 亿美元，并且当中已扣除了所有税收和有关的一切交易费用。

20 多年来，由巴菲特主持的投资有 28 年成绩跑赢标准普尔五百（S&P 500）指数。大家不要以为标准普尔表现不济，事实上该指数过去的回报保持在 10% 左右复息增长，这个投资成绩比很多基金的表现还要优胜；对大部分投资者来说已是非常满意的数字了。但是巴菲特的表现，抛离标准普尔五百一倍半在增长，真令人惊讶！真令人佩服！

现在巴菲特的投资王国以股票形式在纽约交易所挂牌，名为巴郡哈撒韦，是全世界以每股计最贵的股票，时值每股 75 000 美元左右。不少人以拥有巴菲特的股票为身份的象征，以每年春天能前往奥马哈开股东大会为乐，以每年巴菲特撰写的年报为投资界的"圣经"。所以，巴菲特是世上最成功的投资者，股神之称，实至名归。

比起很多著名甚至取得诺贝尔奖的投资理论，如随机漫步理论（random walks）、有效市场假设（the efficient market hypothesis）和资本资产定价（capital assets pricing model）等学说，股神的投资理论要简单得多，而且多了些实用性，其精髓在于挑选优良及有价值的股票买入，然后长期持有。

（1）集中投资。巴菲特的意见是把注意力集中在几家公司上，合理的数目是 10～15 家。如果投资者的组合太过分散，这样反而会分身不暇、弄巧成拙。

巴菲特认为要选出最杰出的公司，精力应用于分析它们的经济状况和管理素质上，然后买入长期都表现良好的公司，集中投资在它们身上。对于分散投资，巴菲特说："分散投资是无知者的自我保护法，对于那些明白自己在干什么的人来说，分散投资是没什么意义的。"

（2）挑选价值股，不懂永不做。巴菲特的投资成绩，在1999—2000年度一度落后于大市，当时由于股神表示不懂科网、不懂电脑软件的未来发展和不懂半导体是什么而拒绝买入高科技股。有人更以此攻击股神，"老态龙钟"、"与时代脱节"和"风光不再"等评语都套用在巴氏身上。

结果随着科网泡沫的爆破，再次证明了股神是对的，这说明股神只会买入自己能够了解的公司股票。

（3）战胜心魔，理性投资。很多研究都指出，决定一个投资者成败的关键之一是性格。股神的心得是战胜自己内心的恐惧和贪婪。在经过深入了解和研究后，找到了买入股票的真正价值后，就不要理会它短期的价格波动，因为市场上充斥着太多不理性的投资者。远离市场（纽约）是股神的选择，这是为了"旁观者清"。巴菲特的理论是："设法在别人贪心的时候持谨慎恐惧的态度，相反当众人都小心谨慎时，要勇往直前。"事实上，短线的股价经常都不可理喻。

（4）长期持有。选中好的公司股票，不要随便因蝇头小利而卖掉。只要该公司仍然表现出色，管理层稳定，就应该继续持有。巴菲特说："如果你拥有很差的企业，你应该马上出售，因为丢弃它你才能在长期的时间里拥有更好的企业。但如果你拥有的是一家好公司股票，千万不要把它卖出售。"

（5）拒绝投机。股神从不相信消息，坚持独立思考。他说，即使联邦储备局主席格林斯潘在他耳边秘密告知未来利率的去向，他也不会因此而改变任何投资计划。

（6）等待入市良机。股神近来总结归纳他的投资心得时指出：投资者不需要在市场上经常出没。在发掘到好股票时，要等待好时机买入才作长期持有的策略，这样胜算自然要高。

典型案例分析

案例1 单一项目的投资方案决策

【背景】

淮海公司拟引进一条流水线，投资额110万元，分两年投入。第一年初投入70万元。第二年初投入40万元，建设期为2年，净残值10万元，折旧采用直线法。在投产初期投入流动资金20万元，项目使用期满仍可全部回收。该项目可使用10年，每年销售收入为60万元，总成本45万元。假定企业期望的投资报酬率为10%。

【要求】

计算该项目的净现值、内含报酬率，并判断该项目是否可行。

【解析】

由题目已知：

第一年的现金流量为70万元；

第二年的现金流量为40万元；

第三年的现金流量为20万元；

年折旧额为$(110-10)/10=10$（万元）

第4至第12年的现金流量为$60-45+10=25$（万元）

第13年的现金流量为$25+10+20=55$（万元）

$NPV=25\times[(P/A,10\%,11)-(P/A,10\%,2)]+55\times(P/F,10\%,12)-$
$\qquad[70+40\times(P/F,10\%,1)+20\times(P/F,10\%,2)]$

$$= 25 \times (6.495 - 1.7355) + 55 \times 0.3186 - (70 + 40 \times 0.909 + 20 \times 0.8264)$$
$$= 13.621(万元)$$

用 $i = 12\%$ 测算 NPV

$$NPV = 25 \times (5.9377 - 1.690) + 55 \times 0.2567 - (70 + 40 \times 0.8929 + 20 \times 0.7972)$$
$$= -1.3515(万元)$$

用插入法计算 IRR

$$IRR = 10\% + 13.621/(13.621 + 1.3515) \times (12\% - 10\%) = 11.82\% > 10\%$$

由以上计算结果表明，净现值为 13.621 万元，大于零，内含报酬率为 11.82%，大于贴现率 10%，所以该项目投资方案可行。

案例2　多个项目的投资方案决策

【背景】

淮海公司现有现金 100 万元，用于固定资产项目投资。有 A、B、C、D 四个方案可供选择，这四个方案的总投资额均为 100 万元，投资期均为 6 年，贴现率均为 10%，经过计算：

A：$NPV_A = 8.1253$ 万元，$IRR_A = 13.3\%$；

B：$NPV_B = 12.25$ 万元，$IRR_B = 16.87\%$；

C：$NPV_C = -2.12$ 万元，$IRR_C = 8.96\%$；

D：$NPV_D = 10.36$ 万元，$IRR_D = 15.02\%$。

【要求】

运用净现值结合内含报酬率排优法决策出一个最优方案。

【解析】

因为 C 方案的净现值为 -2.121 元 < 0，同时内含报酬率为 8.96% < 10%，不符合条件，所以首先排除。

而 A、B、D 三个备选方案的净现值都大于零，内含报酬率都大于 10%，所以这三个方案均可行；同时

$$NPV_B > NPV_D > NPV_A$$
$$12.25(万元) > 10.36(万元) > 8.1253(万元)$$
$$IRR_B > IRR_D > IRR_A$$
$$16.87\% > 15.02\% > 13.3\%$$

所以 B 方案是最优投资方案，D 方案其次，A 方案最差，所以选择 B 方案。

任务指南

任务1　利用现金净流量评价投资方案

A 方案为单纯固定资产投资项目，也称为固定资产项目，只涉及固定资产而不涉及其他

长期投资和流动资金投资的项目。

单纯固定资产原值＝固定资产投资＋建设期资本化利息＝100＋10＝110(万元)

A 方案：

$$固定资产年折旧额 = \frac{固定资产原值 - 净残值}{固定资产使用年限} = \frac{110-10}{10} = 10(万元)$$

项目计算期＝建设期＋运营期＝1＋10＝11(年)

建设期某年净现金流量＝－该年发生的固定资产投资

$NCF_0 = -100$ 万元

$NCF_1 = 0$ 万元

运营期某年所得税前净现金量＝该年因使用该固定资产新增的息税前利润＋该年因使用该固定资产新增的折旧＋该年回收的固定资产净残值

B 方案：

(1) 项目计算期 $n = 1+10 = 11$(年)

(2) 固定资产原值＝100＋10＝110(万元)

(3) $固定资产年折旧额 = \dfrac{固定资产原产值 - 净残值}{固定资产使用年限} = \dfrac{110-10}{10} = 10(万元)$

(4) 建设期现金净流量。

$NCF_0 = -(100+5) = -105(万元)$

$NCF_1 = -20(万元)$

(5) 运营期所得税前现金净流量。

$NCF_2 = 14+10+2.5+0 = 26.5(万元)$

$NCF_3 = 25+10+2.5+0 = 37.5(万元)$

$NCF_4 = 28+10+0+0 = 38(万元)$

$NCF_5 = 30+10+0+0 = 40(万元)$

$NCF_6 = 25+10+0+0 = 35(万元)$

$NCF_7 = 30+10+0+0 = 40(万元)$

$NCF_8 = 35+10+0+0 = 45(万元)$

$NCF_9 = 38+10+0+0 = 48(万元)$

$NCF_{10} = 45+10+0+0 = 55(万元)$

$NCF_{11} = 50+10+0+(20+10) = 90(万元)$

(6) 所得税后现金净流量。

建设期现金净流量同上，此处略。

运营期所得税后现金净流量：

$NCF_2 = 14(1-25\%)+10+2.5+0 = 23(万元)$

$NCF_3 = 25(1-25\%)+10+2.5+0 = 31.25(万元)$

$NCF_4 = 28(1-25\%)+10+0+0 = 31(万元)$

$NCF_5 = 30(1-25\%)+10+0+0 = 32.5(万元)$

$NCF_6 = 25(1-25\%)+10+0+0 = 28.75(万元)$

$NCF_7 = 30(1-25\%)+10+0+0 = 32.5(万元)$

$NCF_8 = 35(1-25\%)+10+0+0 = 36.25(万元)$

$NCF_9 = 38(1-25\%) + 10 + 0 + 0 = 38.5(万元)$
$NCF_{10} = 45(1-25\%) + 10 + 0 + 0 = 43.75(万元)$
$NCF_{11} = 50(1-25\%) + 10 + 0 + (20+10) = 77.5(万元)$

任务2 利用现金流量选择投资方案

项目的营业现金流量见表5-5。

表5-5 项目的营业现金流量表1

单位：元

项目	年份	1	2	3	4	5
甲方案	销售收入①	8 000	8 000	8 000	8 000	8 000
	付现成本②	3 000	3 000	3 000	3 000	3 000
	折旧③	2 000	2 000	2 000	2 000	2 000
	税前利润④=①-②-③	3 000	3 000	3 000	3 000	3 000
	所得税⑤=④×25%	750	750	750	750	750
	税后利润⑥=④-⑤	2 250	2 250	2 250	2 250	2 250
	现金流量⑦=③+⑥	4 250	4 250	4 250	4 250	4 250
乙方案	销售收入①	10 000	10 000	10 000	10 000	10 000
	付现成本②	4 000	4 400	4 800	5 200	5 600
	折旧③	2 000	2 000	2 000	2 000	2 000
	税前利润④=①-②-③	4 000	3 600	3 200	2 800	2 400
	所得税⑤=④×25%	1 000	900	800	700	600
	税后利润⑥=④-⑤	3 000	2 700	2 400	2 100	1 800
	现金流量⑦=③+⑥	5 000	4 700	4 400	4 100	3 800

用上表计算甲、乙方案的营业现金流量，然后再结合初始现金流量和终结现金流量编制两方案的全部现金流量，见表5-6。

表5-6 投资项目现金流量计算表2

单位：元

		0	1	2	3	4	5
甲方案	固定资产投资	-10 000					
	营业现金流量		4 250	4 250	4 250	4 250	4 250
	现金流量合计	-10 000	4 250	4 250	4 250	4 250	4 250

续表

		0	1	2	3	4	5
乙方案	固定资产投资	−12 000					
	营业现金垫支	−3 000					
	营业现金流量		5 000	4 700	4 400	4 100	3 800
	固定资产残值						2 000
	营运资金回收						3 000
	现金流量合计	−15 000	5 000	4 700	4 400	4 100	88 000

任务3 利用项目投资评价指标评价投资项目的财务可行性

1. 两种情况的净现值

(1) 情况1的现金净流量，计算净现值

$NPV = -100 + 20 \times (P/A, 10\%, 10) \times (P/F, 10\%, 1) + 30 \times (P/F, 10\%, 11)$

$= -100 + 20 \times 6.144\ 6 \times 0.909\ 1 + 30 \times 0.350\ 5$

$= -100 + 111.721\ 117\ 2 + 10.515$

$= 22.24(万元)$

(2) 情况2的现金净流量，选择净现值的理论公式，计算净现值

$NPV = -105 \times 1 - 20 \times 0.909\ 1 + 26.5 \times 0.826\ 4 + 37.5 \times 0.751\ 3 + 38 \times 0.683\ 0 + 40 \times 0.620\ 9 + 35 \times 0.564\ 5 + 40 \times 0.513\ 2 + 45 \times 0.466\ 5 + 48 \times 0.424\ 1 + 55 \times 0.385\ 5 + 90 \times 0.350\ 5$

$= -105 - 18.182 + 21.899\ 6 + 28.173\ 75 + 25.954 + 24.836 + 19.757\ 5 + 20.528 + 20.992\ 5 + 20.356\ 8 + 21.202\ 5 + 31.545$

$= 112.06(万元)$

经过净现值的计算可以看出，两个项目的净现值均大于零，两个项目均有财务可行性。

2. 两种情况的净现值率

情况1的净现值为22.24万元。

原始投资额为100万元

净现值率($NPVR$) = 22.24/100 = 0.222 4

情况2的净现值为112.06万元。

原始投资额 = −100 − 20 × (P/F, 10%, 1) = 118.18(万元)

净现值率($NPVR$) = 112.06/118.18 = 0.95

经过净现值率的计算可以看出，两个项目的净现值率均大于零，两个项目均有财务可行性。

3. 两种情况的现值指数

(1) 对情况1现值指数的评价(保留两位小数)。

投产后各年现金流量＝20×(P/A，10％，10)×(P/F，10％，1)＋30×(P/F，10％，11)＝122.24(万元)

原始投资现值＝0－(－100)＝100(万元)

现值指数(PI)＝122.24/100＝1.22

(2) 对情况2现值指数的评价(保留两位小数)。

投产后各年现金净流量的现值和为

26.5×0.826 4＋37.5×0.751 3＋38×0.683 0＋40×0.620 9＋35×0.564 5＋40×0.513 2＋45×0.466 5＋48×0.424 1＋55×0.385 5＋90×0.350 5＝235.24(万元)

原始投资的现值＝0－(－105×1－20×0.909 1)＝123.18(万元)

现值指数(PI)＝235.24/123.18＝1.91

经过现值指数的计算可以看出，情况1和情况2的现值指数指标均大于1，两个项目均有财务可行性。

4. 两种情况的内含报酬率

(1) 情况1内含报酬率的评价(保留两位小数)。

r_j＝10％时，净现值NPV为22.24万元。

r_j＝12％时，净现值NPV_1。

NPV_1＝－100＋20×(P/A，12％，10)×(P/F，12％，1)＋30×(P/F，12％，11)

＝－100＋20×5.650 2×0.892 9＋30×0.287 5

＝－100＋100.90＋8.625

＝9.53(万元)

r_j＝14％时，净现值NPV_2。

NPV_2＝－100＋20×(P/A，14％，10)×(P/F，14％，1)＋30×(P/F，14％，11)

＝－100＋20×5.216 1×0.877 2＋30×0.236 6

＝－100＋91.51＋7.098

＝－1.39(万元)

r_j＝12％时，NPV_1＝9.53＞0

r_j＝14％时，NPV_2＝－1.39＜0

12％＜IRR＜14％

应用内插法。

IRR＝12％＋[(9.53－0)/9.53＋1.39]×(14％－12％)≈13.75％

此时，也可以把内含报酬率定为14％。因为NPV_2很接近零了。

(2) 情况2内含报酬率的评价(保留两位小数)。

各期的现金净流量分别为

NCF_0＝－105万元、NCF_1＝－20万元、NCF_2＝26.5万元、NCF_3＝37.5万元、NCF_4＝38万元、NCF_5＝40万元、NCF_6＝35万元、NCF_7＝40万元、NCF_8＝45万元、NCF_9＝48万元、NCF_{10}＝55万元、NCF_{11}＝90万元。

所以，对于情况2的内含报酬率的评价应用逐步测试法进行计算和评价，逐步测试法数据资料详见表5-7。

表 5-7 逐步测试法数据资料

测试次数 j	设定折现率 r_l	净现值 NPV
1	10%	112.06
2	16%	46.43
3	20%	16.51
4	24%	-6.19

$r_j=10\%$时，净现值为 112.06 万元。

$r_j=16\%$时，净现值 NPV_1。

$NPV_1 = -105×1-20×0.862\ 1+26.5×0.743\ 2+37.5×0.640\ 7+38×0.552\ 3+$
$\qquad 40×0.476\ 2+35×0.410\ 4+40×0.353\ 8+45×0.305\ 0+48×0.263\ 0+$
$\qquad 55×0.226\ 7+90×0.195\ 4$

$\qquad = -105-17.242+19.694\ 8+24.026\ 25+20.987\ 4+19.048+14.364+$
$\qquad\quad 14.152+13.725+12.624+12.468\ 5+17.586$

$\qquad = 46.43(万元)$

$r_j=20\%$时，净现值 NPV_2。

$NPV_2 = -105×1-20×0.833\ 3+26.5×0.694\ 4+37.5×0.578\ 7+38×$
$\qquad 0.482\ 3+40×0.401\ 9+35×0.334\ 9+40×0.279\ 1+45×0.232\ 6+48×$
$\qquad 0.193\ 8+55×0.161\ 5+90×0.134\ 6$

$\qquad = -105-16.666+18.401\ 6+21.701\ 25+18.327\ 4+16.076+11.721\ 5+$
$\qquad\quad 11.164+10.467+9.320\ 4+8.882\ 5+12.114$

$\qquad = 16.51(万元)$

$r_j=24\%$时，净现值 NPV_3。

$NPV_3 = -105×1-20×0.806\ 5+26.5×0.650\ 4+37.5×0.524\ 5+38×0.423\ 0+$
$\qquad 40×0.341\ 1+35×0.275\ 1+40×0.221\ 8+45×0.178\ 9+48×0.144\ 3+$
$\qquad 55×0.116\ 4+90×0.093\ 8$

$\qquad = -105-16.13+17.235\ 6+19.668\ 75+16.074+13.644+9.628\ 5+8.872+$
$\qquad\quad 8.050\ 5+6.926\ 4+6.402+8.442$

$\qquad = -6.19(万元)$

$r_j=20\%$时，$NPV_2=16.51>0$

$r_j=24\%$时，$NPV_3=-6.19<0$

$20\%<IRR<24\%$

应用内插法。

$IRR=20\%+[(16.51-0)/16.51+6.19]×(24\%-20\%)\approx 21.45\%$

通过内含报酬率的计算，发现项目的内含报酬率均大于设定的基准收益率，可以判定两个投资财务上具有可行性。

5. 两种情况的静态投资回收期

(1) 对情况 1 静态投资回收期评价(保留两位小数)。

情况 1 投产后的现金净流量在终结点前每年是相等的，可以根据公式法求情况 1 的静态投资回收期。项目的现金净流量为：

$NCF_0 = -100$ 万元，$NCF_1 = 0$ 万元，$NCF_2 - {10} = 20$ 万元，$NCF_{11} = 30$ 万元

情况 1 静态投资回收期(PP) $= 1 + 100/20 = 6.00$(年)

(2) 对情况 2 的静态投资回收期评价(保留两位小数)。

情况 2 投资回收期计算表见表 5-8。

表 5-8 情况 2 投资回收期计算表

单位：万元

计算期	建设期		经营期									合计
	0	1	2	3	4	5	6	7	8	9	10	11	
现金净流量	-105	-20	26.5	37.5	38	40	35	40	45	48	55	90	330
累计净流量	-105	-125	-98.5	-61	-23	17	52	92	137	185	240	330	

情况 2 投资回收期 $= 4 + 23/40 = 4.58$(年)

两个项目的基准投资回收期均为 5 年，计算的结果发现，情况 1 的投资回收期为 6 年，大于基准投资回收期，不具有财务可行性；情况 2 的投资回收期为 4.58 年，小于基准 5 年，具有财务可行性。

6. 两种情况的投资收益率

(1) 情况 1 投资收益率的评价。

投产后年息税前利润 $P = 10$ 万元。

项目投资总额 $I' = 110$ 万元。

投资收益率$(ROI) = \dfrac{10}{110} \times 100\% = 9.09\%$。

(2) 情况 2 投资收益率的评价。

情况 2 投产后年息税前利润分别为

$P_1 = 14$ 万元、$P_2 = 25$ 万元、$P_3 = 28$ 万元、$P_4 = 30$ 万元、$P_5 = 25$ 万元、$P_6 = 30$ 万元、$P_7 = 35$ 万元、$P_8 = 38$ 万元、$P_9 = 45$ 万元、$P_{10} = 50$ 万元。

投资项目投资总额 $I' = 125 + 10 = 135$(万元)

则投资收益率$(ROI) = \dfrac{(14+25+28+30+25+30+35+38+45+50) \div 10}{135} = 23.70\%$

各贴现指标间的关系如下。

当 $NPV > 0$ 时，$NPVR > 0$，$PI > 1$，$IRR > i_c$。

当 $NPV = 0$ 时，$NPVR = 0$，$PI = 1$，$IRR = i_c$。

当 $NPV < 0$ 时，$NPVR < 0$，$PI < 1$，$IRR < i_c$。

任务 4　利用贴现指标选择投资方案

1. 净现值

$NPV_甲 = (11\,800 \times 0.909\,1 + 13\,240 \times 0.826\,4) - 20\,000 = 21\,669 - 20\,000 = 1\,669$(元)

$NPV_乙 =(1\ 200×0.909\ 1+6\ 000×0.826\ 4+6\ 000×0.753\ 1)-9\ 000$
$=10\ 557-9\ 000$
$=1\ 557(元)$
$NPV_丙 =4\ 600×20\ 487-12\ 000$
$=11\ 440-12\ 000$
$=-560(元)$

甲、乙两项投资方案的净现值为正数，说明该方案的报酬率超过10％；丙方案净现值为负数，说明该方案的报酬率达不到10％。因而，甲、乙两方案可行，丙方案不可行。

2. 现值指数

$PI_甲 =21\ 669÷20\ 000=1.08$
$PI_乙 =10\ 557÷9\ 000=1.17$
$PI_丙 =11\ 440÷12\ 000=0.95$

甲、乙两项投资方案的现值指数大于1，说明其收益超过成本，即投资报酬率超过10％；丙方案的现值指数小于1，说明该方案的报酬率不到10％。因此，甲、乙方案可行，丙方案不可行。

3. 内含报酬率

(1) 甲方案。

当$i=18\%$时，$NPV=(11\ 800×0.847+13\ 240×0.718)-20\ 000=-499(元)$
当$i=16\%$时，$NPV=(11\ 800×0.862+13\ 240×0.743)-20\ 000=9(元)$

$$IRR=I+\frac{NPV_1}{NPV_1-NPV_2}×(i_2-i_1)$$

$IRR(甲)=16\%+9/(9+499)×2\%=16.04\%$

(2) 乙方案。

$i=18\%$时，$NPV=-22(元)$
$i=16\%$时，$NPV=338(元)$
$IRR(乙)=16\%+338/(22+338)×2\%=17.88\%$

(3) 丙方案，由于各期的现金流入为年金形式，内含报酬率可通过年金现值表来确定，不需要逐步测试：$1\ 200=4\ 600×(P/A,i,3)$，$(P/A,i,3)=2.609$。

查表：当$n=3$、$i=7\%$时，1元的年金现值为2.624。

$n=3$，$i=8\%$时，1元的年金现值为2.577。

$IRR_丙 =7\%+(2.624-2.609)/(2.624-2.577)×1\%=7.32\%$

计算出丙方案的内含报酬率后，可得出甲、乙两方案可行，丙方案应放弃。

项目小结

本项目通过任务的完成，对投资决策程序、投资项目的现金流量的确定及现金流量分析的步骤等进行了讲授，其重点内容为投资项目的现金流量的确定，公式较多，应用难度较大。同时通过6个指标的学习，明确了投资项目的评价主要采用贴现的方法，准确率要高一些。但指标相对难度大一些，同时是本次课学习的重点和难点。

职业能力训练

一、单项选择题

1. 假定某项目的原始投资在建设期初全部投入,其预计的净现值率为13.8%,则该项目的现值指数是( )。
   A. 5.69 B. 1.138 C. 1.38 D. 1.125

2. 项目投资方案可行的必要条件是( )。
   A. $NPV \geqslant 0$ B. $NPV > 0$ C. $NPV < 0$ D. $NPV = 0$

3. 如果甲、乙两个投资方案的净现值相同,则( )。
   A. 甲方案优于乙方案
   B. 乙方案优于甲方案
   C. 甲方案与乙方案均符合项目可行的必要条件
   D. 无法评价甲、乙两方案经济效益的高低

4. 当贴现率与内含报酬率相等时,则( )。
   A. 净现值大于0   B. 净现值等于0
   C. 净现值小于0   D. 净现值不确定

5. 下列投资项目评价指标中,不受建设期长短、投资回收时间先后现金流量大小影响的评价指标是( )。
   A. 投资回收期   B. 投资利润率
   C. 净现值率   D. 内部收益率

6. 下列投资决策评价指标中,其数值越小越好的指标是( )。
   A. 净现值   B. 静态投资回收期
   C. 内含报酬率   D. 投资报酬率

7. 在存在所得税的情况下,以"利润+折旧"估计经营期净现金流量时,"利润"是指( )。
   A. 利润总额   B. 净利润
   C. 营业利润   D. 息税前利润

8. 如果某一投资方案的净现值为正数,则必然存在的结论是( )。
   A. 投资回收期在一年以内   B. 现值指数大于1
   C. 投资报酬率高于100%   D. 年均现金净流量大于原始投资额

9. 某公司当初以100万元购入一块土地,目前市价为80万元,如欲在这块土地上兴建厂房,则应( )。
   A. 以100万元作为投资分析的机会成本考虑
   B. 以80万元作为投资分析的机会成本考虑
   C. 以20万元作为投资分析的机会成本考虑
   D. 以180万元作为投资分析的沉没成本考虑

10. 某企业计划投资10万元建设一条生产线,预计投资后每年可获得净利1.5万元,直线法下年折旧率为10%,则投资回收期为( )
    A. 3年 B. 5年 C. 4年 D. 6年

二、多项选择题

1. 现金流量计算的优点有（　　）。
   A. 准确反映企业未来期间利润状况
   B. 体现了时间价值观念
   C. 可以排除主观因素的影响
   D. 为不同时点的价值相加提供了前提

2. 下列指标中，属于动态指标的有（　　）。
   A. 现值指数　　B. 净现值率　　C. 内部收益率　　D. 投资利润率

3. 以下各项中，属现金流入量的项目有（　　）。
   A. 回收的流动资金　　　　　B. 固定资产残值收入
   C. 经营收入　　　　　　　　D. 折旧额

4. 下列（　　）指标不能直接反映投资项目的实际收益水平。
   A. 净现值　　　　　　　　　B. 现值指数
   C. 内部收益率　　　　　　　D. 净现值率

5. 在完整的工业投资项目中，经营终结点发生的净现金流量包括（　　）。
   A. 回收流动资金　　　　　　B. 回收固定资产残值收入
   C. 原始投资　　　　　　　　D. 经营期末营业净现金流量

6. 有两个投资方案，投资的时间和金额相同，甲方案从现在开始每年现金流入400元，连续6年，乙方案从现在开始每年现金流入600元，连续4年，假设它们的净现值相等且小于0，则（　　）。
   A. 甲方案优于乙方案　　　　B. 乙方案优于甲方案
   C. 甲、乙均不是可行方案　　D. 甲、乙在经济上是等效的

7. 以总成本为基础计算当年经营成本应扣减的项目包括（　　）。
   A. 折旧　　　　　　　　　　B. 无形资产摊销
   C. 设备买价　　　　　　　　D. 购买无形资产支出

8. 在单一方案决策过程中，与净现值评价结论可能发生矛盾的评价指标是（　　）。
   A. 净现值率　　B. 投资利润率　　C. 投资回收期　　D. 内部收益率

9. 确定一个投资方案可行的必要条件是（　　）
   A. 内含报酬率大于1　　　　B. 净现值大于0
   C. 现值指数大于1　　　　　D. 内含报酬率不低于贴现率

10. 在项目生产经营阶段上，最主要的现金流出量项目是（　　）。
    A. 流动资金投资　　　　　　B. 建设投资
    C. 经营成本　　　　　　　　D. 各种税款

11. 与计算内含报酬率有关的项目为（　　）。
    A. 原始投资　　　　　　　　B. 贴现率
    C. 每年的NCF　　　　　　　D. 项目计算期

12. 若某投资方案以内部收益率作为评价指标，保证投资方案可行的要求是内部收益率（　　）。
    A. 大于零　　　　　　　　　B. 大于1
    C. 大于资本成本　　　　　　D. 大于基准贴现率

13. 降低贴现率，下列指标会变大的是（   ）。
    A. 净现值　　　　B. 现值指数　　　　C. 内含报酬率　　　　D. 投资回收期
14. 若建设期不为零，则建设期内各年的净现金流量可能会（   ）。
    A. 等于1　　　　　B. 大于1　　　　　C. 小于0　　　　　D. 等于0
15. 若 $NPV<0$，则下列关系式中正确的有（   ）。
    A. $NPVR>0$　　B. $NPVR<0$　　C. $PI<1$　　　　D. $IRR<i$

三、判断题

1. 项目的原始总投资就是指建设投资。　　　　　　　　　　　　　　　　　　（   ）
2. 投资项目建设期内一般没有现金流入量，所以也不会存在净现金流量。（   ）
3. 在计算现金净流量时，无形资产摊销额的处理与折旧额相同。　　　　　（   ）
4. 投资决策中使用的现金流量，实际上就是指各种货币资金。　　　　　　（   ）
5. 根据年末经营成果，在考虑所得税情况下，经营期的营业现金净流量＝税后利润＋折旧额。（   ）
6. 只有投资利润率大于或等于无风险投资利润率的投资项目才具有财务可行性。（   ）
7. 在投资项目决策中，只要方案的投资利润率大于零，该方案就是可行方案。（   ）
8. 在不考虑所得税因素情况下，同一投资方案分别采用快速折旧法、直线法计提折旧，不会影响各年的现金净流量。（   ）
9. 在长期投资决策中，内部收益率的计算与项目设定折现率的高低无关。（   ）
10. 净现值小于零，则现值指数也小于零。（   ）
11. 在评价投资项目的财务可行性时，若静态投资回收期或投资利润率的评价结论与净现值指标的评价结论矛盾，应当以净现值指标的结论为准。（   ）
12. 某一投资方案按10%的贴现率计算的净现值大于零，那么该方案的内含报酬率大于10%。（   ）

四、学习领域情境实训

【情境资料】

1. 某企业购买机器设备价款40万元，可为企业每年增加净利4万元，该设备可使用5年，无残值，采用直线法计提折旧，该企业的贴现率为10%。要求：用静态法计算该方案的投资利润率、投资回收期，并评价该投资方案。

2. 为生产某种新产品，拟投资总额500 000元，预计当年投产每年可获得利润45 000元，投资项目寿命期为10年，该企业资金成本为10%。要求：
（1）计算每年的现金净流入量。
（2）计算该投资项目的净现值。
（3）计算该投资项目的现值指数。
（4）判断该投资项目是否可行。

3. 某企业现有资金20万元，可用于以下投资方案A或B。方案A：购入五年期，年利率14%的国库券，不计复利，到期一次支付本息。方案B：购买新设备，使用期5年，预计残值收入为设备总额的10%，按直线法计提折旧，设备交付使用后每年可以实现2.4万元的税前利润。该企业的资金成本率为10%，适用所得税税率为25%。要求：
（1）计算投资方案A的净现值。
（2）计算投资方案B的各年的现金流量及净现值。

(3) 运用净现值法对上述投资方案进行选择。

已知：$(P/F, 10\%, 4) = 0.6830$；　　$(P/F, 10\%, 5) = 0.6209$；

$(P/F, 10\%, 6) = 0.5645$；　　$(P/A, 10\%, 4) = 3.1699$；

$(P/A, 10\%, 5) = 3.7908$；　　$(P/A, 10\%, 6) = 4.3553$。

4. 某企业计划进行某项投资活动，有甲、乙两个方案，有关资料如下。

(1) 甲方案原始投资为150万元，其中固定资产投资100万元，活动资金投资50万元，全部于建设起点一项投入，该项目经营期5年，固定资产残值5万元，预计投资后年营业收入90万元，年总成本60万元。

(2) 乙方案原始投资300万元，其中固定资产投资220万元，于建设起点一次投入，流动资金投资80万元，于经营期开始时投入，该项目建设期1年，经营期7年，固定资产残值10万元，预计年营业收入170万元，年付现成本70万元。

(3) 该企业按直线法计提折旧，全部流动资金于终结点一次回收，所得税率40%，资金成本率10%。

要求：计算甲、乙方案各年现金净流量及净现值，评价甲、乙方案是否可行。

已知：$(P/A, 10\%, 1) = 0.9091$；　　$(P/A, 10\%, 3) = 2.4869$；

$(P/A, 10\%, 4) = 3.1699$；　　$(P/A, 10\%, 5) = 3.7908$；

$(P/A, 10\%, 6) = 4.3553$；　　$(P/A, 10\%, 7) = 4.8684$；

$(P/A, 10\%, 8) = 5.3349$；　　$(P/F, 10\%, 1) = 0.9091$；

$(P/F, 10\%, 5) = 0.6209$；　　$(P/F, 10\%, 7) = 0.5132$；

$(P/F, 10\%, 8) = 0.4665$。

5. 某公司需用房一套，预计使用20年，建筑面积为150平方米，现有租房和买房两个方案可供选择。租房方案：目前年租金为500元/平方米，预计今后房租每10年上涨20%，假设每年的房租均在年初全额支付。购房方案：该房现价为4000元/平方米，此公司付款方式为首付20%的房款，其余部分由银行贷款支付。已知银行贷款年利率为8%，偿还期为10年，还款方式为每年年末等额还本付息。预计20年后该套房的售价为1500元/平方米。

要求：若该公司股东要求的必要报酬率为10%，判断应选择哪种方案。

6. 淮海公司拟进行一项固定资产投资，该项目的现金流量表(部分)见表5-9。

表5-9　现金流量表(部分)价值

单位：万元

t 项目	建设期		经营期					合计
	0	1	2	3	4	5	6	
净现金流量	-1 000	-1 000	100	1 000	(B)	1 000	1 000	2 900
累计净现金流量	-1 000	-2 000	-1 900	(A)	900	1 900	2 900	—
折现净现金流量	-1 000	-943.4	89	839.6	1 425.8	747.3	705	1 863.3

要求：

(1) 在答题纸上计算表5-9中用英文字母表示的项目的数值。

(2) 计算或确定下列指标。

① 静态投资回收期。

② 净现值。
③ 原始投资现值。
④ 净现值率。
⑤ 现值指数。
(3) 评价该项目的财务可行性。

7. 淮海公司正在考虑对两个互斥方案的选择,其净现金流量见表 5-10。

表 5-10　项目甲和乙的净现金流量表

单位:元

时间	0	1	2	3
项目甲	-10 000	10 000	1 000	1 000
项目乙	-20 000	2 000	2 000	24 000

公司对该项目要求的收益率为 10%。要求:
(1) 回收期。
(2) 净现值。
(3) 现值指数。
(4) 内含报酬率。
(5) 公司应选择哪一个项目作为可行性方案?为什么?

【实训要求】

将全班同学分成 8 个小组,每组推选一名同学担任组长,共同进行方案的决策。完成任务后,各组相互交流心得,同时安排 1~2 名同学作典型发言。最后,老师对各组工作方案实施进行点评,并给予相应的成绩评定,另外,各小组也相互给出成绩评定。

项目 6　制定营运资金管理方案

学习目标

知识目标	技能目标
(1) 掌握营运资金的构成 (2) 掌握机会成本、短缺成本、管理成本含义 (3) 掌握存货管理模式确定现金持有量的应用条件 (4) 掌握现金周转模式应用条件 (5) 掌握机会成本、管理成本、收账费用含义 (6) 应收账款机会成本计算 (7) 现金折扣成本计算 (8) 掌握信用政策的构成 (9) 明确存货成本的构成 (10) 掌握经济采购批量基本模型公式及应用 (11) 掌握商业折扣下存货采购批量的存货成本的计算方法	(1) 能利用不同的方法确定最佳现金持有量 (2) 会计算应收账款机会成本、能制定应收账款信用政策 (3) 能根据企业的实际情况及市场供货情况确定存货经济采购批量和商业折扣下存货采购批量

重点与难点

重　点	难　点
(1) 机会成本、短缺成本、管理成本 (2) 现金存货管理模式、现金周转模式 (3) 应收账款机会成本计算 (4) 现金折扣成本计算 (5) 经济采购批量基本模式需设立的条件 (6) 基本模式下经济采购批量的确定方法 (7) 商业折扣状态下经济采购批量的确定方法	(1) 现金最佳持有量的确定 (2) 应收账款信用政策、收账政策的制定 (3) 公司存货采购方案的编制

工作任务

任务1　确定最佳现金持有量之一

（1）淮海实业股份有限公司2008年度日常营运资金预计全年需要支付现金800 000元，有价证券的利息率为6.5%，现金与有价证券的每次转换成本为85元，预计存货周转期为60天，应收账款周转期为60天，应付账款周转期为30天。

（2）有价证券的年利率为10%，现金与有价证券每次固定转换成本为100元，公司认为其任何时候现金余额均不能低于2 500元，根据历史数据测出现金余额变化的标准差为800元。

（3）淮海实业股份有限公司预计全年需要支付现金800 000元，有价证券的利息率为6.5%，现金与有价证券的每次转换成本为85元。

【要求】

根据淮海实业股份有限公司的相关资料，确定该公司的最佳现金持有量。

任务2　确定最佳现金持有量之二

已知某公司现金收支平衡，预计全年（按360天计算）现金需要量为250 000元，现金与有价证券的转换成本为每次500元，有价证券年利率为10%。

【要求】

（1）计算最佳现金持有量。

（2）计算最佳现金持有量下的全年现金管理相关总成本、全年现金转换成本和全年现金持有机会成本。

（3）计算最佳现金持有量下的全年有价证券交易次数和有价证券交易间隔期。

（4）若企业全年现金管理的相关总成本控制在4 500元以内，要通过控制现金与有价证券的转换成本达到此目标，则每次转换成本的限额为多少？

任务3　信用政策的选择

淮海实业股份有限公司预测2007年赊销收入净额为2 400万元，其当前信用条件是$n/60$，变动成本率为60%，资金成本率为18%。假如企业收账政策不变，固定成本总额不变，该企业准备了两个信用条件的备选方案：A方案维持$n/60$的信用条件，B方案将信用条件放宽到$n/90$。

【要求】

根据淮海实业股份有限公司的相关资料，对淮海实业股份有限公司的信用政策作出选择，见表6-1。

表6-1 信用条件情况表

单位：万元

项目	A(n/60)	B(n/90)
年赊销额	2 400.00	2 640.00
坏账损失率	3%	4%
收账费用	40.00	56.00

任务4 是否改变信用条件的决策

若淮海实业股份有限公司选择了B方案，但为了加速应收账款的收回，决定将赊销条件改为2/30，1/60，n/90，估计将有60%的客户会利用2%的现金折扣，30%的客户会利用1%的现金折扣，坏账损失率降为2%，收账费用降为32万元。

【要求】

试判断该项决策是否有益。

任务5 新旧收账方案的决策

若淮海实业股份有限公司应收账款原有的收账政策有所改变，拟改变的收账政策见表6-2。

表6-2 收账政策备选方案资料

单位：万元

项目	现行收账政策	拟改变的收账政策
年收账费用/万元	60	90
应收账款平均收账天数/天	60	30
坏账损失占赊销额的百分比/%	3	2
赊销额/万元	6 000	6 000
变动成本率	50%	50%

【要求】

对新旧收账方案作出决策。

任务6 确定存货的经济订货批量

淮海实业股份有限公司每年需用甲材料6 000件，每次进货费用为150元，材料的单位储存成本为5元，该种材料的单价为20元，若一次订购量在2 000件以上时，可获得2%的折扣，一次订购量在3 000件以上时，可获得5%的折扣。

【要求】

(1) 确定该公司基本经济进货批量。

(2) 淮海实业股份有限商业折扣状态下经济进货批量确定。

相关知识

6.1 营运资金管理概述

6.1.1 营运资金的含义

营运资金也称营运资本，是指流动资产减去流动负债后的余额。流动资产是指可以在一年或者超过一年的一个营业周期内变现或耗用的资产，主要包括现金、有价证券、应收账款和存货等。流动负债是指将在一年或者超过一年的一个营业周期内必须清偿的债务，主要包括短期借款、应付账款、应付票据、预收账款、应计费用等。

6.1.2 营运资金的特点

1. 流动性

流动资产在生产经营过程中虽需经历供、产、销循环周转过程，但这一过程时间很短，使流动资产的变现能力较强。

2. 继起性

流动资产的价值表现就是流动资金。流动资金的占用形态在时间上表现为依次继起、相继转化。流动资金以货币资金开始，依次转化为储备资金、生产资金、成品资金和结算资金，最后又回到货币资金。它的每一次转化都是一种形态的结束和另一种形态的开始。

3. 并存性

流动资金的占用形态从空间上看是并存的，各种占用形态同时分布在供、产、销各个过程中，这是由生产经营的连续性所决定的。

4. 补偿性

流动资产的投资回收期短，它的耗费能较快地从产品销售收入中得到补偿，即流动资产的实物耗费与价值补偿是在一个生产经营周期内同时完成的。

6.1.3 营运资金管理的基本要求

营运资金的管理就是对企业流动资产和流动负债的管理。它既要保证有足够的资金满足生产经营的需要，又要保证能按时按量偿还各种到期债务。企业营运资金管理的基本要求如下。

1. 合理确定并控制流动资金的需要量

企业流动资金的需要量取决于生产经营规模和流动资金的周转速度，同时也受市场及供、产、销情况的影响。企业应综合考虑各种因素，合理确定流动资金的需要量，既要保证企业经营的需要，又不能因安排过量而浪费。平时也应控制流动资金的占用，将其纳入计划预算的良性范围内。

2. 合理确定流动资金的来源构成

企业应选择合适的筹资渠道及方式，力求以最小的代价谋取最大的经济利益，并使筹资与日后的偿债能力等合理配合。

3. 加快资金周转，提高资金使用效益

当企业的经营规模一定时，流动资产周转的速度与流动资金需要量成反方向变化。企业应加强内部责任管理，适度加速存货周转、缩短应收账款的收款周期、延长应付账款的付款周期，以改进资金的利用效果。

6.2　货币资金的管理

6.2.1　货币资金管理目标

货币资金是指企业在生产经营过程中暂时停留在货币形态的资金，包括库存现金、银行存款、其他货币资金。作为变现能力最强的资产，货币资金是满足正常经营开支、清偿债务本息、履行纳税义务的重要保证。因此，企业能否保持足够的现金余额，对于降低或避免经营风险与财务风险具有十分重要的意义。但同时货币资金又是一种非盈利性资产，持有量过多势必给企业造成较大的机会损失，降低整体资产的获利能力。因此，如何在货币资金的流动性与收益性之间作出合理的选择，即在保证企业高效、高质地展开经营活动的情况下，尽可能地保持最低货币资金占用量是货币资金的管理目标。

6.2.2　置存货币资金的原因与成本

1. 原因

1) 交易性需要

它是指企业生产经营活动中货币资金支付的需要，如购买原材料、支付人工工资、偿还债务、交纳税款等。这种需要发生频繁，金额较大，是企业置存货币资金的主要原因。

2) 预防性需要

它是指企业为应付意外的、紧急的情况而置存货币资金，如生产事故、自然灾害、客户违约等打破原先的货币资金收支平衡。

企业为预防性需要而置存货币资金的多少取决于4点：一是企业临时举债能力；二是企业其他流动资产变现能力；三是企业对货币资金预测的可靠程度；四是企业愿意承担风险的程度。

3) 投机性需要

它是指企业为抓住瞬息即逝的市场机会，投机获利而置存货币资金，如捕捉机会超低价购入有价证券、原材料、商品等，意在短期内抛售获利。

2. 成本

置存货币资金通常会发生4种成本，即持有成本、转换成本、短缺成本、管理成本。

1) 持有成本

它是指因置存货币资金而丧失的投资收益,这是一项机会成本,它与置存货币资金的数量有关,货币资金置存越多,持有成本越大。

2) 转换成本

它是指有价证券与货币资金转换时的交易费用,仅指与交易金额无关而与交易次数成正比的交易费用,是决策中的相关成本。

3) 短缺成本

它是指因置存货币资金太少而给企业造成的损失,如因无钱购买原材料造成停工损失,失去现金折扣,不能及时支付而造成信誉损失等。

4) 管理成本

它是指为组织和管理生产活动发生的材料、人工、劳动资料等的耗费。为制造产品发生的管理费用与生产产品的产量没有直接关系,不计入产品的制造成本,而作为期间费用直接冲减企业当期的收益。

6.2.3 最佳货币资金持有量的确定

最佳货币资金持有量就是指使有关成本之和最小的货币资金持有数额,它的确定主要有成本分析模式和存货分析模式两种方法。

1. 成本分析模式

成本分析模式是通过分析企业置存货币资金的各相关成本,测算各相关成本之和最小时的货币资金持有量的一种方法。在成本分析模式下不存在转换成本,应分析机会成本、管理成本、短缺成本。计算公式为

$$总成本=机会成本+管理成本+短缺成本$$

其中,机会成本随着货币资金持有量的增大而增大,一般可按年货币资金持有量平均值的某一百分比计算,这个百分比是该企业的机会性投资的收益率,一般可用有价证券利息率代替。计算公式为

$$机会成本=货币资金平均持有量\times 有价证券利息率$$

2. 存货分析模式

存货分析模式是借用存货管理经济批量公式来确定最佳货币资金持有量的一种方法。存货分析模式旨在使相关总成本即置存成本和交易成本之和最小化。可列公式为

$$TC=\frac{C}{2}\times i+\frac{T}{C}\times b$$

式中:TC——存货分析模式下的相关总成本;

C——一次交易资金量,也即企业最高货币资金存量;

i——有价证券收益率;

T——一个周期内货币资金总需求量;

b——有价证券一次交易固定成本。

最佳货币资金持有量 $C^{*}=\sqrt{2bT/i}$

相关总成本达最小值 $TC^{*}=\sqrt{2bTi}$

【例 6-1】 已知:某公司现金收支平稳,预计全年(按 360 天计算)现金需要量为

250 000 元，现金与有价证券的转换成本为每次 500 元，有价证券年利率为 10%。要求：

(1) 计算最佳现金持有量。

(2) 计算最佳现金持有量下的全年现金管理总成本、全年现金转换成本和全年现金持有机会成本。

(3) 计算最佳现金持有量下的全年有价证券交易次数和有价证券交易间隔期。

解：(1) 最佳现金持有量 $= \sqrt{\dfrac{2 \times 250\ 000 \times 500}{10\%}} = 50\ 000(元)$

(2) 最低现金管理总成本 $= \sqrt{2 \times 250\ 000 \times 500 \times 10\%} = 5\ 000(元)$

转换成本 $= \dfrac{250\ 000}{50\ 000} \times 500 = 2\ 500(元)$

机会成本 $= \dfrac{50\ 000}{2} \times 10\% = 2\ 500(元)$

(3) 有价证券交易次数 $= \dfrac{250\ 000}{50\ 000} = 5(次)$

有价证券交易间隔期 $= \dfrac{360}{5} = 72(天)$

6.2.4 货币资金的日常管理

1. 货币资金收入的管理

缩短收款时间，使应收款项尽早进入本企业的银行账户，主要方法有邮政信箱法和银行业务集中法等。

2. 货币资金支出的管理

推迟付款日期，延期支付账款的方法主要有以下 4 种。

(1) 合理利用"浮游量"（企业开出支票到开户银行实际划出这笔款项总会有一定的时间间隔，形成企业货币资金账户余额与银行账户上的存款余额有一定差额，将其称之为货币资金"浮游量"）。

(2) 推迟支付应付款。

(3) 采用汇票付款。

(4) 改进工资支付方式。

3. 闲置货币资金的利用

在保证主营业务的现金需求的前提下，企业应将闲置资金投入到流动性强、风险性低、交易期限短的证券中，以期获得较多的收入。

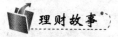

在美国，越来越多公司的执行财务总裁(CFO)反对高的现金结存。贝尔公司的执行财务总裁 Fred Salerno 就表示"合适的现金结存水平就是零，公司不能靠存储现金结存来赚钱。"据调查发现，保持低现金结存额的公司往往能保持高的收益回报率。但实际上，实现零现金结存是一个非常艰难的目标，需要和银行保持良好的信贷关系以便随时能获得借款，否则企业将遭受巨大的财务风险。

6.3 应收账款的管理

6.3.1 应收账款管理的目标

应收账款主要是由企业出于市场竞争需要采取赊销政策所引致。赊销方式在强化企业市场竞争地位和实力、扩大销售、增加收益、降低存货管理成本等方面有优势。但一方面产生拖欠甚至坏账损失的可能性比较高;另一方面,由于应收账款在一段时间内不仅无法为赊销企业自身利用并创造新的价值(它属于应收账款投资的机会成本),相反,企业还需要为之付出一定的管理费用。因此,企业在采取赊销方式时,企业必须对应收账款带来的收益与付出的成本加以全面权衡。其管理的基本目标是:在发挥应收账款强化竞争、扩大销售功能效应的同时,尽可能降低投资的机会成本、坏账损失与管理成本,最大限度地提高应收账款投资的效益。

6.3.2 应收账款的成本

企业持有应收账款主要有三项成本:机会成本、管理成本和坏账成本。

1. 机会成本

应收账款的机会成本是指因资金投放在应收账款上而丧失的其他收入。机会成本可通过以下公式计算

$$应收账款机会成本 = 维持赊销业务所需资金 \times 参照利率$$
$$= 应收账款平均余额 \times 变动成本率 \times 参照利率$$

$$应收账款平均余额 = 平均每日赊销额 \times 平均收账天数$$

应收账款平均余额根据应收账款周转次数计算公式为

$$\frac{赊销收入净额}{应收账款平均余额} = \frac{360}{平均收账期}$$

$$应收账款平均余额 = \frac{赊销收入净额}{360} \times 平均收账期$$

2. 管理成本

应收账款的管理成本是指对应收账款进行日常管理而耗费的开支,主要包括对客户的资信调查费用、收账费用等。在应收账款一定数额内,管理成本一般为固定成本。

3. 坏账成本

坏账成本是指应收账款无法收回而给企业带来的损失。坏账成本一般与应收账款的数额大小有关,与应收账款的拖欠时间有关。

6.3.3 信用政策的确定

应收账款的信用政策是指应收账款的管理政策,包括信用标准、信用条件和收账政策。

1. 信用标准

它是指客户获得本企业商业信用所应具备的条件,通常以预期的坏账损失率表示。企业在制定或选择信用标准时应考虑的基本因素包括:①同行业竞争对手的情况;②企业承担风险的能力;③客户的资信程度。

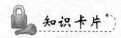

> 决定客户资信程度的因素有五个方面：一是客户品质(character)，即客户的信誉；二是偿债能力(capacity)；三是资本(capital)；四是抵押品(collateral)；五是经济情况(conditions)。

2. 信用条件

信用条件包括信用期限、现金折扣、折扣期限等。

1) 信用期限

它是指企业允许客户从购货到付款之间的时间间隔。

信用期限优化的要点：延长信用期限增加的销售利润是否超过增加的成本费用。

【例6-2】 某企业预计信用期限为20天，销量可达50万件；信用期若延长到40天，销量可增加到60万件。假定该企业投资报酬率为9%，产品单位售价为4元，其余条件见表6-3。

表6-3 某企业在不同信用期下的经营状况

单位：万元

信用期	20天	40天
销售额	200	240
销售成本		
变动成本	60	72
固定成本	20	20
毛利	120	148
收账费用	10	12
坏账损失	3	5

要求：确定该企业应选择哪一个信用期限？

解：信用期由20天延长到40天。

增加销售利润＝148－120＝28（万元）

增加机会成本＝$240 \times \frac{72}{240} \times 9\% \times \frac{40}{360} - 200 \times \frac{60}{200} \times 9\% \times \frac{20}{360}$

＝0.42（万元）

增加管理成本＝12－10＝2（万元）

增加坏账成本＝5－3＝2（万元）

增加净收益＝28－(0.42＋2＋2)＝23.58（万元）

结论：应选择40天信用期。

2) 现金折扣

它是企业给予客户在规定时期内提前付款能按销售额的一定比率享受折扣的优惠政策，它包括折扣期限和现金折扣率两个要素。

在有现金折扣的情况下，信用条件优化的要点是：增加的销售利润能否超过增加的机会成本、管理成本、坏账成本和折扣成本四项之和。

现金折扣成本＝赊销净额×折扣期内付款的销售额比例×现金折扣率

【例 6-3】 某企业产销 A 产品,单位售价 400 元,单位变动成本 300 元。现接到某客户的追加订单 1 000 件,企业尚有生产能力给予接受。但是该客户提出赊账期为 60 天的付款方式,假如在 30 天内付款能给予 2% 的现金折扣,客户愿意有 20% 的货款在折扣期内支付。该企业根据信用调查,该客户信用等级较低,坏账损失率可能达到 20%。该企业最低投资报酬率为 15%,收账管理费用为赊销收入额的 2%。要求:计算并决策该企业是否应接受订单。

解:增加销售利润 = (400 − 300) × 1 000 = 100 000(元)

$$增加机会成本 = 400 \times \frac{300}{400} \times 1\,000 \times (20\% \times \frac{30}{360} + 80\% \times \frac{60}{360}) \times 15\%$$
$$= 6750(元)$$

增加管理成本 = 400 × 1 000 × 2% = 8 000(元)

增加坏账成本 = 400 × 1 000 × 20% = 80 000(元)

增加折扣成本 = 400 × 1 000 × 20% × 2% = 1 600(元)

增加净收益 = 100 000 − (6 750 + 8 000 + 80 000 + 1 600) = 3 650(元)

结论:该企业应接受订单。

3. 收账政策

它是指客户违反信用条件,拖欠甚至拒付账款时企业应采取的策略。首先,企业应投入一定收账费用以减少坏账的发生。其次,企业对客户欠款的催收应做到有理、有利、有节。

6.3.4 应收账款的日常管理

(1) 监督应收账款的收回——编制应收账款账龄分析表。

(2) 建立坏账准备金制度——年末按应收账款余额的 0.3%~0.5% 计提。

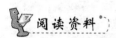

要账小技巧

1. 磨

对欠账人不要问什么时候给,如果问,就会得到一个答复时间,那么近期就不好再来,只要你不给,我天天来要账,说好话,多求情,勿发火。

2. 缠

派一适合人员,采取跟随战术,赖账人走到哪儿跟到哪儿,只要不给就一跟到底,缠住不放。

3. 吵

在赖账人面前,采取讲事情原委,说欠账经过,声音要高,反复理论欠账时间、数额和要账次数,切记不要人身攻击,不要讲污秽语言。

4. 扰

各种方法手段并用,要账工作要造成声势,充分地在赖账人的工作地点和生活区域全面展开,形成一个不还账躲不过的局面。注意不要影响到周围人。

5. 诉

诉就是诉讼,不是简单的一纸诉状,要查清对方实力,掌握对方资产,采取好保全等措施。打蛇打到七寸处。

6. 转

将无力或难以回收的债权有偿转让他人,不至于白白放弃,干受损失。债权转让只需通知债务人便可,不需要其同意。

> 赖账花招多，要账方法也不少，魔高一尺道高一丈。再大的困难总有最佳的解决方案，多动脑筋、多思考，只要找到这个最佳方案，一切问题就都解决了。

6.4 存货的管理

6.4.1 存货管理的目标

一般而言，企业持有充足数量的存货，既有利于生产过程的顺利进行，节约采购费用与生产时间，又能够迅速地满足客户各种订货的需要。然而，存货的增加必然要占用更多的资金，这样不仅将使企业付出更大的持有成本（即存货资金占用的机会成本），而且存货的储存与管理费用也会相应增加，影响企业获利能力的提高。因此，如何在存货的成本与收益之间进行利弊权衡，实现二者的最佳组合，成为存货管理的基本目标。

6.4.2 存货的成本

存货成本主要包括以下内容。

（1）进货成本。即取得成本＝购置成本＋订货成本＝买价＋进货费用。

（2）储存成本。即企业为持有存货而发生的费用，主要包括存货资金占用费或机会成本、存货残损霉变损失等。

（3）缺货成本。指因存货不足而给企业造成的停产损失、延误发货的信誉损失及丧失销售机会的损失等。

6.4.3 存货控制的方法

1. 经济批量模型

经济批量是指能使一定时期内某项存货的相关总成本达到最小时的订货批量。其计算公式为

相关总成本＝变动性订货成本＋变动性储存成本

$$TC = P \times \frac{A}{Q} + C_1 \times \frac{Q}{2}$$

式中：A——存货年需用量；

P——每次订货的变动性订货成本；

Q——每次订货量。

所以，最优订货批量 $Q = \sqrt{\dfrac{2PA}{C_1}}$，

最小相关总成本 $TC = \sqrt{2PAC_1}$。

【例6-4】 某公司每年需要甲材料6 000件，每次订货成本为150元，每件材料的年储存成本为5元，该种材料的采购价为20元/件，一次订货量在2 000件以上可获2%的折扣，在3 000件以上可获5%的折扣，问公司采购量为多少时成本最低？

解：经济批量 $Q_1 = \sqrt{\dfrac{2 \times 150 \times 6\,000}{5}} = 600$（件）

这时甲材料单价为20元。

相关总成本 $TC_1 = 20 \times 6\,000 + \sqrt{2 \times 150 \times 6\,000 \times 5} = 123\,000$（元）

2. 陆续到货模型

最优订货批量 $Q = \sqrt{\dfrac{2PA}{C_1 \times \left(1 - \dfrac{n}{m}\right)}}$，最小相关总成本 $TC = \sqrt{2PAC_1 \times \left(1 - \dfrac{n}{m}\right)}$

式中：m——每日到货量；

n——每日耗用量。

【例6-5】 B企业全年需S原料1 000t，订货后每天能运达10t，而企业每天需消耗3t。每次订货的订货成本为70元，每吨S原料平均储存成本20元。要求：计算最优订货批量及全年最低相关总成本。

解：最优订货批量 $= \sqrt{\dfrac{2 \times 70 \times 1\,000}{20 \times (1 - 3/10)}} = 100$（元）

全年最低相关总成本 $= \sqrt{2 \times 70 \times 1\,000 \times 20 \times (1 - 3/10)} = 1\,400$（元）

3. 商业折扣模型

在供货方提供数量折扣条件下，若每次进货数量达到供货方的进货批量要求，可以降低进货成本。通常，进货批量越大，可利用的折扣就越多。

实行数量折扣的经济进货批量具体确定步骤如下。

（1）按照基本经济进货批量模式确定经济进货批量。

（2）计算按经济进货批量进货时的存货相关总成本。

（3）按给予数量折扣的不同批量进货时，计算存货相关总成本。

（4）比较不同批量进货时，存货相关总成本。此时最佳进货批量就是使存货相关总成本最低的进货批量。

$$TC = TC_k + TC_0 + TC_c = K \times A + P \times \dfrac{A}{Q} + C_1 \times \dfrac{Q}{2}$$

式中：K——采购单价；

TC_k——采购成本。

【例6-6】 假设求精工厂全年需用甲零件10 000件。每次变动性订货成本为50元，每件甲零件年平均变动性储存成本为4元。当采购量小于600件时，单价为10元；当采购量大于或等于600件，但小于1 000件时，单价为9元；当采购量大于或等于1 000件时，单价为8元。

要求：计算最优采购批量及全年最小相关总成本。

解：先计算经济批量

$Q_1 = \sqrt{\dfrac{2 \times 50 \times 10\,000}{4}} = 500$（件）

这时甲零件单价为10元。

相关总成本 $TC_1 = 10 \times 10\,000 + \sqrt{2 \times 50 \times 10\,000 \times 4} = 102\,000$（元）

当单价为9元时，$Q_2 = 600$ 件。

$TC_2 = 9 \times 10\,000 + 50 \times \dfrac{10\,000}{600} + 4 \times \dfrac{600}{2} \approx 92\,033.33$（元）

当单价为8元时，$Q_3 = 1\,000$ 件。

$$TC_5 = 8 \times 10\,000 + 50 \times \frac{10\,000}{1\,000} + 4 \times \frac{1\,000}{2} = 82\,500(元)$$

本例最优采购批量1 000件,全年最少相关总成本为82 500元。

4. 存货ABC控制法

存货ABC控制法见表6-4。

表6-4 存货ABC控制法

种类	特点	占有份额	管理方法
A类物资	品种少、实物量少而价值高的物资	成本金额约占70%,而实物量不超过20%	经常检查库存、严格管理、科学地制定其资金定额并按经济批量模型合理进货
C类物资	品种多、实物量多而价值低的物资	成本金额约占10%,而实物量不低于50%	不必严加控制,一次进货可适当多些,待发现存量已经不多时再次进货即可
B类物资	介于A类、C类物资之间	成本金额约占20%,而实物量不超过30%	采取比较严格的管理,视具体情况部分参照A类,部分参照C类控制

当企业存货品种繁多、单价高低悬殊、存量多寡不一时,使用ABC控制法可以分清主次、抓住重点、区别对待,使存货控制更方便有效。

5. 分级归口控制

分级归口控制是指按照使用资金和管理资金相结合、物资管理和资金管理相结合的原则,将存货资金定额按各职能部门所涉及的业务归口管理,各职能部门再将资金定额计划层层分解落实到车间、班组乃至个人,实行分级管理。

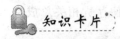

JIT

近年来,存货的管理越来越复杂了。在某些行业的生产过程采用了适时工作制(just-in-time, JIT)来控制存货。正如其字面意思一样,它是指在刚好需要时取得存货并投入生产。因此,在JIT管理理论下,存货的增加是由于销售的需要而不仅仅是生产的需要。海尔的张瑞敏说得好,"要根据订单生产产品。没有订单的生产就是在生产积压品。"

典型案例分析

案例1 利用信用标准、信用条件、收账政策等信用政策优化方案

【背景】

某企业2009年A产品销售收入为4 000万元,总成本为3 000万元,其中固定成本为600万元。假设2010年该企业变动成本率维持在2009年的水平,现有两种信用政策可供选用。

甲方案:给予客户45天信用期限($n/45$),预计销售收入为5 000万元,货款将于第45

天收到，其收账费用为20万元，坏账损失率为货款的2%。

乙方案：信用政策为(2/10，1/20，n/90)，预计销售收入为5 400万元，将有30%的货款于第10天收到，20%的货款于第20天收到，其余50%的货款于第90天收到(前两部分货款不会产生坏账，后一部分货款的坏账损失率为该部分货款的4%)，收账费用为50万元。该企业A产品销售额的相关范围为3 000～6 000万元，企业的资本成本率为8%(为简化计算，本题不考虑增值税因素)。

【要求】

(1) 计算该企业2009年的下列指标。

① 变动成本总额。

② 以销售收入为基础计算的变动成本率。

(2) 计算甲、乙两方案的收益之差。

(3) 计算甲方案的应收账款相关成本。

(4) 计算乙方案的应收账款相关成本。

(5) 在甲、乙两个方案之间做出选择。

【解析】

(1) 该企业2009年相关指标。

① 变动成本总额

$$3\ 000-600=2\ 400(万元)$$

② 变动成本率

$$2\ 400/4\ 000\times 100\%=60\%$$

(2) 甲、乙两方案收益之差。

$$5\ 400\times(1-60\%)-5\ 000\times(1-60\%)=160(万元)$$

(3) 甲方案的应收账款相关成本。

① 应收账款应计利息

$$(5\ 000\times 45)/360\times 60\%\times 8\%=30(万元)$$

② 坏账成本

$$5\ 000\times 2\%=100(万元)$$

③ 收账费用为20万元。

④ 采用甲方案的应收账款相关成本

$$30+100+20=150(万元)$$

(4) 乙方案的应收账款相关成本。

① 平均收账天数

$$10\times 30\%+20\times 20\%+90\times 50\%=52(天)$$

② 应收账款应计利息

$$(5\ 400\times 52)/360\times 60\%\times 8\%=37.44(万元)$$

③ 坏账成本

$$5\ 400\times 50\%\times 4\%=108(万元)$$

④ 现金折扣成本

$$5\ 400\times 30\%\times 2\%+5\ 400\times 20\%\times 1\%=43.2(万元)$$

⑤ 收账费用为50万元。

⑥ 采用乙方案的应收账款相关成本

$$37.44+108+50+43.2=238.64(万元)$$

(5) 甲、乙两方案成本之差
$$238.64-150=88.64(万元)$$

因为乙方案与甲方案相比增加的收益(160万元)大于增加的成本(88.64万元),所以企业应选用乙方案。

案例2 信用政策的选择

【背景】

海天公司预测的年度赊销收入为5 000万元,总成本4 500万元(固定成本1 000万元),信用条件为(n/30),资金成本率为10%。该公司为扩大销售,拟定了A、B两个信用条件方案。

A方案:将信用条件放宽到(n/60),赊销收入上升到5 500万元,预计坏账损失率为4%,收账费用80万元。

B方案:将信用条件放宽为(2/10,1/20,n/60),估计约有70%的客户(按赊销额计算)会利用2%的现金折扣,10%的客户会利用1%的现金折扣,坏账损失率为3%,收账费用60万元。

【要求】

在其他因素不变的情况下,确定该公司应选择何种信用条件方案。

【解析】

变动成本率=(4 500-1 000)/5 000=70%

(1) A方案

信用成本前的收益=5 500(1-70%)=1 650(万元)

应收账款平均余额=5 500/360×60=916.67(万元)

维持赊销业务所需资金=916.67×70%=641.67(万元)

应收账款的机会成本=641.67×10%=64.17(万元)

坏账损失=5 500×4%=220(万元)

信用成本=64.17+80+220=364.17(万元)

信用成本后的收益=1 650-364.17=1 285.83(万元)

(2) B方案

现金折扣=5 500×(2%×70%+1%×10%)=82.5(万元)

年赊销净额=5 500-82.5=5 417.5(万元)

信用成本前的收益=5 417.5-5 500×70%=1 567.5(万元)

平均收现期=10×70%+20×10%+60×20%=21(万元)

应收账款平均余额=5 500/360×21=320.83(万元)

维持赊销业务所需资金=320.83×70%=224.58(万元)

应收账款的机会成本=224.58×10%=22.46(万元)

坏账损失=5 500×3%=165(万元)

信用成本=22.46+60+165=247.46(万元)

信用成本后的收益=1 567.5-247.46=1 320.04(万元)

因为B方案的收益比A方案信用成本后的收益多34.21万元(1 320.04－1 285.83)，所以应选择B方案。

任务指南

任务1　确定最佳现金持有量之一

淮海实业股份有限公司预计的存货周转期为60天，应收账款周转期为60天，应付账款周转期为30天，预计全年需要现金800 000元。

公司现金周转期＝60＋60－30＝90(天)

最佳现金持有量＝(80/360)×90＝20(万元)

淮海实业股份有限公司预计全年需要支付现金800 000元，有价证券的利息率为6.5%，现金与有价证券的每次转换成本为85元，则

最佳现金持有量
$$Q=\sqrt{2\times 800\ 000\times 85/6.5\%}=45\ 741.75(元)$$

最低现金管理相关总成本
$$TC=\sqrt{2\times 800\ 000\times 85\times 6.5\%}=2\ 973.21(元)$$

其中

固定转换成本＝(800 000÷45 741.75)×85＝1 486.61(元)

机会成本＝45 741.75÷2×6.5%＝1 486.61(元)

有价证券交易次数＝800 000÷4 5741.75≈18(次)

有价证券交易间隔期＝360÷18＝20(天)

任务2　确定最佳现金持有量之二

(1) 计算最佳现金持量。
$$最佳金持有量=\sqrt{2\times 250\ 000\times 500/10\%}=50\ 000(元)$$

(2) 计算最佳现金持有量下的全年现金管理相关总成本、全年现金转换成本和全年现金持有机会成本。

全年现金管理相关总成本＝$\sqrt{2\times 250\ 000\times 500\times 10\%}$＝5 000(元)

全年现金转换成本＝(250 000/5 000)×500＝2 500(元)

全年现金持有机会成本＝(50 000/2)×10%＝2 500(元)

(3) 交易次数＝250 000/50 000＝5(次)

交易间隔期＝360/5＝72(天)

(4) 4 500＝$\sqrt{2\times 250\ 000\times F\times 10\%}$

每次转换成本的限额F＝405(元)

任务3 信用政策的选择

(1) 信用条件情况见表6-5。

表6-5 信用条件情况表

单位:万元

项目	A(n/60)	B(n/90)
年赊销额	2 400.00	2 640.00
应收账款周转率	6	4
应收账款平均余额	2 400.00/6=400.00	2 640.00/4=660.00
维持赊销所需资金	400.00×60%=240.00	660.00×60%=396.00
坏账损失率	3%	4%
坏账损失	2 400×3%=72.00	2 640×4%=105.60
收账费用	40.00	56.00

(2) 信用条件分析见表6-6。

表6-6 信用条件分析表

单位:万元

项目	A(n/60)	B(n/90)
年赊销额	2 400.00	2 640.00
变动成本	2 400.0×60%=1 440.00	2 640.00×60%=1 584.00
边际贡献	960.00	1 056.00
应收账款机会成本	240×18%=43.20	396×18%=71.28
坏账损失	2 400×3%=72.00	2 640×4%=105.60
收账费用	40.00	56.00
信用成本后收益	804.80	823.12

任务4 是否改变信用条件的决策

若选择B方案,相关数据如下。
应收账款周转期=60%×30+30%×60+10%×90=45(天)
应收账款周转率=360/45=8(次)
应收账款平均余额=2 640/8=330(万元)
维持赊销所需资金=330×60%=198(万元)
应收账款机会成本=198×18%=35.64(万元)

坏账损失＝2 640×2％＝52.80(万元)

现金折扣＝2 640×(2％×60％＋1％×30％)＝39.60(万元)

信用成本情况见表6-7。

表6-7 信用成本情况表

单位：万元

项目	B(n/90)	C(2/30，1/60，n/90)
年赊销额	2 640	2 640
减：现金折扣	——	39.60
年赊销净额	2 640	2 600.40
减：变动成本	1 584.00	1 584.00
边际贡献	1 056	1 016.40
信用成本：		
应收账款机会成本	71.28	35.64
坏账损失	105.60	52.80
收账费用	56.00	32.00
小计	216.88	120.44
信用成本后收益	823.12	895.96

C方案比B方案增加收益72.84万元，所以企业改变信用条件的决策是正确的。

任务5 新旧收账方案的决策

收账政策分析评价见表6-8。

表6-8 收账政策分析评价表

单位：万元

项目	现行收账政策	拟改变的收账政策
赊销额	6 000	6 000
应收账平均收账天数	60	30
应收账款周转次数	360/60＝6	360/30＝12
应收账款平均余额	6 000/6＝1000	6 000/12＝500
应收账款占用的资金	1 000×50％＝500	500×50％＝250
收账成本：		
应收账款机会成本	500×10％＝50	250×10％＝25
坏账损失	6 000×3％＝180	6 000×2％＝120
年收账费用	60	90
收账总成本	290	235

拟改变的收账政策较现行收账政策减少的坏账损失和减少的应收账款机会成本之和为 85 万元，即(180－120)＋(50－25)，大于增加的收账费用 30 万元，即(90－60)。因此，改变收账政策的方案是可以接受的。

影响企业信用标准、信用条件及收账政策的因素很多，如销售额、赊销期限、收账期限、现金折扣、坏账损失、过剩生产能力、信用部门成本、机会成本、存货投资等的变化。这就使得信用政策的制定更为复杂，一般来说，理想的信用政策就是企业采取或松或紧的信用政策时所带来收益最大的政策。

任务6　确定存货的经济订货批量

(1) 确定该公司基本经济进货批量。

经济进货批量 $Q=\sqrt{2\times 6\,000\times 150/5}=600$（件）

存货相关总成本 $=\sqrt{2\times 6\,000\times 150\times 5}+6\,000\times 20=123\,000$（元）

(2) 确定商业折扣条件下经济进货批量。

每次采购 2 000 件时，存货的相关总成本为。

$6\,000\times 20\times (1-2\%)+(6\,000/2\,000)\times 150+(2\,000/2)\times 5=123\,050$（元）

每次采购 3 000 件时，存货的相关总成本为。

$6\,000\times 20\times (1-5\%)+(6\,000/3\,000)\times 150+(3\,000/2)\times 5=121\,800$（元）

由上述计算结果比较可知，每次进货 3 000 件时的存货相关总成本最低，所以该公司的最佳经济进货批量为 3 000 件。

项目小结

本项目明确了现金管理的重要性及其特点、现金管理的方法及最佳现金持有量的确定；明确了应收账款管理的重要性及其特点、应收账款管理的方法及信用条件、信用政策、收账政策的确定等内容，为学习企业营运资金管理奠定了良好的基础；明确了存货管理的目标、功能，通过任务训练，学会了基本经济进货批量模式、商业折扣的经济进货批量的确定，同时，也认识到任务的完成需要有较好的知识基础和工作经验及良好的团队合作氛围，培养了学生良好的团结协作、语言沟通能力，让学生树立成本意识、风险意识。

职业能力训练

一、单项选择题

1. 信用标准是(　　)的重要内容。

　　A. 信用条件　　　　B. 信用政策　　　　C. 收账政策　　　　D. 信用期限

2. 在存货分析模式下，最佳货币资金持有量出现在(　　)时。

　　A. 置存成本大于交易成本　　　　　　B. 置存成本小于交易成本

C. 置存成本等于交易成本　　　　　　D. 置存成本和交易成本之和最大

3. 现金折扣成本是一项（　　）。
   A. 筹资费用　　　　　　　　　　　B. 销售成本
   C. 收账成本　　　　　　　　　　　D. 管理成本

4. 下列选项中，（　　）同货币资金持有量成正比例关系。
   A. 转换成本　　　　　　　　　　　B. 机会成本
   C. 货币资金的短缺成本　　　　　　D. 管理费用

5. 企业在进行现金管理时，可利用的现金浮游量是指（　　）。
   A. 企业账户所记存款余额
   B. 银行账户所记企业存款余额
   C. 企业账户与银行账户所记存款余额之差
   D. 企业实际现金余额超过最佳现金持有量之差

6. 企业由于现金持有量不足而又无法及时通过其他途径补充给企业造成的损失，称为现金的（　　）。
   A. 机会成本　　　B. 持有成本　　　C. 管理成本　　　D. 短缺成本

7. 企业以赊销方式卖给客户甲产品 100 万元，为了客户能够尽快付款，企业给予客户的信用条件是"10/10，5/30，n/60"，则下面描述正确的是（　　）。
   A. 信用条件中的 10、30、60 是信用期限
   B. n 表示折扣率，由买卖双方协商确定
   C. 客户只要在 60 天以内付款就能享受现金折扣优惠
   D. 客户只要在 10 天以内付款就能享受 10% 的现金折扣优惠

8. 某企业的信用条件为"5/10，2/20，n/30"，一客户从该企业购入原价为 10 000 元的原材料，并于第 15 天付款，该客户实际支付的货款是（　　）元。
   A. 9 500　　　　B. 9 900　　　　C. 10 000　　　　D. 9 800

9. 持有过量现金可能导致的不利后果是（　　）。
   A. 财务风险加大　　　　　　　　　B. 收益水平下降
   C. 偿债能力下降　　　　　　　　　D. 资产流动性下降

10. 在成本分析模式下不存在（　　）。
    A. 机会成本　　　B. 管理成本　　　C. 短缺成本　　　D. 转换成本

11. 下列项目中，应收账款的成本包括（　　）。
    A. 资本成本　　　B. 短缺成本　　　C. 管理成本　　　D. 主营业务成本

12. 企业信用政策的内容不包括（　　）。
    A. 确定信用期间　　　　　　　　　B. 确定信用条件
    C. 确定现金折扣政策　　　　　　　D. 确定收账方法

13. 信用期限为 90 天，现金折扣期限为 30 天，折扣率为 3% 的表示方式是（　　）。
    A. 30/3，n/90　　　　　　　　B. 3/30，n/90
    C. 3%/30，n/90　　　　　　　D. 3/30，n/60

14. 某企业拟以"2/20，n/40"的信用条件购进原料一批，则企业放弃现金折扣的机会成本为（　　）。
    A. 2%　　　　　B. 36.73%　　　　C. 18%　　　　　D. 36%

二、多项选择题

1. 信用标准过高的可能结果包括（　　）。
   A. 丧失很多销售机会 B. 降低违约风险
   C. 增大坏账损失 D. 减少收账费用

2. 应收账款信用条件的组成要素有（　　）。
   A. 信用期限 B. 现金折扣期
   C. 现金折扣率 D. 商业折扣

3. ABC分类的标准主要有（　　）。
   A. 重量 B. 金额 C. 品种数量 D. 体积

4. 下列方式中，能使企业提高现金使用效率的是（　　）。
   A. 银行业务集中法 B. 尽可能使用汇票付款
   C. 使用现金浮游量 D. 推迟支付应付款

5. 应收账款的主要功能有（　　）。
   A. 促进销售 B. 阻碍销售
   C. 减少存货 D. 增加存货

6. 缩短信用期有可能会使（　　）。
   A. 销售额增加 B. 应收账款减少
   C. 收账费用增加 D. 坏账损失减少

7. 用成本分析模式确定最佳货币资金持有量时，应考虑的成本费用项目有（　　）。
   A. 货币的机会成本 B. 短缺成本
   C. 转换成本 D. 管理成本

8. 货币资金日常管理应注意（　　）。
   A. 缩短收款时间 B. 推迟付款日期
   C. 利用闲置资金 D. 尽量不用货币资金

9. 流动资产又称经营性投资，与固定资产相比，具有的特点是（　　）。
   A. 投资回报期短 B. 流动性强
   C. 具有并存性 D. 具有波动性

10. 用存货分析模式确定最佳货币资金持有量时，应予考虑的成本费用项目有（　　）。
    A. 货币资金管理费用 B. 货币资金与有价证券的转换成本
    C. 持有货币资金的机会成本 D. 货币资金短缺成本

三、判断题

1. 赊销是扩大销售的手段之一，企业应尽可能放宽信用条件，增加赊销量。（　　）
2. 企业营运资金的管理就是对企业流动资产的管理。（　　）
3. 置存货币资金的成本包括持有成本、转换成本、短缺成本、管理成本。（　　）
4. 货币资金属于非收益性流动资产，持有量过多，会降低企业的获利能力。（　　）
5. 因为现金的管理成本是相对固定的，所以在确定现金最佳持有量时，可不考虑其影响。（　　）
6. 企业在不影响自己信誉的前提下，尽可能地推迟应付账款的支付期，是企业日常现金管理措施之一。（　　）
7. 企业营运资金余额越大，说明企业风险越小，收益率越高。（　　）

8. 现金折扣是企业为了鼓励客户多买商品而给予的价格优惠，每次购买的数量越多，价格也就越便宜。（ ）

9. 企业是否延长信用期限，应将延长信用期后增加的销售利润与增加的机会成本、管理成本和坏账成本进行比较。（ ）

10. 收账费用与坏账损失成反比例关系，企业应不断加大收账费用，以便将坏账损失降到最低。（ ）

四、学习领域情境实训

【情境资料】

1. 某公司预计全年（一年按 360 天计算）现金需要量为 50 万元，有价证券的年利率为 12%，该公司现金管理相关总成本目标为 3 000 元。要求：

（1）计算有价证券的转换成本的限额。

（2）计算最佳现金持有量。

（3）计算最佳有价证券的交易间隔期。

2. 某企业计划年度销售收入 7 200 万元，全部采用商业信用方式销售，客户在 10 天内付款折扣为 2%，超过 10 天但在 20 天内付款折扣为 1%，超过 20 天但在 30 天内付款按全价付款。预计客户在 10 天内付款的比率为 50%，20 天内付款的比率为 30%，超过 20 天但在 30 天内付款的比率为 20%。同期有价证券年利率为 10%，变动成本率为 50%。要求：

（1）计算企业收款平均间隔天数。

（2）计算每日信用销售额。

（3）计算应收账款余额。

（4）计算应收账款机会成本。

3. 某企业全年需从外购入某零件 1 200 件，每批进货费用 400 元，单位零件的年储存成本 6 元，该零件每件进价 10 元。销售企业规定：客户每批购买量不足 600 件，按标准价格计算，每批购买量达到 600 件，价格优惠 3%。要求：

（1）计算该企业进货批量为多少时才是有利的。

（2）计算该企业最佳的进货次数。

（3）计算该企业最佳的进货间隔期为多少天。

4. 某企业 2008 年销售收入 10 000 元，销售利润 2 000 元，边际贡献率为 30%，固定成本为 1 000 元。假定该企业预测 2006 年边际贡献率和固定成本都无变化，某企业准备在 2006 年延长信用期并提供现金折扣，资料见表 6-9。

表 6-9 某企业相关资料

项目	2005 年	2006 年
信用期限	20 天	30 天
现金折扣	(0/0，n/20)	(2/10，n/30)
销售收入	10 000 元	14 000 元
平均收账期	20 天	15 天
市场利息率	10%	10%
坏账损失率	3%	1%

估计取得现金折扣的销售额占总销售额的百分比为40%。

要求：通过计算判断2009年是否变更信用条件？

5. 某公司目前年赊销收入为3 000万元，变动成本率为70%，资本成本为12%，信用条件为"n/30"，坏账损失率为2%，收账费用为650 000元，为使赊销收入增加10%，有A、B两个方案可供选择。

A方案：信用条件为"n/60"，收账损失率为3%，收账费用为70.2元。

B方案：信用条件为"2/10，1/20，n/60"，客户中利用2%现金折扣的有60%，利用1%现金折扣的有15%，放弃现金折扣的有25%。预计坏账损失率为2%，收账费用为58.78万元。

要求：通过计算，评价公司是否应改变目前的信用条件，若应改变，应选择哪个方案更有利？

6. 阅读资料，讨论问题。

ABC公司于1990年注册登记成立，其主要经营范围是生产和销售家用电器。在成立初期，公司凭借产品质量过硬、售后服务周到等特点而在市场中不断扩大销售份额，扩充自身的领域。

公司的财务总监F先生属于风险的厌恶者，对于风险一般采取规避的态度，因而公司的信用政策制定得非常严格，对于客户信用要求的标准很高，对所提供的信用优惠政策范围作了严格限制，以此来防止坏账等损失的发生。然而鉴于当时的市场供求环境和竞争程度，公司的销售未受到很大影响。客户的数量仍然可以呈现出逐步上涨的趋势。

但是，随着市场经济的发展，家电企业不断涌现，ABC公司的竞争对手不断增加，家电行业的竞争逐渐加剧，此时ABC公司的销售开始出现下滑的态势。公司管理当局为此召开会议，分析产生这种情况的原因。与会人员包括总经理G先生、财务总监F先生、技术总监W先生、销售部门经理Y先生等。经过调研取证、讨论分析，与会人员发表了各自的意见。

技术总监W先生通过充分的证据论证，认为公司产品在质量、功能、品种、特性等方面是处于行业前列的，而且公司的生产技术亦在不断更新，已经采用了弹性制造系统，可以依据市场需求的变化来调整生产，因而销售下滑的原因不是出于技术问题。

销售部门经理Y先生通过在销售过程中客户对产品的反馈意见证实了W先生所说的确属实，并且Y先生依据销售部门对市场进行的调研，提出公司售后服务工作周到，得到现有客户认可；公司销售环节采取了诸如有奖销售、商业折扣等促销手段，然而成效不大，客户数量有减无增，其主要原因是公司信用政策过于严格，信用期间短，对于客户信用要求的标准太高，提供的信用优惠政策范围限制较大。销售部门经理Y先生分析认为，家电行业的主要客户是家电销售超市和销售公司，由于家电产品的单位价格都比较高，因而这些客户为了避免占用大量资金，在管理上倾向于先赊购商品，待商品销售后再结算货款。但是由于ABC公司信用政策之严格，使得部分客户望而却步。因而，Y先生建议适当调整现有信用政策，适当放宽优惠政策的范围，降低标准，吸引更多客户。

Y先生的建议将矛头指向了财务总监F先生，F先生对此陈述了自己的观点。F先生认为放宽信用政策、延长信用期间、降低标准，虽然可以加大销售量，但也会将一些信用度较低的客户引入企业，使客户群鱼龙混杂，不利于公司管理，而且会加大发生坏账的可能性，增加公司占用的资金，增加公司的机会成本、呆账损失和后期的收账费用，因而这样做有可能会得不偿失。

当双方僵持不下时，总经理G先生做出决定，由财务总监F先生、销售部经理Y先生牵头组成工作小组，对放宽信用政策后公司收益变化的情况做出调研分析，并在三个月内提交分析报告，届时将依据该报告做出相应决策。

会议后，财务总监F先生、销售部门经理Y先生立即商讨并研究成立了工作小组，该小组成员由财务部门、销售部门、市场调研等部门的工作人员组成。工作小组成立后，F先生、Y先生召集会议商榷工作方案，分配工作任务，最后制订出工作计划，该计划的简要内容如下。

（1）首先由市场调研部门对现在市场状况进行调查分析，搜集同行业企业信用政策信息，并进行归类总结以供参考；

（2）由销售部门依据市场调研部门的调查结果及销售情况的历史资料，对不同信用政策情况下本公司的销售状况进行市场分析预测，估算出赊销收入金额；

（3）以销售部门的预测为基础，由财务部门会同信用管理等相关部门对不同信用政策情况下本公司的收益、成本费用等相关资料进行预测搜集，并进行计算分析；

（4）依据财务部门的计算分析结果，形成分析报告提交管理当局决策。

按照工作计划，小组成员开始分头行动。经过了两个多月的辛勤劳作，小组成员的数据采集工作结束了，其数据的基本情况如下。

（1）公司目前执行的信用政策是：信用期间为30天；不提供现金折扣；对信用等级评价为A+、A的客户提供赊销。公司目前的年赊销收入额为2 000万元，坏账损失率为3%，年收账费用为50万元。公司的变动成本率为40%，资金成本率为15%。

（2）公司可选择的信用政策有以下三种方案。

① 将信用期间延长至60天，将客户的信用标准放宽为A+、A、A-三个等级，仍然不提供现金折扣。在这种信用政策条件下，公司的年赊销收入额将增至3 500万元，坏账损失率为5%，年收账费用为80万元。

② 将信用期间延长至90天，将客户的信用标准放宽为A+、A、A-、B+四个等级，为在30天内付款的客户提供2%的折扣。在这种信用政策条件下，公司的年赊销收入额将增至5 500万元，约有40%的客户享受现金折扣优惠，此时的坏账损失率为10%，年收账费用为120万元。

③ 将信用期间延长至120天，将客户的信用标准放宽为A+、A、A-、B+四个等级，为在30天内付款的客户提供5%的折扣，为在60天内付款的客户提供2%的折扣。在这种信用政策条件下，公司的年赊销收入额将增至6 500万元，约有20%的客户享受5%的现金折扣优惠，约有30%的客户享受2%的现金折扣优惠，此时的坏账损失率为15%，年收账费用为250万元。

要求：依据工作小组提供的数据，进行计算分析，做出信用决策。

7. 南方企业2010年有两种信用政策可供选用。

（1）甲方案预计应收账款平均周转天数为50天，其收账费用为0.2万元，坏账损失率为货款的3%。

（2）乙方案的信用政策为(2/10, 1/20, n/90)，预计将有40%的货款于第10天收到，30%的货款于第20天收到，其余30%的货款于第90天收到（前两部分货款不会产生坏账，后一部分货款的坏账损失率为该部分货款的3%），收账费用为0.15万元。

假设该企业所要求的最低报酬率为10%。该企业按经济订货量进货，假设购销平衡、销售无季节性变化。商品的进货单价45元，售价90元，单位储存成本5元（含占用资金利息），一次订货成本100元。

甲方案的年销售量 4 000 件；乙方案的年销售量 4 500 件。改变信用政策预计不会影响进货单价、售价、单位储存成本、一次订货成本等，所有销货假设均为赊销（一年按 360 天计算）。要求：

(1) 计算甲、乙两方案毛利之差。

(2) 计算甲方案的下列指标。

① 应收账款的机会成本。

② 坏账成本。

③ 按经济进货批量进货的相关最低总成本。

④ 经济订货量。

⑤ 达到经济进货批量时存货平均占有资金；

⑥ 采纳甲方案的相关总成本。

(3) 计算乙方案的下列指标。

① 应收账款的机会成本。

② 坏账成本。

③ 现金折扣成本。

④ 按经济进货批量进货的相关最低总成本。

⑤ 经济订货量。

⑥ 达到经济进货批量时存货平均占用资金。

⑦ 采纳乙方案的相关总成本。

(4) 计算甲、乙两方案相关总成本之差。

(5) 为该企业做出采取何种信用政策的决策，并说明理由。

【实训要求】

将全班同学分成 8 个小组，每组推选一名同学担任组长，共同进行方案的决策。完成任务后，各组相互交流心得，同时安排 1～2 名同学作典型发言。最后，老师对各组工作方案实施进行点评，并给予相应的成绩评定，另外，各小组也相互给出成绩评定。

项目 7 制定收益分配方案

 学习目标

知识目标	技能目标
(1) 认识企业股利政策的种类及影响因素 (2) 掌握剩余股利政策的含义 (3) 掌握低正常股利加额外股利政策的含义 (4) 固定股利支付率政策的含义 (5) 固定或持续增长的股利政策的含义	(1) 能根据企业的具体情况,制定适合企业的股利政策 (2) 能根据企业的利润额,确定企业的利润分配顺序,并选择合适的股利分配政策

 重点与难点

重 点	难 点
(1) 剩余股利政策的应用条件 (2) 正常股利加额外股利政策的应用条件	(1) 剩余股利政策的应用 (2) 结合会计知识,确定企业利润分配顺序

工 作 任 务

任务 1 股利分配政策的选择

(1) 淮海实业股份有限公司有注册资本为 1 000 万元,股份为 1 000 万股,2009 年的税后净利润为 1 000 万元,2010 年的投资计划需要资金 1 200 万元,公司的目标资本结构为权益资本占 60%,债务资本占 40%。

(2) 若该公司采用采用固定股利支付率政策,确定的股利支付率为 40%。

(3) 若该公司采用固定股利政策,每股 0.5 元。

(4) 若该公司采用低正常股利加额外股利政策,即每年 0.2 元/股,当年净利超过 800 万元(含 800 万元)以上时,可按净利的 10% 发放股利。

【要求】

根据淮海实业股份有限公司股利政策,确定淮海实业股份有限公司可用于支付股利的净利额。

任务2　剩余股利政策的应用

淮海公司 2008 年税后利润总额为 240 万元，2009 年的投资计划资金需要额度为 210 万元，公司的目标资本结构是维持自有资金和借入资金的比例（2∶1）。公司采用剩余股利政策，筹资的优先顺序是留存利润、借款和增发股份。

【要求】
确定公司应分配股利。

任务3　不同的股利政策下股利的发放

淮海公司 2009 年支付股利 255 万元，过去的 10 年间该公司盈利按固定的 10% 速度持续增长，2009 年税后利润为 870 万元。2010 年预计盈利 1 381 万元，投资总额为 1 000 万元，预计 2010 年以后仍会恢复 10% 的增长率。公司如采用不同的股利政策，分别计算 2010 年的股利。

【要求】
（1）股利按盈利的长期增长率稳定增长。
（2）维持 2009 年的股利支付率。
（3）采用剩余股利政策（投资 1 000 万元中 30% 以负债融资）。
（4）2010 年的投资 30% 用外部股权融资，30% 用负债，40% 用保留盈余，未投资盈余用于发放股利。

任务4　为实现预订的股利分配政策测算所需要的息税前利润

淮海实业股份有限公司今年年底的所有者权益总额为 9 000 万元，普通股 6 000 万股。目前的资本结构为长期负债占 55%，所有者权益占 45%，没有需要付息的流动负债。该公司的所得税率为 25%，预计继续增加长期债务不会改变目前的 11% 的平均利率水平。
董事会在讨论明年资金安排时提出：
（1）计划年度分配现金股利 0.05 元/股。
（2）为新的投资项目筹集 4 000 万元的资金。
（3）计划年度维持目前的资本结构，并且不增发新股，不举借短期借款。

【要求】
测算实现董事会上述要求所需要的息税前利润。

相关知识

7.1 收益分配概述

财务管理中的收益分配,主要指企业的净利润分配,收益分配的实质就是确定给投资者分红与企业留用利润的比例。

7.1.1 收益分配的基本原则

1. 依法分配原则

为规范企业的收益分配行为,国家制定和颁布了若干法规,这些法规规定了企业收益分配的基本要求、一般程序和重大比例。企业的收益分配必须依法进行,这是正确处理企业各项财务关系的关键。

2. 兼顾各方面利益原则

企业除依法纳税外,投资者作为资本投入者、企业的所有者,依法享有净收益的分配权。企业的债权人,在向企业投入资金的同时也承担了一定的风险,企业的收益分配中应当体现出债权人利益的充分保护,不能伤害债权人的利益。另外,企业的员工是企业净收益的直接创造者,企业的收益分配应当考虑员工的长远利益。因此,企业进行收益分配时,应当统筹兼顾,维护各利益相关团体的合法权益。

3. 分配与积累并重原则

企业除按规定提取法定盈余公积金以外,可适当留存一部分利润作为积累,这部分未分配利润仍归企业所有者所有。这部分积累的净利润不仅可以为企业扩大生产筹措资金,增强企业发展能力和抵抗风险的能力,同时,还可以供未来年度进行分配,起到以丰补歉、平抑收益分配数额波动、稳定投资报酬率的作用。

4. 投资与收益对等原则

企业收益分配应当体现"谁投资谁收益"、收益大小与投资比例相适应,即投资与收益对等原则,这是正确处理企业与投资者利益关系的立足点。

7.1.2 收益分配程序

收益分配是公司净利润分配的一部分,公司实现的利润弥补亏损以后,首先要交纳所得税,其次要对净利润进行分配。公司进行收益分配的程序如下。

1. 计算可供分配的利润

一个公司可供分配的利润包括年初未分配利润或未弥补的亏损与本年实现的净利润或净亏损之和。若上述结果为负数,则不能进行下一步的利润分配,如果根据上述计算的可供分配的利润为正数,则可以进行下一步的利润分配。

2. 计算提取法定盈余公积金

盈余公积金是公司的税后留存收益,主要用于公司的生产经营发展。公司的盈余公积金分为法定盈余公积金和任意盈余公积金两类。其中,法定盈余公积金按照税后利润的10%提取,当法定盈余公积金累计达到注册资本的50%时,可不再提取。计算提取法定盈余公积金的基数是弥补了年初累计亏损后的本年净利润,公司不能在没有累计盈余的情况下提取法定盈余公积金。

3. 提取法定公益金

法定公益金是公司从税后利润中提取的用于职工集体福利设施的基金。公司的法定公益金一般按照税后利润的5%～10%的比例提取。计算提取法定公益金的基数与计算提取法定盈余公积金的基数相同。

4. 计算提取任意盈余公积金

任意盈余公积金的提取基数与计算提取法定盈余公积金和计算提取法定公益金的基数相同。

5. 向股东发放股利

利润分配的最后一步是向投资人分配利润,对股份有限公司来说,表现为向股东支付股利。公司分配股利的一般原则是"多盈多分,少盈少分,不盈不分"。但当公司发生亏损时,如果公司用盈余公积金抵补亏损以后,为了保持公司形象,维护公司股票信誉,经过公司股东大会特别决议,也可以用盈余公积金支付股利,支付股利的比率不得超过股票面值的6%,但是支付股利后公司留存的法定盈余公积金不得低于公司注册资本的25%。

7.1.3 股利分配方案的确定

1. 选择股利政策

企业选择股利政策通常需要考虑几个因素:①企业所处的成长与发展阶段;②企业支付能力的稳定情况;③企业获利能力的稳定情况;④目前的投资机会;⑤投资者的态度;⑥企业的信誉状况。

2. 确定股利支付水平

股利支付水平通常用股利支付率来衡量。股利支付率是当年发放股利与当年净利润之比,或每股股利除以每股收益。

是否对股东派发股利以及比率高低主要取决于企业对下列因素的权衡:①企业所处的成长周期及目前的投资机会;②企业的再筹资能力及筹资成本;③企业的控制权结构;④顾客效应;⑤股利信号传递功能;⑥贷款协议以及法律限制;⑦通货膨胀因素等。

3. 确定股利支付形式

股份有限公司支付股利的基本形式主要有现金股利和股票股利。

1) 现金股利形式

现金股利形式是指股份公司以现金的形式发放给股东的股利。发放现金股利的多少主要取决于公司的股利政策和经营业绩。上市公司发放现金股利主要有三个原因:投资者偏好、减少代理成本和传递公司的未来信息。

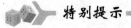

公司采用现金股利形式时,必须具备两个基本条件:第一,公司要有足够的未指明用途的留存收益(未分配利润);第二,公司要有足够的现金。

2）股票股利形式

股票股利形式是指企业以股票形式发放的股利，即按股东股份的比例发放股票作为股利的一种形式。它不会引起公司资产的流出或负债的增加，而只涉及股东权益内部结构的调整。

发放股票股利的优点是：①可将现金留存公司用于追加投资，同时减少筹资费用；②股票变现能力强、易流通，股东乐于接受；③可传递公司未来经营绩效的信号，增强经营者对公司未来的信心；④便于今后配股融通更多资金和刺激股价。

4．确定股利发放日期

股份公司分配股利必须遵循法定的程序，先由董事会提出分配预案，然后提交股东大会决议，股东大会决议通过分配预案之后，向股东宣布发放股利的方案，并确定股权登记日、除息（或除权）日和股利支付日等。

7.2 股利分配政策

7.2.1 股利分配政策的类型

股利分配政策是关于公司是否发放股利、发放多少股利以及何时发放股利等方面的方针和策略。股利分配政策主要包括：剩余股利政策、固定股利政策、固定股利支付率政策和低正常股利加额外股利政策。

1．剩余股利政策

剩余股利政策是指公司生产经营所获得的税后利润首先应较多地考虑满足公司投资项目的需要，即增加资本或公积金，只有当增加的资本额达到预定的目标资本结构（最佳资本结构）后，如有剩余，才能派发股利。

这种股利政策的优点是有利于优化资本结构，降低综合资本成本，实现企业价值的长期最大化。其缺陷表现在使股利发放额每年随投资机会和盈利水平的波动而波动，不利于投资者安排收入与支出，也不利于公司树立良好的形象。剩余股利政策一般适用于公司初创阶段。

2．固定股利政策

固定股利或稳定的股利政策是公司将每年派发的股利额固定在某一特定水平上，不论公司的盈利情况和财务状况如何，派发的股利额均保持不变。

这种股利政策的优点是：①有利于稳定公司股票价格，增强投资者对公司的信心；②有利于投资者安排收入与支出。其主要缺陷表现为：①公司股利支付与公司盈利相脱离，造成投资的风险与投资的收益不对称；②它可能会给公司造成较大的财务压力，甚至可能侵蚀公司留存利润和公司资本。固定股利政策一般适用于经营比较稳定或正处于成长期、信誉一般的公司。

3．固定股利支付率政策

固定股利支付率政策是公司确定固定的股利支付率，并长期按此比率支付股利的政策。

这种股利政策的优点是：①使股利与企业盈余紧密结合，以体现多盈多分、少盈少分、不盈不分的原则；②保持股利与利润间的一定比例关系，体现了投资风险与投资收益的对称性。不足之处表现为：①公司财务压力较大；②缺乏财务弹性；③确定合理的固定股利支付率难度很大。固定股利支付率政策只能适用于稳定发展的公司和公司财务状况较稳定的阶段。

4. 低正常股利加额外股利政策

低正常股利加额外股利政策是公司事先设定一个较低的经常性股利额，一般情况下，公司每期都按此金额支付正常股利，只有企业盈利较多时，才根据实际情况发放额外股利。

这种股利政策的优点是股利政策具有较大的灵活性。正常股利加额外股利政策，既可以维持股利的一定稳定性，又有利于优化资本结构，使灵活性与稳定性较好地相结合。其缺点是：①股利派发仍然缺乏稳定性；②如果公司较长时期一直发放额外股利，股东就会误认为这是"正常股利"，一旦取消，容易给投资者造成公司"财务状况"逆转的负面印象，从而导致股价下跌。

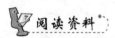
阅读资料

为什么我国上市公司股票股利发放的比例高于国际水平

如果从全球视角考察国外上市公司股利政策的问题，就可以发现，派现一直是公司主要的股利支付方式，股票股利却不像我国那样具有普遍性。其原因就在于我国对股票股利的会计处理与国际上通行的做法不同。发放股票股利的会计处理是根据发放的股票股利金额，把未分配利润转入股本与股本溢价。国际上一般按照股票市场价格计算转入金额，而我国则按照股票面值计算。举例说明：某公司已发行股票为10 000股，每股面值1元，每股市场价格为15元，计划发放股票股利10 000股（即送股比例为1∶1），按照国际通行的做法，公司需要转入150 000(15×10 000)元的未分配利润，而按照我国做法只需要10 000(1×10 000)元。为此，国外的上市公司只有在具备较高盈利水平、有较多未分配利润时，才可能具备高比例送股的能力，这就导致了国外公司很少采用股票股利。而我国上市公司之所以能频繁地发放股票股利，与采用面值计算的会计处理规定有着直接的关系。

7.2.2 股利分配政策的影响因素

影响利润分配政策的因素很多，可分为内部因素和外部因素。

1. 影响收益分配政策的内部因素

影响收益分配政策的内部因素分为盈利状况、变现能力和筹资能力三个方面。

(1) 盈利状况。这是任何公司应首先考虑的因素。只有当盈利状况良好时，公司才有可能采用高股利或稳定增长的利润分配政策；若公司盈利很少甚至亏损，公司就只能采用低股利或不发股利的分配政策。可见，公司在制定利润分配政策时，必须以盈利状况和未来发展趋势作为出发点。

(2) 变现能力。这是指公司将资产变为现金的可能性的大小。一个公司的可迅速变现资产多，现金充足，那么它的股利支付能力就较强，采用高股利分配政策就可行；若公司因扩充生产或偿还债务已将其可变现的资产和现金几乎耗用完毕，那么该公司就不应采用高额股利分配政策,因为此时若支付高额股利就会使公司失去应付意外情况的能力。

(3) 筹资能力。这是指公司随时筹集到所需资金的能力。规模大、效益好的公司往往容易筹集到资金,它们可向银行借款或是发行股票、债券。这类公司在利润分配政策上就有较大选择余地,既可采用高股利政策,也可采用低股利政策。而规模小、风险大的公司,一方面很难从外部筹集到资金;另一方面在这个阶段往往又需要大量资金。因此,这类公司往往会采取低股利或不发股利的政策,以尽可能多地保留盈余。

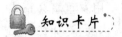

红利、红股、转增股、配股

红利,包括现金红利和股票红利两种形式,其分配来源是企业当年和以往年度的未分配利润。现金股利是向投资者发放现金作为其投资的回报,分配现金股利后,股份制企业的未分配利润减少,股东权益等额减少,股票价格会有一定程度的下降,股东资金账户的资金增加。

红股即股票股利。

转增股是指将企业的公积金转化为股本的形式。转增股后,企业的所有者权益总额未发生变化,只是股本总额增加,股数增加。股东拥有的股票数虽然增加了,但股价往往会同比例下降,因此对股东财富不会产生实质性影响。

配股是股份公司的老股东可以根据原持有股数的一定比例按照配股价购买股份公司新发行的股票,配股价通常低于市场价。配股本身不是分红,而是一种筹资方式,是上市公司的一次股票发行行为,公司股东可以自由选择是否购买所配售的股票。

2. 影响利润分配政策的外部因素

影响公司利润分配政策的外部因素很多,主要有法律上的限制、合同上的限制、投资机会的出现以及股东的意见等,这些都会对公司的利润分配政策产生很大的影响。

(1) 法律上的限制。公司法对公司利润分配政策作出限制。保护资本完整,即不能因支付股利而减少资本总额,目的在于使公司有足够的资本来保护债权人的权益。同时股利必须出自盈利,即按弥补以前年度亏损后的净利润的一定比例提取法定盈余公积金、法定公益金后发放股利。如果公司已经无力偿还债务则不准发放股利。

(2) 合同上的限制。在公司债务与贷款合同上,往往有限制公司支付股利的条款,这种限制通常规定股利的支付不能超过可供分配利润的一定百分比,其目的是为了让公司有到期偿还债务的能力。

(3) 投资机会的出现。公司的利润分配政策在较大程度上要受到投资机会的制约,如公司选择了许多有利的投资机会,需要大量的资金则宜采用较紧的利润分配政策;反之,利润分配政策就可偏松。

(4) 股东的意见。在制定利润分配政策时,董事会必须对股东的意见加以重视。因为股东是从自身需求出发,对利润分配政策会产生不同影响。通常,对股利有很强依赖性的股东要求获得稳定的股利;而除股利外有着其他高收入的股东出于避税的考虑,往往又反对公司发放较多的股利。公司支付高股利后,将来发行新股的可能性加大,而发行新股必然稀释公司的控制权。当原来持有控制权的老股东拿不出更多的资金购买新股时,他们宁可不分配股利而反对募集新股。

中小企业财务管理教程

典型案例分析

案例1 股利分配案例分析

【背景】

用友公司是民营软件企业冲击资本市场的领跑者,早在1998年年底,用友董事会正式启动用友上市计划,并且通过了科技部和中科院对高新技术企业的"双高认证",加快了上市的步伐。2001年3月16日,股票发行改革为核准制,用友有幸成为第一家按核准制要求发行股票的企业,并于4月10日发布招股说明书。由北京用友科技有限公司、北京用友企业管理研究所有限公司、上海用友科技投资管理有限公司、南京益倍管理咨询有限公司、山东优富信息咨询有限公司出资7 500万元作为发起人,认购用友75%的股票。2001年4月23日,用友软件以发行价36.68元、市盈率64.35倍在上海证券交易所成功发行后,实际募集资金91 700万元,其中股本溢价高达883 072 553元。发行前,每股净资产1.12元,发行后高达9.71元(扣除发行费用后)。同年5月18日,用友在上交所上市,当年股价就突破百元,换手率高达85.6%,成交2 140万股,成交总额为17.36亿元,最终收盘价为92元。用友是首家核准制下发行并上市的股票,是发行价最高的股票,也是新股上市首日开盘价最高的股票,这与在中国香港上市的深圳金蝶公司形成了鲜明的对比,创造了轰动一时的"用友神话"。

从2001年上市以来,用友每年都交给股东一份漂亮的年报。主营业务收入保持1.2亿的年增长速度;净利润基本维持在7 000万元左右;总资产以每年0.5亿的速度扩容;同时还保持着较低的财务杠杆率,其负债率不超过10%。但随之而来的却是令流通股为之惊愕的董事会关于高现金股利分红方案(详见表7-1),尤其是上市当年几乎将当年所有的盈余发放给股东,随后几年仍然保持着较高的股利支付率。虽然在流通股股东中引起了轩然大波,各大媒体也纷纷发表负面的评论,但是在股东大会上,并没有太多的中小股东出席,由于股权比较集中,分红方案没有任何悬念地通过。

表7-1 用友公司分红方案

分红年度	分红方案/元	股利支付率/%
2001年度	10派6	99.80
2002年度	10转增2股派6	77.06
2003年度	10转增2股派3.75	70.67
2004年度	10转增2股派3.20	78.03

【要求】

根据上述资料分析用友软件高派现的原因有哪些?

【解析】

用友软件持续进行高派现,可以从以下几个方面进行分析。

(1)监管导向。2001年3月28日,中国证监会发布并施行《上市公司新股发行管理办法》。该管理办法进一步加大了中介机构特别是券商的责任,要求券商重点关注目前上市公司存在的突出问题,其中包括担任主承销商的证券公司必须对最近3年没有分红派息、董事会对于不分配的理由未作出合理解释的公司进行重点关注,并在尽职调查报告中予以说明。这表明,是否分红派现已经是评价中国上市公司非常重要的一个方面。

(2)满足配股要求。中国证监会对公司配股有明确规定,其中净资产收益率必须连续三年超过10%。这对于净资产值较高而业绩平平的公司而言,为了达到配股要求,最为快捷有效方法莫过于降低净资产值,即发放现金股利。用友软件2000年的净资产收益率高达47.76%,但超高价发行后的预计净资产收益率却仅为5.87%;高额派现后年报披露的净资产收益率为7.0%,满足了目前新股增发或配股需三年平均收益率底线的规定,为内融资创造了条件。

(3)大股东借助成本优势,剥削小股东。用友软件75%为法人持股,社会公众股仅占25%。在我国特定的制度背景下,法人股不能上市流通,就算协议转让其价格也远远低于市价,因此其投资收益一般只能获得现金分红收益;而流通股则可以获得资本利得或分红收益,而且两类股权的投资成本往往相去甚远,两类股东之间存在现实的利益冲突。用友软件的高派现政策使7 500万法人股股东的投资收益率高达53.57%,而实际出资91 700万元的流通股股东的实际投资收益率仅为1.64%。因此,该分配预案公告后,二级市场上其股价一路下滑,也昭示着流通股股东们的不满。

案例2 股利政策案例分析

【背景】

武陵股份有限公司创办于20世纪80年代,是当地最大的饮料企业,总股本1 500万股。

在生产经营过程中,最初由于当时的饮品包装多为玻璃瓶式,不易运输,外地饮品较难打入本地市场,武陵公司借助于地利人和,在本地市场中一直占有较高的市场优势,经营业绩一直稳步上升。经股东大会决议,公司制定了固定股利政策,即每年每股发放0.2元现金股利。

随着市场经济的不断深化,我国饮品市场发展越来越迅猛,国际国内市场一体化趋势在饮品市场尤为明显,一些国际国内知名的饮品,如可口可乐、百事可乐、娃哈哈、乐百氏等,不断涌入本地市场,饮品行业竞争日益激烈,武陵饮品公司的市场占有率不断降低,经营业绩也逐步下降。公司管理人员对此忧心忡忡,认为应对公司的各个方面进行重新评价定位,当然也包括股利政策方面。公司拟于2000年1月15日召开董事会会议,要求公司的总会计师提出新的股利分配政策方案,以供董事会议讨论。

【要求】

(1)武陵公司目前采用的是哪种股利政策?这种股利政策与其他股利政策相比,主要有什么优缺点?

(2)你认为公司是否应该进行股利政策的调整?如果调整,应采用何种股利政策较合适?

【解析】

(1)公司目前采取的是固定股利政策。

固定股利政策的优点:

① 向投资者传递该公司的经营业绩比较稳定、经营风险较小的信息，有利于股票价格上升。

② 有利于投资者有规律地安排股利收入和支出。

固定股利政策的缺点：现金支出较多，可能会给公司造成较大的财务压力。

（2）公司在激烈的竞争中市场占有率不断降低，经营业绩也逐步下降的情况下，不应该继续采用固定股利政策，以减轻股利分配给公司造成较大的财务压力。在这样的情况下，公司应该寻找到好的投资项目作为突破口，所以公司应采取剩余股利政策，在保证最佳资本结构的前提下优先考虑可供分配的净利润首先要满足投资的需求，然后若有剩余才用于分配股利。

任务指南

任务1 股利分配政策的选择

（1）淮海实业股份有限公司按照目前资本结构的要求，公司投资方案所需的权益资本额为

$$1\,200 \times 60\% = 720(万元)$$

公司当年全部可用于分派的盈利为1 000万元，除了可以满足上述投资方案所需的权益性资本额以外，还有剩余可以用于分派股利。2009年可以发放的股利额为

$$1\,000 - 720 = 280(万元)$$

（2）该公司执行固定股利支付率政策，公司本年度将要支付的股利为

$$1\,000 \times 40\% = 400(万元)$$

公司下一年度的投资预算为1 200万元，目标资本结构为权益资本占60%，债务资本占40%。按照目标资本结构的要求，公司投资方案所需的权益资本额为

$$1\,200 \times 60\% = 720(万元)$$

2009年可以发放的股利额为400（万元），则2010年对权益筹资为

$$720 - (1\,000 - 400) = 120(万元)$$

（3）淮海实业股份有限公司若按固定股利政策，则2009年可以发放股利为

$$1\,000 \times 0.5 元 = 500(万元)$$

为实现该公司2010年的投资任务，则该公司2010年对外权益筹资额为

$$720 - (1\,000 - 500) = 220(万元)$$

（4）淮海实业股份有限公司若低正常股利加额外股利政策，2009年可以发放的基本股利为

$$1\,000 \times 0.2 = 200(万元)$$

又因为，2009年净利为1 000万，超过800万的标准，还可以按净利的10%发放股利，即$1\,000 \times 10\% = 100(万元)$。

淮海实业股份有限公司2009年共发放股利为300万元。

项目7 制定收益分配方案

任务2 剩余股利政策的应用

目标资本结构为2/3权益,1/3负债。
目标结构下投资所需的权益数额为210×2/3=140(万元)。
满足投资所需的权益资本后剩余240-140=100(万元),为向投资者分配的股利数额。

任务3 不同的股利政策下股利的发放

(1) 支付股利为255×(1+10%)=280.5(万元)。
(2) 2009年的股利支付率为255/870=29.31%;
2010年支付股利为1 381×29.31%=404.77(万元)。
(3) 内部权益融资为1 000×(1-30%)=700(万元);
2010年支付股利为1 381-700=681(万元)。
(4) 2010年支付股利为1 381-1 000×40%=981(万元)。

任务4 为实现预订的股利分配政策测算所需要的息税前利润

(1) 发放现金股利所需税后利润为0.05×6 000=300(万元)。
(2) 投资项目所需税后利润为4 000×45%=1 800(万元)。
(3) 计划年度税后利润为300+1 800=2 100(万元)。
(4) 税前利润为2 100/(1-25%)=2 800(万元)。
(5) 计划年度借款利息=(原长期借款+新增借款)×利率
             =[(9 000/45%)×55%+4 000×55%]×11%=1 452(万元)。
(6) 息税前利润为2 800+1 452=4 252(万元)。

项目小结

本项目重点学习了股利分配政策的内涵及具体应用,同时还介绍了有关股利分配的知识,对了解企业收益分配及与会计知识的融合起到较好的效果。

职业能力训练

一、单项选择题

1. 极易造成股利的支付与企业盈余相脱节的股利政策是(   )。
   A. 固定股利政策   B. 剩余股利政策

C. 固定股利支付率政策　　　　D. 正常股利加额外股利政策
2. 下列不属于利润分配的项目是（　　）。
   A. 盈余公积金　　　　　　　　B. 公益金
   C. 所得税　　　　　　　　　　D. 股利额
3. 体现"多盈多分"、"少盈少分"的股利政策是（　　）。
   A. 剩余股利政策　　　　　　　B. 固定股利政策
   C. 固定股利支付率政策　　　　D. 正常股利加额外股利政策
4. 我国上市公司不得用于支付股利的权益资金是（　　）。
   A. 资本公积金　　　　　　　　B. 任意盈余公积金
   C. 法定盈余公积金　　　　　　D. 上年未分配利润
5. 公司当法定公积达到注册资本（　　）时，可不再提取盈余公积。
   A. 25%　　　B. 50%　　　C. 80%　　　D. 100%
6. 领取股利的权利与股票相分离的日期是（　　）。
   A. 股权登记日　B. 除息日　C. 股利宣告日　D. 股利发放日
7. （　　）之后的股票交易，其交易价格可能有所下降。
   A. 股利宣告日　B. 除息日　C. 股权登记日　D. 股利支付日
8. 下列各项中，不能用于弥补亏损的是（　　）。
   A. 盈余公积金　B. 资本公积金　C. 税前利润　D. 税后利润
9. 支付股票股利（　　）。
   A. 会减少所有者权益　　　　　B. 会增加所有者权益
   C. 不会变动所有者权益总额　　D. 企业必须要有足够的现金
10. 企业在（　　）情况下，才能按本年税后利润计提法定盈余公积金和公益金。
    A. 存在年初累计亏损　　　　　B. 本年税后利润与计划相同
    C. 本年税后利润与上年相同　　D. 不存在年初累计亏损

二、多项选择题
1. 财务管理中常用的股利政策有（　　）。
   A. 剩余股利政策　　　　　　　B. 固定股利政策
   C. 浮动股利政策　　　　　　　D. 固定股利支付率政策
2. 下列各项目中，属于税后利润分配项目的有（　　）。
   A. 法定公积金　　　　　　　　B. 法定公益金
   C. 股利支出　　　　　　　　　D. 资本公积金
3. 为吸引机构投资者，企业应采用的股利政策是（　　）。
   A. 剩余股利政策　　　　　　　B. 稳定股利政策
   C. 固定股利支付率政策　　　　D. 正常股利加额外股利政策
4. 从企业的角度看，制约股利分配的因素有（　　）。
   A. 控制权稀释　　　　　　　　B. 筹资能力大小
   C. 盈利变化　　　　　　　　　D. 未来投资机会
5. 下列股利支付方式中，目前在我国公司实务中很少使用，但并非法律所禁止的有（　　）。
   A. 现金股利　　　　　　　　　B. 财产股利
   C. 负债股利　　　　　　　　　D. 股票股利

6. 在股利支付程序中,涉及的时间界限有( )。
   A. 股利宣告日	B. 股权登记日
   C. 除息日	D. 股利发放日
7. 下列项目可用于转增资本的有( )。
   A. 法定公积金	B. 任意公积金
   C. 资本公积金	D. 未分配利润
8. 企业发放股票股利其意义在于( )。
   A. 企业盈利的资本化	B. 可节约企业的现金
   C. 会增加所有者权益	D. 会使企业财产价值增加
9. 主要依靠股利维持生活的股东和养老基金管理人赞成的股利政策是( )。
   A. 剩余股利政策	B. 固定股利政策
   C. 正常股利加额外股利政策	D. 固定股利比率政策
10. 支付股票股利( )。
    A. 实际是向投资者再融资的一种方式
    B. 只涉及所有者权益的内部调整
    C. 不改变所有者权益总额
    D. 只对企业有好处,对股东没好处

三、判断题

1. 剩余股利政策是指企业有税后利润就分配,没有税后利润就不分配的利润分配政策。
   ( )
2. 发放股票股利后会使得每股利润和每股市价下降。 ( )
3. 非固定成长股票是指股利增长率一直处于变化中的股票。 ( )
4. 根据"无利不分"原则,当企业出现年度亏损时,一定不得分配利润。 ( )
5. 企业的分配活动只对股东利益产生影响,对公司的筹资结构无影响。 ( )
6. 企业在提取法定盈余公积金以前,不得向投资者分配利润。 ( )
7. 成长中的企业一般采用低股利政策;处于经营收缩期的企业,则可能采用高股利政策。
   ( )
8. 在除息日之前,股利权从属于股票;从除息日开始,新购入股票的人不能分享本次已宣告发放的股利。 ( )
9. 企业不能用资本发放股利,但可以在没有累计盈余的情况下提取盈余公积金。( )
10. 提取法定盈余公积金的必要条件是可供分配的利润大于零。 ( )

四、学习领域情境实训

【情境资料】

1. 某企业目前的资产负债率是40%,今年实现税后利润1 000万元。明年的投资预计需要增加1 200万元。如采取剩余股利政策,明年仍保持今年的资本结构不变。要求:
   (1) 计算明年增加的投资中有多少用今年的留存收益满足?
   (2) 计算今年可发放的股利额。
2. A公司年初未分配利润350万元,本年实现盈利900万元,没有纳税调整事项,所得税率33%,按净利润的15%计提法定盈余公积金和公益金,公司实行稳定的股利政策,每股分配现金股利0.1元,流通在外的普通股总计3 000万股,每股面值1元。要求:
   (1) 计算当年的净利润。

(2) 计算应提取的法定盈余公积金和公益金。

(3) 计算当年应分配的现金股利。

(4) 分配以后的未分配利润。

3. 某公司年初未分配利润 500 万元，当年实现净利润 1 500 万元，按 10％提取法定盈余公积金，5％提取公益金，计划明年上一个项目，所需资金 2 000 万元，若要保持资产负债率为 45％的资本结构，当年能否发放现金股利？需从外部筹措多少资金？

4. A 公司 2005 年亏损 20 万元，2006 年盈利 2 万元，2007 年盈利 3 万元，2008 年盈利 5 万元，2009 年盈利 8 万元，2010 年盈利 10 万元。假设无纳税调整事项，所得税率为 25％。要求：

(1) 2009 年是否应交纳所得税？能否进行利润分配？

(2) 2010 年是否应交纳所得税？交纳多少？应否提取法定盈余公积金和公益金？按 15％的比率计提法定盈余公积金和公益金，应提取多少？

5. A 公司 2003 年年初所有者权益总额为 150 000 万元，其中股本 50 000 万元（每股面值 1 元），资本公积 60 000 万元，盈余公积 25 000 万元，未分配利润 15 000 万元。2003 年实现净利润 15 000 万元，按净利润的 15％提取法定盈余公积金和公益金，决定每 10 股发放股票股利 1 股，并按发放股票股利后的股本发放现金股利，每股 0.1 元，A 公司股票市价 2 元。要求：

(1) 计算提取的盈余公积金和公益金。

(2) 计算发放的现金股利总额。

(3) 计算分配后的所有者权益结构。

6. 阅读资料，讨论问题。

宜宾五粮液股份有限公司 2008 年度分配方案实施公告

本公司及董事会全体成员保证信息披露的内容真实、准确、完整，没有虚假记载、误导性陈述或重大遗漏。

一、通过分配方案的股东大会届次和日期

宜宾五粮液股份有限公司（下称"公司"或"本公司"）2008 年度分配方案已经在 2009 年 4 月 3 日召开的 2008 年度股东大会上审议通过，股东大会决议公告已于 2009 年 4 月 4 日刊登在《中国证券报》和巨潮资讯网。

二、分配方案

公司 2008 年度分配方案为：以公司现有总股本 3 795 966 720 股为基数，向全体股东每 10 股派现金 0.50 元（含税，扣税后，个人股东、投资基金、合格境外投资者实际每 10 股派现金 0.45 元）。对于其他非居民企业，本公司未代扣代缴所得税，由纳税人在所得发生地缴纳。

三、股权登记日、除息日

股权登记日：2009 年 5 月 8 日。

除息日：2009 年 5 月 11 日。

四、分红派息对象

本次分红派息对象为：截止 2009 年 5 月 8 日下午深圳证券交易所收市后，在中国证券登记结算有限责任公司深圳分公司登记在册的本公司全体股东。

五、分红派息方法

(1) 本公司此次委托中国证券登记结算有限责任公司深圳分公司代派的股息于 2009 年 5 月 11 日通过股东托管证券公司（或其他托管机构）直接划入其资金账户。

（2）本公司高管锁定股份的股息由本公司直接派发。

六、咨询办法

（1）咨询机构：公司董事会办公室

（2）电话：0831-356××××、356××××

（3）传真：0831-355××××

七、备查文件

公司2008年度股东大会决议、决议公告。

特此公告

宜宾五粮液股份有限公司
董事会
2009年4月30日

要求：

（1）结合本案例，谈谈股利分配过程中依次经过的几个日期。

（2）发放现金股利的基本条件是什么？

（3）资本公积金转增股本与发放股票股利有区别吗？为什么？

（4）股票股利对企业和股东各有什么好处？对股东财富有何影响？

（5）发放股票股利能否改变企业的财产价值和股东的股权结构？

（6）你对该公司2008年的股利政策作何评价？

（7）搜集该公司以往的股利政策资料，与2008年有何区别？原因何在？

7. 上市公司的股利分配是衡量上市公司投资价值的重要标志。表7-2是三家医药制造业上市公司的股利分配资料。

表7-2 三家医药制造业上市公司的股利分配资料

年份	新星制药			云南白药			明日制药		
	每股利润	每股现金股利	股利分配的其他形式	每股利润	每股现金股利	股利分配的其他形式	每股利润	每股现金股利	股利分配的其他形式
2001	0.6	0.185	转增股	0.1	0.1		0.18	0.08	
2002	0.75	0.25		0.5	0.2		0.15	0.08	
2003	0.72	0.30		0.61	0.32		0.09	0.06	
2004		0.30		0.45		转增股		0.04	

表7-3是医药制造业主要收益指标的行业平均数据和三家公司数据。

表7-3 医药制造业主要收益指标的行业平均数据和三家公司数据

年份	行业平均			新星制药			云南白药			明日制药		
	2001	2002	2003	2001	2002	2003	2001	2002	2003	2001	2002	2003
净资产收益率	5.03	4.95	6.77	16.03	17.92	14.64	18.00	20.20	19.47	6.03	4.98	2.98
主营业务利润率	32.28	30.96	29.69	39.49	43.05	46.14	34.24	35.23	30.49	29.65	26.56	22.03

要求：计算三家公司各年的支付率，并分析评价三家公司股东的当前收益状况。你是否赞成三家公司的股利分配政策？

【实训要求】

将全班同学分成 8 个小组，每组推选一名同学担任组长，共同进行方案的决策。完成任务后，各组相互交流心得，同时安排 1~2 名同学作典型发言。最后，老师对各组工作方案实施进行点评，并给予相应的成绩评定，另外，各小组也相互给出成绩评定。

项目 8 撰写财务分析报告

知识目标	技能目标
(1) 掌握财务分析的方法 (2) 掌握偿债能力分析指标的计算和应用 (3) 掌握营运能力分析指标和获利能力指标的计算和应用 (4) 掌握财务综合分析的基本原理与思路 (5) 掌握杜邦财务分析体系的方法 (6) 掌握财务综合分析报告的编制方法	(1) 能够运用财务综合分析的方法,对企业的财务状况进行综合分析和评价 (2) 能够根据企业的财务会计报表资料,分析与评价企业的偿债能力、营运能力、盈利能力 (3) 能够根据财务综合分析的内容编写财务分析报告

重 点	难 点
(1) 运用各方法对企业的偿债能力、营运能力、盈利能力等财务状况进行分析 (2) 杜邦财务分析方法	(1) 运用财务分析指标,帮助分析主体改善决策 (2) 财务分析报告的撰写

工作任务

任务 1 利用财务比率评价企业财务状况

淮海公司 2010 年度资产负债表和利润表资料分别见表 8-1、表 8-2。

表 8-1 资产负债表

编制单位:淮海公司　　　2010 年 12 月 31 日　　　单位:千元

资产	金额		负债及所有者权益	金额
	年初	年末		
现金	764	310	应付账款	516
应收账款	1 156	1 344	应付票据	336
存货	700	966	其他流动负债	468

续表

资产	金额		负债及所有者权益	金额
	年初	年末		
固定资产净值	1 170	1 170	长期负债	1 026
			实收资本	1 444
资产合计	3 790	3 790	负债及所有者权益合计	3 790

表 8-2 淮海公司利润表

2010 年度　　　　　　　　　　　　　　　　　　　　单位：千元

项目	金额
销售收入	8 430
销货成本	6 570
毛利	1 860
管理费用	980
利息费用	498
税前利润	382
所得税	152.8
净利润	229.2

【要求】

(1) 计算该公司有关的财务比率，填入表 8-3 第二列。

(2) 与行业平均水平比较，说明该公司可能存在的问题。

表 8-3 该公司财务比率

财务比率	本公司	行业平均水平
流动比率		2
速动比率		1
资产负债率		50%
存货周转率		6 次
应收账款周转率		9 次
销售净利率		8%
销售毛利率		20%
权益净利率		10%
已获利息倍数		4 倍

任务 2　运用杜邦分析法综合评价财务状况

红星公司是一个拥有 60 多年历史的大型企业，十分重视战略重组，大力推行前向一体化和后向一体化，使公司形成了一条由原材料供应到产品制造再到产品销售一条龙的稳定的价值生产链。由于该公司战略经营意识超前，管理得法，使公司规模迅速扩展，销量和利润逐年递增，跃居国内排头兵位置。但由于近两年企业扩展太快，经营效率有所下降。

该公司为了把握未来，对公司未来几年面临的市场和风险进行了预测。预测结果表明，在未来的近几年里，伴随国民经济的快速发展，市场对产品的需求剧增，这种市场发展势头对公司带来了千载难逢的发展机会。预测结果还表明，公司未来面临的风险也在逐步加大，国内介入的企业逐渐增多，国外生产公司意欲打入中国市场，这些都会给公司的未来市场、生产经营和经济效益提出严峻的挑战。

公司为了确保在未来市场逐渐扩展的同时，使经济效益稳步上升，维持行业排头兵的位置，拟对公司近三年的财务状况和经济效益情况，运用杜邦财务分析方法进行全面分析，以便找出公司在这方面存在的问题，并针对问题提出改进措施。

公司近三年的主要财务数据和财务比率见表 8-4。

表 8-4 红星公司 2008—2010 年的相关财务资料

单位：万元

	2008 年	2009 年	2010 年
销售额	4 000	4 300	3 800
资产	1 430	1 560	1 695
普通股/万股	100	100	100
留存收益	500	550	550
股东权益	600	650	650
权益乘数		2.39	2.5
流动比率	1.19	1.25	1.2
平均收现期/天	18	22	27
存货周转率	8	7.5	5.5
长期负债/股东权益	0.5	0.46	0.46
销售毛利率	20%	16.3%	13.2%
营业净利率	7.5%	4.7%	2.6%

【要求】

(1) 分析说明该公司 2010 年与 2009 年相比净资产收益率的变化及其原因。

(2) 分析说明该公司资产、负债和所有者权益的变化及其原因。

(3) 应从哪些方面改善公司的财务状况和经营业绩？

相关知识

8.1 财务分析概述

财务分析是指运用一定的方法和手段,对财务报表及相关资料提供的数据进行系统和深入的分析研究,揭示有关指标之间的关系及变化趋势,以便对企业的财务活动和有关经济活动做出评价和预测,从而为报表使用者进行相关经济决策提供直接、相关的信息,给予具体、有效的帮助。

8.1.1 财务分析的目的

一般来说,财务分析的目的在于揭示企业生产经营过程中的利弊得失,评价企业财务状况和经营成果。不同的人对企业进行财务分析的目的不同。

1. 企业管理者的目的

企业管理者对企业负有全面责任,他们对企业的各个方面都非常关心。为此,企业管理者对企业的分析是全面的、多方位的。他们不仅评价企业的财务状况,以了解企业资产流动性、负债水平和偿债能力,而且还评价企业资产管理水平,了解企业资金周转状况和评价企业获利水平,预测企业的发展趋势。

2. 投资者的目的

从投资者的角度看,他们主要关心资本保全情况和企业的盈利能力。这是投资人创办企业的最初动机,也是企业的经营目标和方向。盈利能力可以通过销售利润率、总资产利润率、净资产收益率的分析取得。资本保全情况反映了投资者权益或利益保障的情况,它可以通过资本保值增值率和净资产收益率反映出来。

3. 债权人的目的

从债权人的角度看,他们侧重于关心企业的长短期偿债能力。短期债权人,如货物赊销者、短期票据签发者以及短期借款者主要关心资产的流动性,通过对流动比率(或速动比率)、应收账款周转率、存货周转率的分析能够判断企业是否能够及时清偿其债务。长期债权人关心的是企业在较长时期内还本付息的能力。企业长期偿债能力可以通过对企业资产负债水平的分析以及目前和未来收益情况和这种收益的稳定性的分析得知。

4. 财税部门的目的

财税部门主要侧重于关心企业对国家或社会的贡献水平。社会贡献率反映了企业运用总资产为国家或社会创造价值的程度,社会积累率反映了企业社会贡献总额中上交国家财政用于社会再分配和经济建设的份额。通过这两个指标的计算,可以了解企业对国家或社会的贡献程度。

除上述目的外,财务报表的分析还有一些特殊目的,比如注册会计师对会计报表分析的目的主要是为了判断企业财务状况和经营成果的真实性与合理性,并将分析的结果作为全面分析评价企业会计报表是否可靠的结论;律师可用财务分析方法作为深入追查各经济案件的有效手段等。

8.1.2 财务分析的程序

财务分析的程序是指进行财务分析应遵循的一般规律。财务分析的程序可以归纳为以下四个步骤。

1. 企业战略分析

企业战略分析是指通过对企业所在行业的分析,明确企业自身地位及所采取的竞争策略,以权衡收益与风险,了解与掌握企业的发展潜力,特别是在企业价值创造或盈利方面的潜力。企业战略分析通常包括行业分析和企业竞争策略分析。企业战略分析是财务分析的基础和导向,通过企业战略分析,分析人员能深入了解企业的经济状况和经济环境,从而能进行客观、正确的财务分析。

1) 行业分析

行业分析的目的在于分析行业的盈利水平与盈利潜力,因为不同行业的盈利能力和潜力大小是不同的。影响行业盈利能力因素有许多,归纳起来主要可分为两类:一是行业的竞争程度,二是市场谈判或议价能力。

一个行业中的竞争程度和盈利能力水平主要受三个因素影响:第一是现有企业间的竞争;第二是新加入企业的竞争威胁;第三是替代产品或服务的威胁。市场议价能力分析主要包括企业与供应商的议价能力分析和企业与客户的议价能力分析。

2) 企业竞争策略分析

行业分析为财务分析提供了企业的背景信息,企业竞争策略分析则有助于分析人员深入了解企业的经济状况和经济环境,从而能进行客观、正确的财务分析。企业进行竞争的策略有许许多多,最重要的竞争策略主要有三种,即低成本竞争策略、产品差异策略和专一化策略。

(1) 低成本竞争策略。低成本竞争策略是指企业能以较低的成本提供与竞争对手相同的产品或服务。这时,企业可以较低的价格与对手争夺市场份额。

第一,优化企业规模,降低产品成本。

第二,改善资源利用率,降低产品成本。

第三,提高与供应商议价能力,降低采购成本。

第四,强化管理控制,降低各项费用。

当企业所处行业替代产品威胁较少,新企业进入威胁较大时,往往愿意选择低成本竞争策略。

(2) 产品差异策略。产品差异策略是指企业通过其产品或服务的独特性与其他企业竞争,以争取在相同价格或较高价格的基础上占领更大市场份额,取得竞争优势与超额利润。

企业选择产品差异策略,必须做好以下工作。

第一,明确企业的产品或服务差异将满足哪一部分消费者的需求。

第二,使企业的产品或服务差异(特色)与消费者的要求完全一致。

第三,企业提供的差异产品或服务,其成本应低于消费者愿意接受的价格。

(3) 专一化策略。专一化策略是主攻某个特殊的顾客群、某产品线的一个细分区段或某一地区市场。低成本与差异化策略都是主要在全产业范围内实现的目标,专一化策略的前提思想是:公司业务的专一化能够以较高的效率、更好的效果为某一狭窄的战略对象服务,从而超过在较广阔范围内竞争的对手。公司或者通过满足特殊对象的需要而实现了差异化,或者在为这一对象服务时实现了低成本,或者二者兼得。这样的公司可以使其盈利的潜力超过产业的平均水平。

2. 会计报表分析

会计报表分析的目的在于正确理解会计报表进而评价企业会计报表所反映的财务状况与经营成果的真实程度。会计报表分析的作用,一方面通过对会计政策、会计方法、会计披露的评价,揭示会计信息的质量;另一方面通过会计灵活性、会计估价的调整,修正会计数据,为财务分析奠定基础,并保证财务分析结论的可靠性。进行会计报表分析,一般可按4个步骤进行,如图8.1所示。

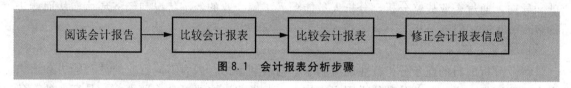

图 8.1　会计报表分析步骤

3. 财务指标分析

对财务指标进行分析是财务分析的一种重要方法。财务指标能准确反映某方面的财务状况。进行财务分析应根据分析的目的和要求选择正确的分析指标。债权人要进行企业偿债能力分析,必须选择反映偿债能力的指标或反映流动性情况的指标进行分析,如流动比率、速动比率、资产负债率等;而一个潜在投资者要进行对企业投资的决策分析,则应选择反映企业盈利能力的指标进行分析,如总资产报酬率、净资产收益率,以及股利支付率和股利发放率等。正确选择与计算财务指标是正确判断与评价企业财务状况的关键所在。

4. 综合评价与报告

综合财务分析与评价是在应用各种财务分析方法进行分析的基础上,将定量分析结果、定性分析判断及实际调查情况结合起来,得出财务分析结论的过程。财务分析结论不仅包括对历史信息的评价,还要对企业未来发展及价值状况进行分析与评价,这是财务分析的关键步骤,结论的正确与否是判断财务分析质量的唯一标准。

财务分析报告是财务分析的最后步骤。它将财务分析的基本问题、财务分析结论,以及针对问题提出的措施建议以书面的形式表现出来,为财务分析主体及财务分析报告的其他受益者提供决策依据。财务分析报告作为对财务分析工作的总结,还可以作为历史信息,以供后来的财务分析参考,保证财务分析的连续性。

8.2　财务分析的基本方法

财务报表分析通常包括定性分析和定量分析两种类型。定性分析是指分析人员根据自己的知识、经验以及对企业内部情况、外部环境的了解程度所作出的非量化的分析和评价。定量分析是指分析人员运用一定的数学方法和分析工具、分析技巧对有关指标所作的量化分析。财务报表定量分析方法多种多样,但常用方法有对比分析法、比率分析法、因素分析法和趋势分析法。

8.2.1 对比分析法

对比分析法是将会计报表中的某些项目或财务指标与另外的相关资料相比较,以说明、评价企业的财务状况、经营业绩的一种常用报表评价分析方法。单个会计报表项目或单个财务比率,孤立地看,不能说明什么问题,只有将其与另外可比的相关数据对比时,才能评价其好坏。会计报表的对比分析主要有以下几个方面:①本期的数据与以前时期的数据对比;②企业的数据与同行业其他企业或行业平均水平、先进水平对比;③本期的实际数与计划数、预算数对比;④期末数与期初数对比。通过企业财务数据的对比,可以揭示企业取得的成绩和存在的问题。

8.2.2 比率分析法

比率分析法是把两个相互联系的项目加以计算对比得出的比率,以确定经济活动变动情况的分析方法。比率指标主要有以下三类。

1. 效率比率

效率比率是反映经济活动中投入与产出、所费与所得的比率,以考察经营成果,评价经济效益,如成本费用利润率、销售利润率及资本利润率等指标。

2. 结构比率

结构比率又称构成比率,是某项经济指标的某个组成部分与总体的比率,以考察总体构成的合理性,如资产负债率指标。

3. 相关比率

相关比率是将两个不同但又有一定关联的项目加以对比计算得出的比率,可用以考察经济活动项目之间的相关性,揭示经营管理中存在的问题,如流动比率、资金周转率等指标。比率分析法的优点是计算简便,计算结果容易判断分析,而且可以使某些指标在不同规模企业间进行比较。

8.2.3 因素分析法

因素分析法是指根据分析指标与形成指标的各个影响因素之间的关系,运用一定的方法,从数量上分别确定各个因素变动对指标影响程度的一种方法。通过因素分析法,可以分清哪些因素是影响分析指标的有利因素,哪些因素是影响分析指标的不利因素;可以揭示影响分析指标变动的关键因素或主要因素,帮助人们抓住主要矛盾,有利于进一步改善经营管理。

常用的因素分析法主要是差额计算法。采用因素分析法,在分析时一般假定某个因素变动,而其他因素均保持不变,确定该因素变动对分析指标的影响程度。

例如,某项财务指标 P 由 A、B、C 三大因素的乘积构成,其实际指标与标准指标以及有关因素关系由下式构成:

实际指标:
$$P_1 = A_1 \times B_1 \times C_1$$

计划指标:
$$P_0 = A_0 \times B_0 \times C_0$$

实际与计划的总差异为 P_1-P_0，这一总差异同时受到 A、B、C 三个因素的影响。它们各自的变动对指标总差异的影响程度可分别由下式计算求得。

A 因素变动影响 $=(A_1-A_0) \times B_0 \times C_0$

B 因素变动影响 $=A_1 \times (B_1-B_0) \times C_0$

C 因素变动影响 $=A_1 \times B_1 \times (C_1-C_0)$

将以上三因素的影响数相加应该等于总差异 P_1-P_0。

【例 8-1】 某企业甲产品的材料成本见表 8-5，试运用因素分析法分析各材料成本的影响程度。

表 8-5 材料成本资料表

项目	计量单位	计划数	实际数
产品产量	件	160	180
单位产品材料消耗量	千克/件	14	12
材料单价	元/千克	8	10
材料总成本	元	17 920	21 600

解：根据以上资料分析如下。

(1) 材料成本＝产量×单位产品材料消耗量×材料单价。

(2) 材料成本总差异＝ 21 600－17 920＝3 680(元)。

(3) 产量变动对材料成本的影响＝(180－160)×14×8＝2 240(元)。

(4) 单位产品材料消耗量变动对材料成本的影响＝180×(12－14)×8＝－2 880(元)。

(5) 材料单价变动对材料成本的影响＝180×12×(10－8)＝4 320(元)。

(6) 三因素的影响为 2 240＋(－2 880)＋4 320＝3 680(元)。

8.2.4 趋势分析法

趋势分析法是指用若干个连续期间的财务数据进行比较分析，以说明企业经营活动和财务状况的变化过程及发展趋向的分析方法。趋势分析法既可用文字表述，也可用图解、表格或比较性财务报表。比较性财务报表，即将二期以上的财务报表予以并列，依次比较而编制的一种财务报表。常见的比较性财务报表主要有比较性资产负债表、比较性损益表和比较性现金流量表。

智能财务分析

这种软件以商业智能(BI)技术为基础，预设丰富的分析模型，通过鼠标拖曳任意变换分析角度与内容。可进行结构分析、趋势分析，有丰富的图形展示，可任意自定义各种常用的分析报表，可进行任意期间的对比分析，可深入到明细账再到会计凭证。凭借直观性与灵活性，它适合企业各种管理者使用，就算总经理不懂财务也可以使用。例如，企业全年的业务招待费以一个折线图的方式显示在总经理的面前，这位总经理肯定知道招待费支出是否正常。

8.3 财务指标计算与分析

8.3.1 偿债能力分析

偿债能力是企业对到期债务清偿的能力或现金保证程度。企业的偿债能力按其债务到期时间的长短分为短期偿债能力和长期偿债能力。

1. **短期偿债能力分析**

企业短期债务一般要用流动资产来偿付,短期偿债能力是指企业流动资产对流动负债及时足额偿还的保证程度,是衡量流动资产变现能力的重要标志。企业短期偿债能力的衡量指标主要有流动比率、速动比率、现金流量比率和到期债务本息偿付比率等。

1) 流动比率

流动比率是指企业流动资产与流动负债之比。该指标将可以在1年内(或超过1年)的一个营业周期内变现(或使用)的流动资产同1年以内到期的流动负债相比较,是衡量企业偿还短期债务能力的指标。其计算公式为

$$流动比率 = \frac{流动资产}{流动负债}$$

该指标越高,表明偿还流动负债的能力越强。国际上一般认为最适当的流动比率为2。通常,流动比率越低,说明企业的短期偿债能力越差;流动比率越高,说明企业短期支付债务的能力越强。但是,流动比率并不是越高越好。流动比率过高,说明企业有很大一部分资金分布在流动资产上,可能会造成资金闲置,增加企业的机会成本;若分布在存货上的资金过多,很可能是存货积压滞销所致,这会降低企业的盈利能力,增加经营风险。同时,不同国家有不同的情况,同一国家不同行业的流动比率也不应该完全相同。一般而言,如果行业生产周期长,则企业的流动比率就应相应提高;如果行业生产周期短,则企业流动比率可以相对降低。所以,最好同行业的平均水平相比较,以说明短期偿债能力的好坏。

2) 速动比率

速动比率是指速动资产与流动资产的比率,也称酸性试验比率。它是反映短期偿债能力的比率。速动资产是指迅速可以变现的流动资产,主要包括货币资金、交易性金融资产、应收票据、应收账款等。速动资产不包括存货,也不包括待摊费用、预付账款、一年到期的非流动资产和其他流动资产等。以速动资产同流动负债对比,说明企业短期债务偿还能力比流动比率具有较高的可信度。

速动资产的计算方法有两种:一种是以流动资产扣除存货计算速动资产。按照这种方法计算的速动比率又称一般速动比率。另一种是直接将货币资金、交易性金融资产、应收票据、应收账款相加计算速动资产。按照这种方法计算的速动比率称为保守速动比率。它们的计算公式为

$$一般速动比率 = \frac{流动资产 - 存货}{流动负债}$$

$$保守速动比率 = \frac{货币资金 + 交易性金融资产 + 应收账款 + 应收票据}{流动负债}$$

报表中应收利息、应收股利和其他应收款项目可视情况归入速动资产项目。

该指标越高,表明企业偿还流动负债的能力越强。国际上一般认为速动比率最好为1,这样的比率说明企业既有好的债务偿还能力,又有合理的流动资产结构。在实际运用中,应当结合行业水平进行分析判断。

3) 现金流量比率

现金流量比率是指企业经营活动现金净流量与流动负债的比率。以收付实现制为基础的经营活动现金净流量同流动负债对比,能充分体现企业经营活动所产生的现金净流量可以保证当期流动负债的偿还,用该指标评价企业短期债务偿还能力更为谨慎。其计算公式为

$$现金流量比率 = \frac{经营活动现金流量}{年末流动负债}$$

公式中经营活动现金流量的数据来自现金流量表,现金流量表的主表是根据收付实现制原则编制的,活动现金净流量数据的取得既不受企业会计政策和会计估计选择的影响,也不受流动资产能力的影响,因而可以直接反映企业经营活动创造现金流量的实际能力,其相对流动比率和遍率指标而言,更能准确反映企业短期债务的偿还能力。现金流量比率大,不仅表明企业支付债务的能力强,而且也表明企业经营活动创造现金流量的能力强,财务状况好。

2. 长期偿债能力分析

企业债权人和投资人不仅关心企业的短期偿债能力,更关心长期偿债能力。企业长期偿债能力的衡量指标主要有资产负债率和股东权益比率、产权比率和权益乘数、利息保障倍数和现金负债总额比率等。

1) 资产负债率

资产负债率是指企业负债总额与资产总额的比率,也称负债比率。它反映了企业的资产总额中有多大的比例是通过举债筹集的,有助于确定在企业清算时偿还全部债务的物质保障程度。资产负债率反映的是企业偿还债务的综合能力。其计算公式为

$$资产负债率 = \frac{负债总额}{资产总额} \times 100\%$$

特别提示

作为分析企业长期偿债能力的资产负债率指标中所说的资产是全部资产,而不仅是长期资产;同样,负债也包括了全部负债。其原因在于,无论是短期负债还是长期负债,都应当由全部资产作为偿还的最终保障,用总资产除以总负债,实际上意味着总资产的变现价值在保证了短期负债偿还后再用于长期负债的偿还。

资产负债率是衡量企业负债水平及风险程度的重要指标。该指标不论是对企业投资人还是企业债权人都是十分重要的。

2) 产权比率

产权比率是指负债总额与股东权益总额的比率,也称负债权益比率。它反映了资金与股东所提供资金的对比关系。因此,它可以揭示企业的财务风险以及股东权保障程度。其计算公式为

$$产权比率 = \frac{负债总额}{股东权益总额}$$

产权比率越低,说明企业长期偿债能力越好,债权人贷款的安全越有保障。

3）利息保障倍数

利息保障倍数是指利息前利润相当于利息支出的倍数，也称利息所得倍数、已获利息倍数等。利息保障倍数反映了企业以经营所得利润支付债务利息的能力，是利用利润表的资料来分析企业长期偿债能力的指标。其计算公式为

$$利息保障倍数 = \frac{息税前利润}{利息支出}$$

式中：息税前利润——根据利润总额加利息费用（或财务费用）计算；

　　　利息支出——利息费用（一般也按财务费用计算）和计入固定资产成本的资本化利息。

4）现金负债总额比率

现金负债总额比率是指经营活动现金净流量同负债总额的比率。它反映企业流动现金净流量承担债务的能力，是反映企业长期偿债能力的指标。其计算公式为

$$现金负债总额比率 = \frac{经营活动现金净流量}{负债总额}$$

现金负债总额比率越高，说明企业支付债务利息的能力越强，负债经营的能力越强，偿债能力越好。

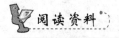

企业财务分析的预警信号

公司生存的底线是维持经营，以免破产。暂时的经营亏损可以由有效的管理、经营方针的变化、投资方向的转变来扭转。企业也许连年亏损（如企业建立不久），但如果其拥有良好的现金流，且投资效益尚未体现，则不能认为该公司业绩很差、经营管理不善。因此，短暂的亏损不能说明任何问题，甚至资不抵债（只要拥有良好的现金流）都未必要去申请破产。真正的破产界限是现金流不足以偿还到期债务（即使考虑债务重组时也是这样），这才是财务分析的真正预警信号。当出现现金流不足以偿还本期债务或预测到下一期到期债务没有足够的现金来偿还时，企业高层应予以高度重视，采取调整经营策略等多种方式，尽力扭转破产的局面。

8.3.2 资产周转比率分析

资产周转速度指标分为资产周转率和资产周转期两种。资产周转率是指计算当期营业收入与资产平均余额的比值，表明资产在一定时期内的周转次数。资产周转期是指计算期天数与资产周转率的比值，表明资产每周转一次所需要的时间。

资产周转率越大或资产周转期越小，均说明资产周转速度越快、资产管理效率越高。资产周转速度指标包括总资产周转率、流动资产周转率与周转期、固定资产周转率、存货周转率与周转期、应收账款周转率与周转期等。

1. 总资产周转率

总资产周转率是指企业一定时期营业收入与资产平均总额的比率，也称总资产利用率。它说明企业全部资产的利用效率，是评价企业营运能力的综合性指标。其计算公式为

$$总资产周转率 = \frac{营业收入}{资产平均总额}$$

资产平均总额 =（期初资产总额 + 期末资产总额）/2

总资产周转速度,也可以用周转天数来表示,计算公式为

$$总资产周转天数 = \frac{360}{总资产周转率}$$

总资产周转率是考察企业资产运营效率的一项重要指标,反映了企业在经营期间全部资产的管理质量和利用效果。比率越高,说明总资产周转速度越快,销售能力越强,资产利用效率越高;比率越低,说明企业资产经营效率较差,会影响企业的获利能力。实际运用这一财务比率分析时,可以和同行业平均水平相比较,衡量企业的资产管理水平,也可以同上期相比较,了解企业全部资产利用效率的改善情况。需要说明的是,该指标数值的高低,往往受到流动资产周转率、应收账款周转率和存货周转率等指标的影响。

2. 流动资产周转率与周转期

流动资产周转率是指企业一定时期营业收入与流动资产平均余额的比率,是表示流动资产周转速度、用以评价企业全部流动资产利用效率的重要指标。流动资产周转率及周转期计算公式为

$$流动资产周转率 = \frac{营业收入}{流动资产平均余额}$$

$$流动资产平均余额 = (期初流动资产 + 期末流动资产)/2$$

$$流动资产周转天数 = \frac{360}{流动资产周转率}$$

流动资产周转率反映了企业流动资产的周转速度,它是从企业全部资产中流动性最强的流动资产角度对企业资产的利用效率进行的分析,以进一步揭示影响企业资产质量的主要因素。通常认为,正常经营情况下流动资产周转率越高(周转天数越少),反映流动资产周转速度越快,可相对节约流动资金,等于相对扩大资产投入,增强企业盈利能力;反之,流动资产周转速度缓慢,则需要补充新的流动资金参加周转,必然降低企业的盈利能力和偿债能力。

3. 固定资产周转率

固定资产是企业生产经营的物资技术基础,直接决定企业的生产经营能力。固定资产周转率是企业一定时期营业收入与固定资产平均净值的比率。它是反映固定资产利用效率的指标。固定资产周转率计算公式为

$$固定资产周转率 = \frac{营业收入}{固定资产平均净值}$$

$$固定资产周转天数 = \frac{360}{固定资产周转次数}$$

固定资产周转率越高,说明公司固定资产的利用效率越高,管理水平越高。如果固定资产周转率与同行业平均水平相比偏低,说明企业的生产效率较低,生产利用能力不够,可能会影响企业的获利能力。

4. 存货周转率与周转期

存货周转率是企业一定时期的营业成本与平均存货的比率。它是反映存货周转速度、变现能力、利用效率和存货质量的指标。存货周转率及周转期计算公式为

$$存货周转率(次) = \frac{营业成本}{平均存货}$$

$$平均存货 = \frac{期初存货余额 + 期末存货余额}{2}$$

$$存货周转天数 = \frac{360}{存货周转次数}$$

如果企业的生产经营活动具有很强的季节性,存货平均余额应该按季节或月份余额来计算,即先计算出各月份或季节的存货平均余额,然后再计算全年的存货平均余额。

存货周转次数越多(周转天数越少),说明存货的变现速度越快,存货利用效率越好,企业的销售能力越强,存货质量越好,占用在存货上的资金越少。分析时,可以与同行业水平或上期周转速度相比较。

5. 应收账款周转率与周转期

应收账款周转率是企业一定时期营业收入与应收账款平均余额的比率。它反映了企业应收账款的周转速度。应收账款周转率与周转期计算公式为

$$应收账款周转率 = \frac{营业收入}{应收账款平均余额}$$

$$应收账款周转期(天数) = \frac{360}{应收账款周转次数}$$

从理论上讲,应收账款是赊销造成的,因此公式中的营业收入应采用赊销金额,但是在财务报表中并不能直接提供赊销金额,所以一般采用营业收入。在各年赊销金额波动不大的情况下,采用营业收入计算的指标同样能比较准确地反映应收账款周转速度的情况,而且,只要坚持一贯性原则,并不影响指标的分析、应用。

通常认为,应收账款周转率越高(周转天数越少),说明应收账款流动性越强,质量越好,短期偿债能力也会增强。由于季节性经营,大量采用分期收款或现金方式结算等,都可能使本指标结果失实,所以,应结合企业的前后期间、行业平均水平进行综合评价。

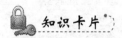

财务分析师

在美国注册财务分析师(或称注册金融分析师,简称 CFA),是指获得特许从业证书,服务于证券发行承销交易机构、投资咨询机构、银行、保险公司、投资公司、共同基金、养老基金及其他机构投资者,专门从事投资分析、咨询和管理工作的人员。一支高素质的财务分析师队伍可以帮助投资者正确进行投资和决策,化解和减少风险。在发达成熟的市场经济国家,财务分析师和注册会计师、资产评估师等专业队伍共同构成了证券市场的质量监督、风险预测、投资分析等的主要力量。

8.3.3 盈利能力分析

盈利能力分析主要包括投资收益能力分析、经营获利能力分析、资本保值增值能力分析和上市公司盈利能力分析等。

1. 投资收益能力分析

1) 净资产收益率

净资产收益率是指企业一定时期净利润与平均净资产的比率,也称权益净利率。净资产

收益率充分体现了投资者投入资本获取收益的能力，反映了投资与报酬的关系，是评价企业资本经营效益的核心指标。其计算公式为

$$净资产收益率 = \frac{净利润}{平均净资产} \times 100\%$$

2）总资产报酬率

总资产报酬率是指企业一定时期内获得的息税前利润总额与资产平均余额的比率。总资产报酬率主要用来衡量企业利用资产获取利润的能力，表示企业包括净资产和负债在内的全部资产的总体获利能力，是评价企业资产运营效益的重要指标。其计算公式为

$$总资产报酬率 = \frac{利润总额 + 利息费用}{资产平均余额} \times 100\%$$

总资产报酬率表示企业全部资产获取收益的水平，全面反映了企业的获利能力和投入产出状况，该指标越高，表明企业投入产出的水平越好，企业的资产运营越有效。通过对该指标的深入分析，可以增强各方面对企业资产经营的关注，促进企业提高单位资产的收益水平。该指标也是企业筹资决策的重要依据，一般情况下，企业可据此指标与市场资本利率进行比较，如果该指标大于市场利率，则表明企业可以充分利用财务杠杆进行负债经营，获取尽可能多的收益；如果总资产报酬率较低，说明过多利用负债是不利的。

3）总资产净利率

总资产净利率是指企业一定时期净利润与平均总资产的比率，用来衡量企业利用资产获取净利润的能力。其计算公式为

$$总资产净利率 = \frac{净利润}{平均总资产} \times 100\%$$

总资产净利率是一个综合性较强的财务指标，通过分析影响指标的因素并层层分解，研究彼此间的依存关系，可以揭示公司的获利能力和资产周转速度。总资产净利率与销售净利率和总资产周转率的关系为

$$总资产净利率 = \frac{净利润}{平均总资产} = \frac{净利润}{营业收入} \times \frac{营业收入}{平均总资产} = 营业净利率 \times 总资产周转率$$

2. 经营获利能力分析

1）营业毛利率

营业毛利率是指企业一定时期营业毛利与营业收入的比率，也称毛利率。其计算公式为

$$营业毛利率 = \frac{营业毛利}{营业收入} \times 100\%$$

$$营业毛利 = 营业收入 - 营业成本$$

营业毛利率主要受产品销售价格、单位产品成本的影响，而产品销售价格又受市场竞争的情况与基本企业市场竞争能力的影响，单位成本的高低受企业成本管理水平的影响。所以，销售毛利率越大，说明企业营业成本越低，竞争能力越强，经营业务获利能力越强；反之，则说明企业成本过高，产品质量不高，竞争能力不强。另外，营业毛利率的高低还受到行业特点的影响，营业周期短、固定成本低的行业，营业毛利率一般较低，如零售业；而营业周期长的行业营业毛利率通常要高一些。因此，营业毛利率的高低一般应同行业平均水平相比较。

2）营业利润率

营业利润率是指企业一定时期营业利润同营业收入的比率，反映了企业全部经营业务的获利能力。其计算公式为

$$营业利润率 = \frac{营业利润}{营业收入} \times 100\%$$

营业利润＝营业收入－营业成本－营业税费－销售费用－管理费用－财务费用

3）营业净利率

营业净利率是指企业一定时期净利润与营业收入的比率。其计算公式为

$$营业净利率 = \frac{净利润}{营业收入} \times 100\%$$

4）成本费用利润率

成本费用利润率是指企业利润总额与成本费用总额的比率，反映了企业经营过程中发生的耗费与获得的收益之间的关系。其计算公式为

$$成本费用利润率 = \frac{利润总额}{成本费用总额} \times 100\%$$

一般认为，成本费用包括营业成本、销售费用、管理费用、财务费用等，也有的把营业税、所得税考虑进去。

3. 资本保值增值能力分析

企业的资本保值增值能力通常用资本保值增值率来衡量。资本保值增值率是指企业本年末所有者权益扣除客观增减因素后同年初所有者权益的比率。资本保值增值率表示企业由于当年经营方面的原因使股东权益增减变动的情况，是评价企业财务效益状况的指标。其计算公式为

$$资本保值增值率 = \frac{扣除客观因素后的年末所有者权益}{年初所有者权益} \times 100\%$$

扣除客观因素后的年末所有者权益是指扣除客观因素后对所有者权益影响的数额，需要扣除或加回的项目包括客观因素影响的增加额和客观因素影响的减少额。客观因素影响的增加额如所有者追加投资额等，客观因素影响的减少额如分配现金股利等。

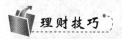

重视非物质性因素对企业盈利能力的影响

人们在分析企业盈利能力时常常只注重分析企业的销售收入、成本、费用、资产规模、资本结构等直接影响企业盈利水平的物质性因素，而忽视企业的商业信誉、企业文化、管理能力、专有技术以及宏观环境等一些非物质性因素对企业盈利能力的影响。事实上，非物质性因素也是影响企业盈利能力的重要因素，比如企业有良好的商业信誉、较好的经营管理能力和企业文化，将会使企业在扩大销售市场、成本控制、获取超额利润等方面有所收获，这都有利于企业盈利能力的提高。财务人员在对企业的财务能力进行分析时，如果只注重分析企业的物质性因素，而忽视非物质性因素对企业发展的作用，就不能够揭示企业盈利的深层次原因，也难以准确预测企业的未来盈利水平。

8.4 财务综合分析

财务分析的最终目的在于全面、准确、客观地揭示企业的财务状况和经营成果，并借以对企业经济效益的优劣做出合理评价。显然，仅仅计算几个简单的、孤立的财务比率，是不可能做出合理、公允的综合性结论。因此，只有将各种不同报表、不同指标的分析与评价融

为一体，才能从总体意义上把握企业财务状况和经营成果的优劣。

8.4.1 财务综合分析的含义

财务综合分析就是将有关财务指标按其内在联系结合起来，系统、全面、综合地对企业的财务状况和经营成果进行剖析、解释和评价，说明企业整体财务状况和经营成果的优劣。

每个企业的财务指标都有很多，而每个单项财务指标只能说明问题的某一个方面，且不同财务指标之间可能会有一定的矛盾或不协调性。如偿债能力很强的企业，其盈利能力可能会很弱；或偿债能力很强的企业，其营运能力可能比较差。所以，只有将一系列的财务指标有机地联系起来，作为一套完整的体系，相互配合，做出系统的评价，才能对企业经济活动的总体变化规律做出本质的描述，才能对企业的财务状况和经营成果做出总括性的结论。财务综合分析的意义也正在于此。

8.4.2 财务综合分析的特点

财务综合分析是相对于财务报表单项分析而言的，与单项分析相比较，财务综合分析具有以下特点。

1. 分析方法不同

单项分析通常把企业财务活动的总体分解为各个具体部分，认识每一个具体的财务现象，可以对财务状况和经营成果的某一个方面作出判读和评价；而财务综合分析则是通过把个别财务现象从财务活动的总体上做出归纳综合，着重从整体上概括财务活动的本质特征。因此，单项分析具有实务性和实证性，是综合分析的基础；综合分析是对单项分析的抽象和概括，具有高度的抽象性和概括性，如果不把具体的问题提高到理性高度认识，就难以对企业的财务状况和经营业绩做出全面、完整和综合的评价。因此，综合分析要以各单项分析指标及其各指标要素为基础；要求各单项指标要素及计算的各项指标一定要真实、全面和适当，所设置的评价指标必须能够涵盖企业盈利能力、偿债能力及营运能力等诸方面总体分析的要求。只有把单项分析和综合分析结合起来，才能提高财务分析的质量。

2. 分析重点和基准不同

单项分析的重点和比较基准是财务计划、财务理论标准；而综合分析的重点和基准是企业整体发展趋势。因此，单项分析把每个分析的指标视为同等重要的地位来处理，它难以考虑各种指标之间的相互关系；而综合分析强调各种指标有主辅之分，一定要抓住主要指标。只有抓住主要指标，才能抓住影响企业财务状况的主要矛盾。只有在主要财务指标分析的基础上再对其辅助指标进行分析，才能分析透彻、把握准确、详尽。各主辅指标功能应相互协调匹配，在利用主辅指标时，还应特别注意主辅指标间的本质联系和层次关系。

3. 分析目的不同

单项分析的目的是有针对性地，侧重于找出企业财务状况和经营成果某一方面存在的问题，并提出改进措施；综合分析的目的是要全面评价企业的财务状况和经营成果，并提出具有全局性的改进意见。显然，只有综合分析获得的信息才是最系统、最完整的，单项分析仅仅涉及一个领域或一个方面，往往达不到这样的目的。

8.4.3 财务综合分析的主要方法

财务综合分析的方法有很多，常用的方法有沃尔评分法及杜邦分析法等。

1. 沃尔评分法

沃尔评分法是由财务状况综合评价的先驱者之一亚历山大·沃尔提出的。他在20世纪初出版的《信用晴雨表研究》和《财务报表比率分析》中提出了信用能力指数的概念,把若干个财务比率用线性关系结合起来,以此评价企业的信用水平。他选择了7种财务比率,分别给定了其在总评价中占的比重,总和为100分。然后确定标准比率,并与实际比率相比较,评出每项指标的得分,最后求出总评分,以此对企业的财务状况作出排队或评价。

沃尔评分法采用的7个指标分别是流动比率、净资产/负债、资产/固定资产、销售成本/存货、销售额/应收账款、销售额/固定资产和销售额/净资产,分别给予25%、25%、15%、10%、10%、10%和5%的权重,总和为100分。我们用沃尔的方法,给ZX股份有限公司2005年的财务状况评分的结果见表8-6。

表8-6 ZX公司2005年沃尔评分法分析表

财务比率	比重 (1)	标准比比率 (2)	实际比率 (3)	相对比率 (4)=(3)÷(2)	评分 (5)=(1)×(4)
流动比率	25	2	5.3	2.7	66
净资产/负债	25	1.5	4.7	3.1	78
资产/固定资产	15	2.5	4.5	1.8	27
销售成本/存货	10	8	16.7	2.1	21
销售额/应收账款	10	6	16.4	2.7	27
销售额/固定资产	10	4	11	2.8	28
销售额/净资产	5	3	3	1	5
合计	100				252

利用沃尔的比重分析法,得出ZX股份有限公司2005年的财务状况评分的结果是252分,按照沃尔分析法的原理,得分越高,企业总体价值就越高,这表明该公司的财务状况是优秀的。

沃尔评分法从理论上讲有一个弱点,就是未能证明为什么要选择这7个指标,而不是更多或更少些,或者选择其他的指标,以及未能证明每个指标所占比重的合理性。这个问题至今仍然没有从理论上得到解决。

这种综合分析方法解决了在分析公司各项财务指标时如何评价其指标的优良差,以及公司整体财务状况在同行业中的地位等问题。但原始意义上的沃尔比重评分法有两个缺陷:一是选择这7个比率及给定的比重在理论上难以证明,缺乏说服力;二是从技术上讲,由于评分是相对比率与比重相"乘"计算出来的,当某一个指标严重异常(过高或过低,甚至是负数)时,会对总评分带来不合逻辑的重大影响。

  特别提示

在采用此方法进行财务状况综合分析和评价时,应注意以下几个方面的问题:①同行业的标准值必须准确无误;②标准分值的规定应根据指标的重要程度合理确定;③分析指标应尽可能全面,采用指标越多,分析的结果越接近现实。尽管沃尔比重评分法在理论上还有待证明,在技术上也需要完善,但它在实践中还是具有较为广泛的应用价值。

2. 杜邦分析法

杜邦分析法，又称杜邦分析体系，就是利用各主要财务比率之间的内在联系来综合分析企业财务状况的方法。杜邦分析法是由美国杜邦公司于1910年首先设立并采用的。这种方法主要是利用一些基本财务比率指标之间的内在数量关系，建立一套系列相关的财务指标的综合模型，从投资者对企业要求的最终目标出发，经过层层指标分解，从而能系统地分析了解影响企业最终财务目标实现的各项因素的影响作用。

杜邦财务分析体系的内容可用杜邦分析图表示，如图8.2所示。

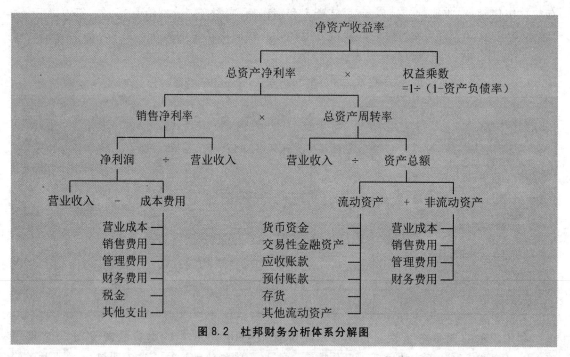

图8.2 杜邦财务分析体系分解图

杜邦财务分析体系主要反映了以下几种主要的财务比率关系。

（1）净资产收益率与资产净利率及权益乘数之间的关系。

$$净资产收益率=资产净利率 \times 权益乘数$$

$$权益乘数=平均总资产 \div 平均净资产 = 1 \div (1-平均资产负债率)$$

（2）资产净利率与销售净利率及资产周转率之间的关系。

$$资产净利率=销售净利率 \times 资产周转率$$

$$销售净利率=净利润 \div 销售收入$$

$$F\ 总资产周转率=销售收入 \div 平均资产总额$$

杜邦系统在揭示上述几种关系之后，再将净利润、总资产进行层层分解，这样就可以全面、系统地揭示出企业的财务状况以及财务状况这个系统内部各个因素之间的相互关系。

杜邦分析图提供了下列主要的财务指标关系的信息。

（1）净资产收益率是一个综合性最强的财务比率，是杜邦分析系统的核心。它反映所有者投入资本的获利能力，同时反映企业筹资、投资、资产运营等活动的效率，它的高低取决于总资产利润率和权益总资产率的水平。决定净资产收益率高低的因素有三个方面，即权益乘数、销售净利率和总资产周转率。权益乘数、销售净利率和总资产周转率三个比率分别反映了企业的负债比率、盈利能力比率和资产管理比率。

(2) 权益乘数主要受资产负债率影响。负债比率越大,权益乘数越高,说明企业有较高的负债程度,给企业带来较多的杠杆利益,同时也给企业带来了较多的风险。

(3) 资产净利率是一个综合性的指标,同时受到销售净利率和资产周转率的影响。资产净利率说明企业资产利用的效果,影响资产净利率的因素有产品价格、单位成本、产量和销量、资金占用量,可以利用它来分析经营中存在的问题,提高销售利润率,加速资金周转。

(4) 销售净利率反映了企业利润净额与销售收入的关系,从这个意义上看提高销售净利率是提高企业盈利能力的关键所在。要想提高销售净利率:一是要扩大销售收入;二是降低成本费用。而降低各项成本费用开支是企业财务管理的一项重要内容。通过各项成本费用开支的列示,有利于企业进行成本费用的结构分析,加强成本控制,以便为寻求降低成本费用的途径提供依据。该指标可以进一步分为销售毛利率、销售税金率、销售成本率、销售期间费用率等因素。

(5) 资产周转率反映资产总额的周转速度,周转越快,反映销售能力越强。它可以进一步表现为长期资产周转率、流动资产周转率、应收账款周转率等因素。

另外,从杜邦财务分析图可以看出,净资产收益率和企业销售规模、成本水平、资产营运、资本结构有着密切的联系,这些因素构成一个相互依存的系统,只有把系统内这些因素的关系协调好,才能使净资产收益率达到最大值。

综上所述,杜邦分析法以净资产收益率为主线,将企业在某一时期的销售成果以及资产营运状况全面联系在一起,层层分解,逐步深入,构成一个完整的分析体系。它能较好地帮助管理者发现企业财务和经营管理中存在的问题,能够为改善企业经营管理提供十分有价值的信息,因而得到普遍的认同并在实际工作中得到广泛的应用。

杜邦财务分析体系指标设计的局限性:杜邦分析指标偏重于从企业所有者角度分析。从杜邦指标体系来看,在其他因素不变的情况下,资产负债率越高,净资产收益率就越高。这是因为利用较多的负债,从而利用财务杠杆作用的结果,但是没有考虑财务风险的因素,负债越多,财务风险越大,偿债压力越大。因此,还要结合其他指标进行综合分析。

8.5 撰写财务分析报告

8.5.1 财务分析报告的含义

财务分析报告是反映企业财务状况和财务成果意见的报告性书面文件。撰写财务分析报告是对财务分析工作的概括和总结的重要环节。财务分析人员将财务分析评价结果向会计报表的使用者报告,以便他们通过财务分析报告了解企业的财务状况、经营成果、发展前景以及存在的障碍,从而做出科学、合理的决策;同时财务分析报告也是财务分析人员分析工作的最终成果,其撰写质量的高低直接反映出报表分析人员的业务能力和素质。可见,财务分析报告是会计报表使用者作出决策的依据,也是财务分析人员工作能力的最好体现,使相关人员对财务分析予以足够的重视。

8.5.2 财务分析报告的类型

了解财务分析报告的分类有助于掌握各类不同内容分析报告的特点,按不同的要求撰写

财务分析报告。财务分析报告可按不同标准进行分类。

1. 财务分析报告按其分析的内容范围分类

企业一般都应根据企业财务通则和行业会计制度的规定，结合其业务的特点，既要对企业的财务活动进行综合分析，又要进行专题分析，有时根据具体需要进行简要分析，相应的财务分析报告也就有综合分析报告、专题分析报告和简要分析报告，并各有不同的特点。

1）综合分析报告

综合分析报告又称全面分析报告，是企业通过资产负债表、损益表、现金流量表、会计报表附表、会计报表附注及财务情况说明书、财务和经济活动所提供的信息及内在联系，运用一定的科学分析方法，对企业的业务经营情况、利润实现情况和分配情况，资金增减变动和周转利用情况，税金缴纳情况，存货、固定资产等主要财产的盘点、盘亏、毁损变动情况及对本期或以后时期财务状况将发生重大影响的事项等做出客观、全面、系统的分析和评价，并进行必要的科学预测和决策而形成的书面报告。一般进行年度或半年度分析时采用这种类型。

2）专题分析报告

专题分析报告又称单项分析报告，是指针对某一时期企业经营管理中的某些关键问题、重大经济措施或薄弱环节等进行专门分析后形成的书面报告。它具有不受时间限制、一事一议、易被经营管理者接受、收效快的特点。因此，专题分析报告能总结经验，引起领导和业务部门重视所分析的问题，从而提高管理水平。专题分析报告有助于宏观、微观财务管理问题的进一步研究，为作出更高层次的财务管理决策开辟有价值的思路。

专题分析的内容很多，比如关于企业清理积压库存，处理逾期应收账款的经验，对资金、成本、费用、利润等方面的预测分析，处理母子公司各方面的关系等问题均可进行专题分析，从而为各级领导做出决策提供现实的依据。

3）简要分析报告

简要分析报告是对主要经济指标在一定时期内，对存在的问题或比较突出的问题进行概要的分析，进而对企业财务活动的发展趋势以及经营管理的改善情况进行判断而形成的书面报告。

简要分析报告具有简明扼要、切中要害的特点。通过分析，能反映、说明企业在分析期内业务经营的基本情况，以及企业累计完成各项经济指标的情况并预测今后发展趋势。简要分析报告主要适用于定期分析，可按月、按季进行编制。

2. 财务分析报告按其分析的时间分类

按分析的时间可分为定期分析报告与不定期分析报告两种。

1）定期分析报告

定期分析报告一般是由上级主管部门或企业内部规定的每隔一段相等的时间应予编制和上报的财务分析报告。如每半年、年末编制的财务综合分析报告就属定期分析报告。

2）不定期分析报告

不定期分析报告是从企业财务管理和业务经营的实际需要出发，不做时间规定而编制的财务分析报告。如上述的专题分析报告就属于不定期分析报告。

8.5.3 财务分析报告的编写要求

为了最终得到一份高质量的财务分析报告,在财务分析及其分析报告编制过程中应注意的几个问题如下所述。

1. 财务分析报告应满足不同报告使用者的需要

在实际工作中,因为财务分析报告的使用者有各自不同的要求,因此使得分析的内容也应有一定的区别。如企业外部投资者所做出的投资分析报告要提供他有关企业能否投资方面的分析资料,而企业内部经营者却想得到企业整体经营状况的分析结论。

2. 财务分析报告须具备真实性

真实性是财务分析报告质量好坏的重要评价标准。要完成一份真实可靠的分析报告,得出正确的分析结论,与有效的分析密不可分。这不仅要求在分析资料的搜集过程中应保证分析资料的真实,也要求在具体分析时选择科学而高效的分析技术和方法。要保证分析资料的真实可靠,应先注意资料来源的权威、合法性,并且尽可能通过实际考证确保资料的真实。如对企业财务数据资料的分析应关注审计师出具的审计报告,这对于企业报表的真实性、合理性有重要说明作用。

3. 财务分析报告必须明晰

财务分析要求报告的内容应条理清晰、表述顺畅,没有语法错误,不易使人误解。这就要求分析报告的行文要尽可能流畅、通顺、简明、精练,避免口语化、冗长化。

4. 财务分析报告须体现出重要性原则

财务分析报告要求在编制过程中,要根据其重要性大小做到详略得当。如上所述,对于重要的、对决策有着重要影响的内容不仅要详细地反映,而且要放在报告前面。对于可作为决策参考的不太重要的内容则放在报告后面做较为简略的反映。

5. 财务分析报告必须及时提供给使用者

由于财务分析报告是用于评价企业经营状况、作为相关决策依据的重要信息来源,而影响企业经营的内外部经济环境都在不断变化,企业面对的是复杂多变的市场,在这个大市场里,任何宏观经济环境的变化或行业竞争对手政策的改变都会或多或少地影响着企业的竞争力甚至决定着企业的命运,所以报告的时限性非常强。

另外,在编制财务分析报告的过程中,还应遵守成本效益原则,要在本着圆满完成分析任务的前提下,尽量利用较为便利的分析手段简化工作。

8.5.4 财务分析报告撰写的基本步骤

1. 撰写前的准备工作

1)搜集资料阶段

搜集资料是一个调查过程,深入全面的调查是进行科学分析的前提,但调查要有目的地进行。分析人员可以在日常工作中,根据财务分析内容要点,经常搜集积累有关资料。这些资料既包括间接的书面资料,又包括从直属企业取得的第一手资料。财务分析人员应搜集的资料具体包括:①各类财务资料;②各类业务资料;③各类报纸、杂志公布的行业资料;④其他资料。

2)整理核实资料

各类资料搜集齐全后,要加以整理核实,保证其合法性、正确性和真实性,同时根据所规划的财务分析报告内容进行分类。整理核实资料是财务分析工作中的中间环节，起着承上启下的作用。在这一阶段，分析人员应根据分析的内容要点做些摘记，合理分类，以便查找和使用。

  特别提示

搜集资料和整理核实资料不是截然分离的两个阶段，一般可以边搜集边核实整理，相互交叉进行。但切忌临近撰写分析报告才搜集资料，应把这项任务贯穿在日常工作中进行，这样才能搜集到内容丰富、涉及面广、有参考价值的资料，在进行分析时就会胸有成竹、忙而不乱。

2. 财务分析报告的选题

由于财务分析报告的形式多种多样，因此报告的选题没有统一的标准和模式，一般可以根据报告所针对的主要内容和提供的核心信息确定报告的选题，如"某季度财务分析"、"负债情况分析"、"税法变更对企业效益的影响分析"等都是比较合适的选题。报告的选题应能准确地反映出报告的主题思想。报告的选题一旦确定，就可紧紧围绕选题搜集资料、整理资料并编制财务分析报告。

3. 财务分析报告的起草

资料整理完毕，选题确定后，就可以进入财务分析报告的撰写阶段，而财务分析报告撰写的首要工作就是报告的起草。财务分析人员需要具备较强的综合素质，只有这样，才能胜任编制财务分析报告这一重要工作。

报告的内容应围绕报告的选题并按报告的结构进行，特别是专题分析报告，应将问题分析透彻，真正地分析问题、解决问题。对综合分析报告的起草，最好先拟写报告的提纲，并且提纲必须能反映综合分析报告的主要内容，然后只需在提纲框架的基础上，依据所搜集、整理的资料选择恰当的分析方法，起草综合分析报告。

4. 财务分析报告的修订

财务分析报告形成初稿后，可交由财务分析报告的直接使用者审阅，并征求使用者的意见和建议，充实补充新的内容，使之更加完善，最后由直接使用者审定即可定稿。

8.5.5 财务分析报告的结构

结构是指分析报告如何分段而又构成一个整体的问题。一般根据报告所反映的内容可以多种多样。综合财力分析报告的结构大致如下。

1. 标题

标题应简明扼要，准确反映报告的主题思想。标题是对财务分析报告的最精炼的概括，它不仅要确切地体现分析报告的主题思想，而且要用语简洁、醒目。由于财务分析报告的内容不同，其标题也就没有统一标准和固定模式，应根据具体的分析内容而定。如"某月份简要会计报表分析报告"、"某年度综合财务分析报告"、"资产使用效率分析报告"等都是较合适的标题。财务分析报告一旦拟定了标题，就应围绕它利用所搜集的资料进行分析并撰写报告。

2. 报告目录

报告目录应当显示财务分析报告所分析的内容以及所在的页码。

项目8 撰写财务分析报告

3. 重要提示

重要提示主要是针对本期报告新增的内容或须加以重点关注的问题事先做出说明。

4. 报告摘要

报告摘要是概括公司综合情况,让财务报告使用者对财务分析报告有一个总括的认识,是对本期财务分析报告内容的高度浓缩,要求言简意赅、点到即止。

5. 正文

正文是财务分析报告的最主要部分,全面、细致地反映出所要分析的内容。正文具体包括:说明段、分析段、评价段以及具体改进措施和建议。

总之,财务分析人员应明确财务分析报告的作用,掌握不同类型报告的特点,重视撰写报告的几个问题,不断提高自己的综合业务水平,做好财务分析工作,只有这样,才能当好企业经营管理者的参谋和助手。

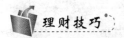

财务分析之"七忌"

财务分析要达到重点突出、说明清楚、报送及时、预测准确、措施得力的目的;进入财务工作"灵魂"之境界,充分发挥其诊断企业的"听诊器"、观察企业运行状况的"显微镜"之功能,必须"七忌":一忌面面俱到,泛泛而谈;二忌千篇一律,文章格式化;三忌只是数字的堆砌罗列,没有情况说明;四忌浅尝辄止,停留于表面现象;五忌报喜不报忧;六忌上报不及时;七忌专业味太浓。

典型案例分析

案例1 运用杜邦体系分析方法分析

【背景】

淮海公司本年和上年有关财务数据见表8-7。

表8-7 淮海公司财务数据

2009年度　　　　　　　　　　　　　　　　　　　　　　　　　　　单位:元

项目	2008年实际	2009年实际
营业收入	1 658 516 288	2 566 149 097
净利润	52 851 695	79 572 752
平均资产总额	1 370 431 675	1 668 824 985
平均负债总额	565 635 721	806 082 306
平均净资产	804 795 954	862 742 679

【要求】

作为公司的财务人员,结合所掌握的财务报表资料,利用指标之间的相关关系,计算相关财务指标,建立杜邦财务分析体系,对公司两年来的财务情况进行综合分析。

【解析】

1. 计算杜邦财务分析体系指标

根据所给的财务数据,计算杜邦财务分析体系中各指标,见表8-8。

表 8-8 淮海公司财务指标计算表

2009 年度 单位:元

项目	上年实际	本年实际	本年比上年 增减的数额	本年比上年 增减的百分比
营业收入	1 658 516 288	2 566 149 097	907 632 809	54.73%
净利润	52 851 695	79 572 752	26 721 057	50.56%
平均资产总额	1 370 431 675	1 668 824 985	298 393 310	21.77%
平均负债总额	565 635 721	806 082 306	240 446 585	42.51%
平均净资产	804 795 954	862 742 679	57 946 725	7.20%
净资产收益率	6.57%	9.22%	2.65%	
总资产净利率	3.86%	4.77%	0.91%	
权益乘数	1.70	1.93	0.23	
销售净利率	3.19%	3.10%	−0.09%	
总资产周转率	1.21 次	1.54 次	0.33 次	
资产负债率	41.27%	48.30%	7.03%	

2. 因素分析

根据上表的计算结果,淮海公司上年净资产收益率可作如下分解

$$6.57\% = 3.19\% \times 1.21 \times (1-41.27\%)^{-1}$$

本年净资产收益率可作如下分解

$$9.22\% = 3.10\% \times 1.54 \times (1-48.3\%)^{-1}$$

根据杜邦分析法,对净资产收益率的分解,可以采用连环替代法确定各因素变动对淮海公司本年净资产收益率的影响程度。

分析对象:淮海公司本年净资产收益率比上年提高了2.65%,即

$$9.22\% - 6.57\% = 2.65\%$$

淮海公司上年净资产收益率

$$3.19\% \times 1.21 \times (1-41.27\%)^{-1} = 6.57\%$$

第一次替换,替换销售净利率

$$3.10\% \times 1.21 \times (1-41.27\%)^{-1} = 6.39\%$$

由于销售净利率比上年下降0.09%,使淮海公司净资产收益率下降了0.18%。

第二次替换,替换总资产周转率

$$3.10\% \times 1.54 \times (1-41.27\%)^{-1} = 8.12\%$$

由于总资产周转速度加快,总资产周转率比上年提高0.33次,使淮海公司净资产收益率提高了1.73%。

第三次替换,替换资产负债率

$3.10\% \times 1.54 \times (1-48.3\%)^{-1} = 9.22\%$

由于资产负债率比上年提高 7.03%，使淮海公司净资产收益率提高了 1.1%。

3. 对分析结果进行评价

由于销售净利率、总资产周转率、资产负债率三个因素共同影响，使淮海公司净资产收益率提高了 2.65%。从题目有关指标的变动情况和净资产收益率的两个分解式可以看出，淮海公司本年净资产收益率的提高主要是企业加快资产周转和通过举债(提高资产负债率)扩大生产规模的结果。总资产周转速度加快和资产负债率提高，使企业净资产收益率提高了 2.83%；但由于销售净利率下降 0.09%，使企业净资产收益率下降了 0.18%。销售净利率下降的原因，从题目可以看到，主要是成本、费用上升的结果。因为该公司本年主营业务收入增加了 54.73%，本年净利润只增加了 50.56%。

案例 2 撰写财务分析报告

淮海公司 2009 年度会计报表分析报告

淮海公司 2009 年度实现主营业务收入 750 796 万元，比 2008 年度主营业务收入 693 673 万元多 57 123 万元，销售呈上升趋势，从公司 2009 年度的会计报表中可以看出，公司资产负债率较高，存货周转率降低了，应收账款周转率提高了，公司应收账款回款速度加快了。公司融资渠道比较通畅，但财务风险较大；公司净资产报酬率较低，但盈利能力较强。

一、偿债能力分析

偿债能力见表 8-9。

表 8-9 偿债能力

项目	2008 年度(1)	2009 年度(2)	增减差异 (3)=(2)-(1)	增减比例 (4)=(3)/(1)
流动比率	54%	80%	26%	48.15%
速动比率	30%	45%	15%	50%
现金比率	16.4%	25.08%	8.68%	52.93%
资产负债率	59.48%	53.73%	-5.75%	-9.67%
产权比率	146.82%	116.10%	-30.72%	-20.92%

由此表可知：2009 年的流动比率、速动比率、现金比率均比 2008 年有了明显提高，说明 2009 年短期偿债能力增强了。该公司资产负债率较高，一方面说明其财务风险较大，另一方面也说明公司总体融资渠道比较通畅，总资产中的 50% 以上是由债权人提供的，2009 年比 2008 年降低 5.75%，表明公司对财务风险进行了必要的控制，有利于减轻公司偿债压力。两年产权比率均在 100% 以上，说明公司资产过度运用负债经营，会带来较大的财务风险。因此，2009 年的长期资产偿债能力比 2008 年也增强了。总之，公司 2009 年的偿债能力比 2008 年增强了。

二、营运能力分析

营运能力见表8-10。

表8-10 营运能力

项目	2008年度(1)	2009年度(2)	增减差异 (3)=(2)-(1)	增减比例 (4)=(3)/(1)
存货周转率/次	3.58	3.42	-0.16	-4.47%
存货周转天数/天	100	105	5	5%
应收账款周转率	30.41	31.57	1.16	38.15%
应收账款周转天数	12	11	-1	-8.33%
流动资产周转率	2.77	2.59	-0.18	-6.50%
总资产周转率	0.81	0.84	0.03	3.70%

从存货周转率和周转天数分析，2009年比2008年降低了，营运能力降低了；但从应收账款周转率周转天数去分析，2009年比上年的营运能力提高了，说明公司应收账款回款速度加快，这与公司的信用政策和产品的市场需求有关系。从流动资产周转率分析，2009年比2008年有所下降，表明流动资产利用效率略有降低，而总资产周转率略有提高。总的来说，2009年的营运能力比2008年提高了。

三、盈利能力分析

盈利能力见表8-11。

表8-11 盈利能力

项目	2008年度(1)	2009年度(2)	增减差异 (3)=(2)-(1)	增减比例 (4)=(3)/(1)
销售净利率	3.33%	3.38%	0.05%	1.5%
资产净利率	2.68%	2.83%	0.15%	5.60%
成本费用利润率	3.39%	3.42%	0.03%	0.88%
净资产报酬率	6.43%	6.52%	0.09%	1.40%

2009年的销售净利率比2008年增加0.05%，这表明公司在经营管理方面是有成效的。当然较高的销售净利率也可能是依靠较大的资产或资本的投入来维持的，还应结合企业运用资源的效率和投资报酬率来考虑。公司资产净利率较低，属于微利企业，资产净利率比2008年增加0.15%，公司成本费用利润率上升0.03%，企业经济效益有所提高，净资产报酬率比上一年增加0.09%，从这几个指标分析，说明该公司2009年的盈利能力较强。

总之，公司的获利能力较强，经济效益有所提高，经营管理有一定成效，表现为净资产报酬率、成本费用利润率、销售净利率都有所提高。公司对财务风险做了必要的控制，偿债压力有所减轻，短期偿债能力和长期偿债能力有所增强，融资渠道畅通，表现为流动比率、速动比率、现金比率都有所提高，资产负债率和产权比率较高。公司采取了有效的信用政策，抓住了产品市场需求特性，应收账款回款速度加快了，公司营运能力提高了，表现为应收账款周转率和总资产周转率有所提高。

对于公司存在的问题，建议采取以下措施加以解决。

(1) 对呆滞、积压的存货，在查明原因的基础上积极处理，不断挖掘内部潜力，提高存货的周转速度，以加速流动资金的周转。

(2) 公司要适当调整融资结构，防止过度运用负债经营给公司带来的财务风险，可请求投资者追加投资，以优化融资结构。同时，对负债内部结构也应做适当调整，增加长期负债比重，相对减少流动负债比重，以减轻公司短期偿债压力。

(3) 不断创新，增强公司的核心竞争力；提高产品的附加值，走出微利企业的怪圈。

进一步总结成功的经验，并加以推广，对出现的问题切不可掉以轻心，一定要及时解决。

贵州茅台财务分析报告

针对一家企业编制财务分析报告，至少要经过两个步骤。

步骤一，通过网络、报纸等媒体，查询贵州茅台(600519)2007年度的财务报告。

步骤二，根据财务分析的要求，对该公司2007年的偿债能力、盈利能力、营运能力、发展能力分别进行分析，然后进行杜邦财务分析，最后编制财务分析报告。

一、公司简介

主营业务：以茅台酒为龙头的酒类系列产品的生产与销售；饮料、食品、饲料、包装材料的生产与销售；防伪技术开发、生物工程、信息产业相关产品的研制与开发；资本运营及相关投资业务。

主要产品及市场：本公司年产贵州茅台酒不足4 000吨，在国内的销售全部由公司控股的销售公司进行。公司产品目前在国内的主要市场集中在山东、河南、辽宁、江苏、贵州，2000年，上述几个市场销售占本公司销售收入的37.41%。此外，本公司产品还出口到100多个国家和地区，产品出口主要是通过本公司下属进出口公司与贵州省粮油进出口公司共同进行，出口的品种主要是53度、43度、38度贵州茅台酒及部分陈年茅台酒，年创外汇收入近1 000万美元。

所属行业：酒精及饮料酒制造业

二、偿债能力分析

公司短期偿债能力分析见表8-12。

表8-12 短期偿债能力分析表

指标	2007-12-31	2006-12-31	五粮液(000858)
流动比率	3.44	1.99	3.34
速动比率	2.35	1.41	2.41

公司长期偿债能力分析见表8-13。

表 8-13　长期偿债能力分析表

指标	2007-12-31	2006-12-31	五粮液
资产负债率	20.15%	35.55%	16.81%
产权比率	25.65%	56.12%	20.33%

贵州茅台总体上各年都有很好的流动比率，2007年流动比率偏高，主要是未分配利润等股东权益较高造成的。

速动比率分析结果与流动比率类似，贵州茅台的流动比率、速动比率与行业平均值比较接近，基于这个理由可以认为贵州茅台的短期偿债能力也比较好。

实业性公司的资产负债率大多以不超过50%为好，我们认为贵州茅台的资产负债率是合适的，要优于行业平均值，而低于五粮液。

事实上在后面的筹资分析中可以看到，贵州茅台非流动负债非常少，几乎是没有的，所以公司目前不存在不能偿还长期债务的风险。

三、营运能力分析

公司营运能力分析见表 8-14。

表 8-14　营运能力分析表

指标	2007-12-31	2006-12-31	五粮液
应收账款周转率/天	126.14	87.53	1 122.92
存货周转率/次	0.41	0.41	2.04

存货的周转在酿酒行业属于较低水平，低于行业平均水平，在行业排名非常靠后。但由于酒有其本身与众不同的特点，茅台酒由于其独特的酱香型口感，必须经过5年陈酿才能出产品，且存放越久，品质越好，价值也越高。而五粮液属于浓香型白酒，浓香型白酒最快可以在15天酿成，制造周期要少于茅台，所以我们并不否定贵州茅台的存货周转率。

四、盈利能力分析

公司盈利能力分析见表 8-15。

表 8-15　贵州茅台盈利能力分析表

指标	2007-12-31	2006-12-31	五粮液
销售净利率	39.11%	31.5%	20.04%
资产报酬率	28.49%	17.24%	12.69%
股东权益报酬率	34.38%	25.51%	15.35%

贵州茅台拥有非常高的净资产收益率，在酿酒行业一直处于领先的位置，并且优于五粮液，而且呈现出非常好的逐年提高的走势，公司所有者可以得到很高的投资报酬率。

五、综合分析

杜邦分析如图 8.3 所示。

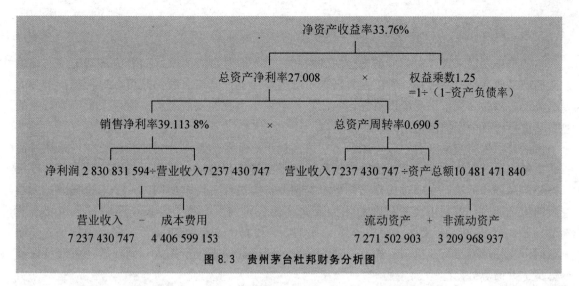

图8.3 贵州茅台杜邦财务分析图

偿债能力处于同行上游，财务指标现金比率为 2.235 5，相对于行业平均水平 0.316，显示出较强的短期偿债能力。另外，该公司的资产负债率为 20.15%，低于行业平均值，表明该公司在行业中有较强的长期偿债能力。公司存在较大付息压力，但偿债能力似乎有点过于安全，不能够充分利用资金给股东带来的收益；盈利能力在同行中处于领先水平，财务指标每股收益 3.00 元，相对于行业平均每股收益，表明公司收益状况良好。公司产品利润空间较大，成本优势明显；现金管理能力在同行中处于领先水平，财务指标每股营业现金流量1.85 元，与行业平均水平相比，公司经营活动有较强的获取现金能力。该报告期内公司实行偏紧的股利分配政策；成长能力处于行业中游，公司业务增长势头较好。公司维持固定资产较快的扩张速度。资产运营能力处于行业中游，资产周转率为 0.690 5。应收账款回款速度较快，但存货的流动性由于其产品特性比较低。

茅台公司的股权收益率近年来呈现不断上升的趋势，考虑到其营运资产收益率在上升的轨道中，若能合理运用大量货币资金，预计还有较大的上升空间。

长期负债合计为 0，短期负债、应付票据也为 0。从中可以看到，茅台公司具有很强的资金调配能力，各财务指标都显示出公司的财务环境可以给公司未来经营提供充足和稳健的资金支持，这有利于贵州茅台公司扩大战略选择的范围和战略实施良好完成，有利于公司业务的进一步发展，但同时这也是双刃剑。公司手中握有大量现金，投资收益低下，也超过了其自身投资发展的需要，因此拖累了公司的股权收益率，使得报告的净资产收益率掩盖了其经营的更强的盈利率。一个出色的管理层是应该懂得运用财务杠杆来为公司带来放大效应的。当筹资取得的资金带来的收益大于筹资所支付的成本时，管理层应采取行动来为股东带来更大的收益。从贵州茅台所公布的报告中可以看到，贵州茅台公司管理团队年龄偏大，在经营和管理上受政府政策干预而显保守，开拓市场能力不足。

公司的财务政策十分稳健，多年来很少使用金融负债筹资。但是必须指出，放弃使用金融负债，也降低了利息的税盾效应以及对净利润的放大效应。公司如果使用金融负债，收益率还可进一步上升。

公司由于其行业中的强势地位，因此可大量运用无成本的营运负债来提高公司的净营运资产收益率。营运负债对公司的净营运资产收益率具有很大的贡献。

公司的核心盈利指标营运资产收益率常年保持较高的水平，并呈现上升的趋势。

六、财务评价

从市场发展来看,白酒市场已经达到饱和,但人们对白酒的偏好随着经济情况的向好由低档产品向高档产品转移,所以在总需求下降的情况下,高档白酒仍然可以保持稳步上升的趋势。白酒的高端市场受经济情况影响较小,有稳步上升的发展态势。所以,投资该行业的高端市场还有一定的增值空间。

从公司战略布局来看,贵州茅台公司逐渐认识到茅台品牌对公司业绩的支撑,根据目前的市场情况着重建设专卖店营销网络项目,加强广告宣传力度,并积极组织产品打假,以维护公司品牌和形象。在通过提升品牌形象挖掘并扩大消费者需求的同时,公司也努力扩大白酒的生产能力,并利用现有品牌的优势兼并其他公司的生产能力开发新品牌扩大市场占有率。茅台公司2007年度生产能力达到一万吨,净利润比去年增加56%。综合销售收入、净利润等指标位居全行业第一。相信,随着茅台公司产能的进一步扩大,其业绩还将继续保持稳步上升的态势。

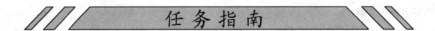

任务1 利用财务比率评价企业财务状况

(1)淮海公司财务比率见表8-16。

表8-16 淮海公司财务比率

财务比率	本公司	行业平均水平
流动比率	1.98	2
速动比率	1.25	1
资产负债率	61.9%	50%
存货周转率	7.89次	6次
应收账款周转率	6.74次	9次
销售净利率	2.72%	8%
销售毛利率	22.06%	20%
权益净利率	15.87%	10%
已获利息倍数	1.77倍	4倍

(2)与行业平均水平比较,该公司可能存在以下问题。

① 短期偿债能力尚可,但可能存在流动资产中应收账款占用过大,利用效果不好的问题。

② 存货利用效果较好,但应收账款管理存在问题。

③ 销售毛利率较高,但销售净利率较低,说明管理费用和利息支出过大,应加强管理。

④ 已获利息倍数较低,资产负债率较高,说明负债偏多,资本结构不尽合理。

任务2　运用杜邦分析法综合评价财务状况

（1）相关数据如下。

2009年营业净利率＝4.7％

2009年净利润＝4 300×4.7％＝202.1(万元)

2009年资产周转率＝4 300/〔(1 560＋1 430)÷2〕＝2.88(次)

2009年权益乘数＝2.39

2010年营业净利率＝2.6％

2010年净利润＝3 800×2.6％＝98.8(万元)

2010年资产周转率＝3 800/〔(1 695＋1 560)÷2〕＝2.33(次)

2010年权益乘数＝2.50

2009年净资产收益率＝4.7％×2.88×2.39＝32.35％

2010年净资产收益率＝2.6％×2.33×2.5＝15.15％

净资产收益率的总差异＝15.15％－32.35％＝－17.2％

分析如下。

营业净利率变动对净资产收益率的影响程度

$$(2.6％－4.7％)×2.88×2.39＝－14.45％$$

资产周转率变动对净资产收益率的影响程度

$$2.6％×(2.33－2.88)×2.39＝－3.42％$$

权益乘数变动对净资产收益率的影响程度

$$2.6％×2.33×(2.5－2.39)＝0.67％$$

营业净利率、资产周转率、权益乘数三因素变动对净资产收益率的影响程度

$$－14.45％＋(－3.42％)＋0.67％＝－17.2％$$

该公司净资产收益率比上年下降，主要是运用资产的获利能力下降，其资产周转率和营业净利率都在下降。总资产周转率下降的原因是平均收现期延长和存货周转率下降；营业净利率下降的原因是销售毛利率在下降。

（2）2010年的总资产1 695万元，2009年的总资产1 560万元。该公司总资产在增加，主要原因是存货和应收账款占用增加。2010年负债是筹资的主要来源，而且是流动负债。长期负债和所有者权益都没有增加，所有盈余都用于发放股利。

（3）扩大销售，降低进货成本、降低存货、降低应收账款，增加留存收益。

项目小结

财务分析与评价是以企业的财务报告等会计资料为基础，对企业的财务状况和经营成果进行分析和评价的一种方法。三大报表是财务分析的主要依据。财务分析和评价指标通常包括偿债能力、营运能力、盈利能力和发展能力四个方面，每一方面又包括若干具体指标。由于任何一类财务指标都具有相对片面性，都不能全面评价企业的财务状况和经营成果，只有

把各种指标和相关比率综合在一起进行系统分析，才能进行全面、客观、合理的评价。财务比率综合评分法和杜邦分析法是综合分析评价的两种常用方法。财务分析报告是以企业的财务报告等会计资料为基础，运用特定方法对企业的财务状况和经营成果进行分析和评价的一种书面报告性文件。

职业能力训练

一、单项选择题

1. 利息保障倍数（　　）。
   A. 大于 20% 为好　　　　　　　　B. 应等于 1
   C. 应等于 2　　　　　　　　　　　D. 至少应大于 1

2. 权益乘数是（　　）。
   A. 1÷(1－产权比率)　　　　　　　B. 1÷(1－资产负债率)
   C. 1－资产负债率　　　　　　　　D. 1－净资产收益率

3. 下列项目中不属于速动资产的有（　　）。
   A. 应收账款净额　　　　　　　　　B. 预付账款
   C. 存货　　　　　　　　　　　　　D. 其他应收款

4. 对企业而言，速动比率过高，会因占用现金及应收账款过多而（　　）。
   A. 减少财务风险　　　　　　　　　B. 增加企业的机会成本
   C. 提高流动资产的收益率　　　　　D. 增加财务风险

5. 现金营运指数小于 1（　　）。
   A. 说明收益质量不够好　　　　　　B. 说明营运资金减少了
   C. 说明收益质量比较好　　　　　　D. 说明取得收益增加了

6. 评价企业短期偿债能力强弱最苛刻的指标是（　　）。
   A. 已获利息倍数　　　　　　　　　B. 速动比率
   C. 流动比率　　　　　　　　　　　D. 现金比率

7. 某企业 2010 年年初与年末所有者权益分别为 250 万元和 400 万元，则资本保值增值率为（　　）。
   A. 62.5%　　　B. 160%　　　C. 60%　　　D. 40%

8. 一般认为，速动比率（　　）较合适。
   A. 为 1　　　B. 为 2　　　C. 在 20% 以上　　　D. 大于 1

9. 下列经济业务不会影响企业的流动比率的是（　　）。
   A. 赊购原材料　　　　　　　　　　B. 用现金购买短期债券
   C. 用存货对外进行长期投资　　　　D. 向银行办理短期借款

10. 某企业原流动比率等于 2，现取得一笔长期借款会使流动比率（　　）。
    A. 等于 2　　　B. 大于 2　　　C. 小于 2　　　D. 无法确定

二、多项选择题

1. 财务综合分析的方法主要有（　　）。
   A. 杜邦分析法　　　　　　　　　　B. 沃尔比重评分法

C. 趋势分析法　　　　　　　　　D. 因素分析法
2. 现金流量分析一般包括(　　)。
   A. 收益质量分析　　　　　　　B. 获取现金能力分析
   C. 财务弹性分析　　　　　　　D. 现金流量结构分析
3. 反映流动资产周转情况的指标有(　　)。
   A. 应收账款周转率　　　　　　B. 应收账款周转天数
   C. 流动资产周转率　　　　　　D. 存货周转天数
4. 存货周转速度快(　　)。
   A. 表明存货管理效率高　　　　B. 会增强企业短期偿债能力
   C. 会提高企业的获利能力　　　D. 会增加存货占用的资金
5. 财务分析的基本内容包括(　　)。
   A. 现金流量分析　　　　　　　B. 营运能力分析
   C. 盈利能力分析　　　　　　　D. 偿债能力分析
6. 影响应收账款周转率正确计算的因素主要有(　　)。
   A. 大量使用分期付款结算方式　B. 现金销售占比重较大
   C. 季节性经营　　　　　　　　D. 年末大量销售或年末销售幅度下降
7. 反映企业长期偿债能力的指标有(　　)。
   A. 产权比率　　　　　　　　　B. 资产负债率
   C. 总资产周转率　　　　　　　D. 利息保障倍数
8. 下列指标中数值越高，表明企业获利能力越强的有(　　)。
   A. 销售利润率　　　　　　　　B. 资产负债率
   C. 净资产收益率　　　　　　　D. 速动比率
9. 财务综合分析就是将(　　)分析纳入到一个有机的分析系统中。
   A. 营运能力　　B. 偿债能力　　C. 现金流量　　D. 盈利能力
10. 下列各项中，(　　)会降低企业的流动比率。
    A. 赊购存货　　　　　　　　　B. 应收账款大额减值
    C. 股利支付　　　　　　　　　D. 冲销坏账

三、判断题
1. 在采用因素分析法时，可任意颠倒顺序，其计算结果是相同的。（　）
2. 总资产利润率是反映企业获利能力的核心指标。（　）
3. 现金营运指数是经营净收益与净利润之比。（　）
4. 在杜邦分析体系中计算权益乘数时，资产负债率是用期末负债总额与期末资产总额来计算的。（　）
5. 现金比率用于分析企业的短期偿债能力，所以现金比率越大越好。（　）
6. 权益乘数的高低取决于企业的资金结构；资产负债率越高，权益乘数越高，财务风险越大。（　）
7. 已获利息倍数仅能反映企业对偿还到期债务的保证程度。（　）
8. 用来评价企业盈利能力的总资产报酬率指标中的"报酬"是指净利润。（　）
9. 资产负债率越低，产权比率越低。（　）
10. 在总资产净利率不变的情况下，资产负债率越高，净资产收益率越高。（　）

四、学习领域情境实训

【情境资料】

1. 已知 A 公司有关资料见表 8-17。

表 8-17 A 公司资产负债表

2009 年 12 月 31 日　　　　　　　　　　　　　　　　　　　　　　单位：万元

资产	年初	年末	负债及所有者权益	年初	年末
流动资产			流动负债合计	175	150
货币资金	50	45	长期负债合计	245	200
应收账款	60	90	负债合计	420	350
存货	92	144			
待摊费用	23	36			
流动资产合计	225	315	所有者权益合计	280	350
固定资产净值	475	385			
总计	700	700	总计	700	700

同时，该公司 2008 年度营业净利率为 16%，总资产周转率为 0.5 次（年末总资产），权益乘数为 2.5（年末数），净资产收益率为 20%（年末净资产），2009 年度主营业务收入净额为 420 万元，净利润为 63 万元。要求：

(1) 计算 2009 年年末的流动比率、速动比率、资产负债率、权益乘数。

(2) 计算 2009 年总资产周转率、销售净利率和净资产收益率（资产、净资产均按期末数计算）。

(3) 计算 2009 年产权比率、资本保值增值率。

(4) 通过因素分析法，结合已知资料和(1)、(2)分析销售净利率、总资产周转率和权益乘数变动对净资产收益率的影响（假设按此顺序分析）。

2. 已知某公司 2010 年会计报表的有关资料见表 8-18。

表 8-18　某公司 2010 年会计报表　　　　　　　　　　　　　　　　单位：万元

资产负债表项目	年初数	年末数
资产	8 000	10 000
负债	4 500	6 000
所有者权益	3 500	4 000
利润表项目	上年数	本年数
主营业务收入净额	（略）	20 000
净利润	（略）	500

要求：

(1) 计算杜邦财务分析体系中的下列指标（凡计算指标涉及资产负债表项目数据的，均按平均数计算）：①净资产收益率；②总资产净利率（保留三位小数）；③主营业务净利率；

④总资产周转率(保留三位小数);⑤权益乘数。

(2)用文字列出净资产收益率与上述其他各指标之间的关系式,并用本题数据加以验证。

3. 某公司2011年度简化资产负债表见表8-19。

表8-19 ××公司资产负债表

2011年12月31日　　　　　　　　　　　　　　　　　　　单位:万元

资产		负债及所有者权益	
货币资金	50	应付账款	100
应收账款		长期负债	
存货		实收资本	100
固定资产		留存收益	100
资产合计		负债及所有者权益合计	

其他有关财务指标如下。

(1)长期负债与所有者权益之比:0.5。

(2)销售毛利率:10%。

(3)存货周转率(存货按年末数计算):9次。

(4)平均收账期(应收账款按年末数计算,一年按360天计算):18天。

(5)总资产周转率(总资产按年末数计算):2.5次。

要求:利用上述资料,填充资产负债表的空白部分,并列示所填数据的计算过程。

4. 某公司只生产一种产品,现着手预测新的流动资金需求,需要建立2009年12月31日的预计资产负债表,2009年预计销售额为200万元,行业平均的财务比率如下:流动比率为2.2,自有资金利润率为25%,产权比率为0.8,销售净利率为5%,短期负债与所有者权益之比为1:2,应收账款与销售额之比为1:10,速动比率为1.2。要求:

(1)以行业平均财务比率为依据,填列预计资产负债表(简易)(表8-20)各项目金额。

(2)如该年股利支付率为30%,计算2009年留存收益及股东投入资本为多少?

(3)计算该公司预计资产负债率、权益乘数、资产净利润率。

表8-20 资产负债表(简易)

单位:万元

项目	金额	项目	金额
现金		流动负债	
应收账款		长期负债	
存货		负债合计	
流动资产小计		所有者权益	
固定资产			
资产总计		负债及所有者权益合计	

5. 甲公司 2008 年简化比较资产负债表见表 8-21。

表 8-21 甲公司 2008 年简化比较资产负债表

单位：万元

资产项目	2001 年	2002 年	负债所有者权益	2001 年	2002 年
现金	15	27	流动负债	63	66
应收账款	63	70	长期负债	20	20
存货	165	155	股本	100	100
固定资产净值	50	70	留存收益	117	136
资产总额	300	322	负债与所有者权益合计	300	322

2008 年利润表部分数据：销售收入 1 160 万元，销售成本 719 万元，息税前利润 130 万元，净利利润 85.8 万元。要求：

(1) 计算甲公司 2008 年下列比率指标：流动比率、速动比率、存货周转率、总资产周转率、总资产报酬率、销售净利率、权益乘数、自有资金利润率。（小数点后保留两位）

(2) 如果甲公司 2007 年销售净利率、总资产周转率、权益乘数分别为 4.8%、3.23、1.38。判断下列说法正确的有（　　）。

　　A. 2008 年的自有资金利润率为 21.4%

　　B. 2008 年自有资金利润率比上年提高主要是由于公司经营盈利能力和资金营运能力提高所致

　　C. 2008 年权益乘数比上年下降，意味着公司经营风险降低

　　D. 2008 年甲公司财务状况更趋于稳健

6. 淮海公司有关资料见表 8-22。

表 8-22 资产负债表（简表）

2008 年 12 月 31 日　　　　　　　　　　　　　　　　单位：万元

资产	年初数	年末数	负债及所有者权益	年初数	年末数
现金	155	180	应付票据	168	172
应收账款	672	653	应付账款	258	280
存货	483	536	其他流动负债	234	259
流动资产总额	1 310	1 369	长期负债	513	550
固定资产总额	585	620	股东权益	722	728
资产总计	1 895	1 989	负债及所有者权益总计	1 895	1 989

淮海公司 2008 年度销售收入 3 835 万元，净利润 215 万元。

要求：根据上述资料，分析并回答下列问题。

(1) 运用杜邦分析法对淮海公司进行综合分析。

(2) 如何评价淮海公司的经营状况？

7. 淮海公司 2008 年年末的财务报表及其行业的比率分别见表 8-23、表 8-24。

表 8-23 资产负债表(简表)

2008 年 12 月 31 日　　　　　　　　　　　　　　　　单位：千元

资产	金额	负债及所有者权益	金额
现金	8 143	应付账款	54 449
应收账款	5 596	应付票据	7 711
存货	148 554	其他流动负债	28 823
其他流动资产	11 608	长期负债	103 662
固定资产净值	132 609	递延所得税负债	20 347
		股东权益	91 518
资产总计	306 510	负债及所有者权益总计	306 510

表 8-24 利润表(简表)

2008 年度　　　　　　　　　　　　　　　　　　　　单位：千元

项目	金额
销售收入净值	761 734
销货成本	550 930
营业毛利	210 804
销售及管理费用	156 070
营业利润	54 734
利息费用	15 245
税前利润	39 489
所得税	9 872.25
净利润	29 616.75

行业比率：

流动比率(2.0)；速动比率(0.5)；应收款平均收款期(12 天)；存货周转率(4.0)；固定资产周转率(8.0)；资产周转率(3.2)；已获利息保障倍数(3.0)；销售净利率(3.33%)；资产报酬率(10.6%)；权益报酬率(18.4%)。要求：

(1) 计算公司与行业相对应的比率，将它们与行业比率作比较，分析哪些比率强于或弱于行业平均水平？

(2) 给出总的分析结论，写出财务分析报告。

【实训要求】

将全班同学分成 8 个小组，每组推选一名同学担任组长，共同进行方案的决策。完成任务后，各组相互交流心得，同时安排 1~2 名同学作典型发言。最后，老师对各组工作方案实施进行点评，并给予相应的成绩评定，另外，各小组也相互给出成绩评定。

附录 资金时间价值系数表

附表一 1元复利终值表

期数	1%	2%	3%	4%	5%	6%	7%	8%	9%	10%
1	1.010 0	1.020 0	1.030 0	1.040 0	1.050 0	1.060 0	1.070 0	1.080 0	1.090 0	1.100 0
2	1.020 1	1.040 4	1.060 9	1.081 6	1.102 5	1.123 6	1.144 9	1.166 4	1.188 1	1.210 0
3	1.030 3	1.061 2	1.092 7	1.124 9	1.157 6	1.191 0	1.225 0	1.259 7	1.295 0	1.331 0
4	1.040 6	1.082 4	1.125 5	1.169 9	1.215 5	1.262 5	1.310 8	1.360 5	1.411 6	1.464 1
5	1.051 0	1.104 1	1.159 3	1.216 7	1.276 3	1.338 2	1.402 6	1.469 3	1.538 6	1.610 5
6	1.061 5	1.126 2	1.194 1	1.265 3	1.340 1	1.418 5	1.500 7	1.580 9	1.677 1	1.771 6
7	1.072 1	1.148 7	1.229 9	1.315 9	1.407 1	1.503 6	1.605 8	1.713 8	1.828 0	1.948 7
8	1.082 9	1.171 7	1.266 8	1.368 6	1.477 5	1.593 8	1.718 2	1.850 9	1.992 6	2.143 6
9	1.093 7	1.195 1	1.304 8	1.423 3	1.551 3	1.689 9	1.838 5	1.999 0	2.171 9	2.357 9
10	1.104 6	1.219 0	1.343 9	1.480 2	1.628 9	1.790 8	1.967 2	2.158 9	2.367 4	2.593 7
11	1.115 7	1.243 4	1.384 2	1.539 5	1.710 3	1.898 3	2.104 9	2.331 6	2.580 4	2.853 1
12	1.126 8	1.268 2	1.425 8	1.601 0	1.795 9	2.012 2	2.252 2	2.518 2	2.812 7	3.138 4
13	1.138 1	1.293 6	1.468 5	1.665 1	1.885 6	2.132 9	2.409 8	2.719 6	3.065 8	3.452 3
14	1.149 5	1.319 5	1.512 6	1.731 7	1.979 9	2.260 9	2.578 5	2.937 2	3.341 7	3.797 5
15	1.161 0	1.345 9	1.558 0	1.800 9	2.078 9	2.396 6	2.759 0	3.172 2	3.642 5	4.177 2
16	1.172 6	1.372 8	1.604 7	1.873 0	2.182 9	2.540 4	2.952 2	3.425 9	3.970 3	4.595 0
17	1.184 3	1.400 2	1.652 8	1.947 9	2.292 0	2.692 8	3.158 8	3.700 0	4.327 6	5.054 5
18	1.196 1	1.428 2	1.702 4	2.025 8	2.106 6	2.854 3	3.379 9	3.996 0	4.717 1	5.559 9
19	1.208 1	1.456 8	1.753 5	2.106 8	2.527 0	3.025 6	3.616 5	4.315 7	5.141 7	6.115 9
20	1.220 2	1.485 9	1.806 1	2.191 1	2.653 3	3.207 1	3.869 7	4.661 0	5.604 4	6.727 5
21	1.232 4	1.515 7	1.860 3	2.278 8	2.786 0	3.399 6	4.140 6	5.033 8	6.108 8	7.400 2
22	1.244 7	1.546 0	1.916 1	2.369 9	2.925 3	3.603 5	4.430 4	5.436 5	6.658 6	8.140 3
23	1.257 2	1.576 9	1.973 6	2.464 7	3.071 5	3.819 7	4.740 5	5.871 5	7.257 9	8.254 3
24	1.269 7	1.608 4	2.032 8	2.563 3	3.225 1	4.048 9	5.072 4	6.341 2	7.911 1	9.849 7
25	1.282 4	1.640 6	2.093 8	2.665 8	3.386 4	4.291 9	5.427 4	6.848 5	8.623 1	10.835
26	1.295 3	1.673 4	2.156 6	2.772 5	3.555 7	4.549 4	5.807 4	7.396 4	9.399 2	11.918
27	1.308 2	1.706 9	2.221 3	2.883 4	3.733 5	4.822 3	6.213 9	7.988 1	10.245	13.110
28	1.321 3	1.741 0	2.287 9	2.998 7	3.920 1	5.111 7	6.648 8	8.627 1	11.167	14.421
29	1.334 5	1.775 8	2.356 6	3.118 7	4.116 1	5.418 4	7.114 3	9.317 3	12.172	15.863
30	1.347 8	1.811 4	2.427 3	3.243 4	4.321 9	5.743 5	7.612 3	10.063	13.268	17.449
40	1.488 9	2.208 0	3.262 0	4.801 0	7.040 0	10.286	14.794	21.725	31.408	45.259
50	1.644 6	2.691 6	4.383 9	7.106 7	11.467	18.420	29.457	46.902	74.358	117.39
60	1.816 7	3.281 0	5.891 6	10.520	18.679	32.988	57.946	101.26	176.03	304.48

附录 资金时间价值系数表

续表

期数	12%	14%	15%	16%	18%	20%	24%	28%	32%	36%
1	1.120 0	1.140 0	1.150 0	1.160 0	1.180 0	1.200 0	1.240 0	1.280 0	1.320 0	1.360 0
2	1.254 4	1.299 6	1.322 5	1.345 6	1.392 4	1.440 0	1.537 6	1.638 4	1.742 4	1.849 6
3	1.404 9	1.481 5	1.520 9	1.560 9	1.643 0	1.728 0	1.906 6	2.087 2	2.300 0	2.515 5
4	1.573 5	1.689 0	1.749 0	1.810 6	1.938 8	2.073 6	2.364 2	2.684 4	3.036 0	3.421 0
5	1.762 3	1.925 4	2.011 4	2.100 3	2.287 8	2.488 3	2.931 6	3.436 0	4.007 5	4.652 6
6	1.973 8	2.195 0	2.313 1	2.436 4	2.699 6	2.986 0	3.635 2	4.398 0	5.289 9	6.327 5
7	2.210 7	2.502 3	2.660 0	2.826 2	3.185 5	3.583 2	4.507 7	5.629 5	6.982 6	8.605 4
8	2.476 0	2.852 6	3.059 0	3.278 4	3.758 9	4.299 8	5.589 5	7.205 8	9.217 0	11.703
9	2.773 1	3.251 9	3.517 9	3.803 0	4.435 5	5.159 8	6.931 0	9.223 4	12.166	15.917
10	3.105 8	3.707 2	4.045 6	4.411 4	5.233 8	6.191 7	8.594 4	11.806	16.060	21.647
11	3.478 5	4.226 2	4.652 4	5.117 3	6.175 9	7.430 1	10.657	15.112	21.199	29.439
12	3.896 0	4.817 9	5.350 3	5.936 0	7.287 6	8.916 1	13.215	19.343	27.983	40.037
13	4.363 5	5.492 4	6.152 8	6.885 8	8.599 4	10.699	16.386	24.759	36.937	54.451
14	4.887 1	6.261 3	7.075 7	7.987 5	10.147	12.839	20.319	31.691	48.757	74.053
15	5.473 6	7.137 9	8.137 1	9.265 5	11.974	15.407	25.196	40.565	64.359	100.71
16	6.130 4	8.137 2	9.357 6	10.748	14.129	18.488	31.243	51.923	84.954	136.97
17	6.866 0	9.276 5	10.761	12.468	16.672	22.186	38.741	66.461	112.14	186.28
18	7.690 0	10.575	12.375	14.463	19.673	26.623	48.039	86.071	148.02	253.34
19	8.612 8	12.056	14.232	16.777	23.214	31.948	59.568	108.89	195.39	344.54
20	9.646 3	13.743	16.367	19.461	27.393	38.338	73.864	139.38	257.92	468.57
21	10.804	15.668	18.822	22.574	32.324	46.005	91.592	178.41	340.45	637.26
22	12.100	17.861	21.645	26.186	38.142	55.206	113.57	228.36	449.39	866.67
23	13.552	20.362	24.891	30.376	45.008	66.247	140.83	292.30	593.20	1 178.7
24	15.179	23.212	28.625	35.236	53.109	79.497	174.63	374.14	783.02	1 603.0
25	17.000	26.462	32.919	40.874	62.669	95.396	216.54	478.90	1 033.6	2 180.1
26	19.040	30.167	37.857	47.414	73.949	114.48	268.51	613.00	1 364.3	2 964.9
27	21.325	34.390	43.535	55.000	87.260	137.37	332.95	784.64	1 800.9	4 032.3
28	23.884	39.204	50.066	63.800	102.97	164.84	412.86	1 004.3	2 377.2	5 483.9
29	26.750	44.693	57.575	74.009	121.50	197.81	511.95	1 285.6	3 137.9	7 458.1
30	29.960	50.950	66.212	85.850	143.37	237.38	634.82	1 645.5	4 142.1	10 143.
40	93.051	188.83	267.86	378.72	750.38	1 469.8	5 455.9	19 427	66 521	*
50	289.00	700.23	1 083.7	1 670.7	3 927.4	9 100.4	46 890	*	*	*
60	897.60	2 595.9	4 384.0	7 370.2	20 555.	56 348.	*	*	*	*

215

附表二 1元复利现值表

期数	1%	2%	3%	4%	5%	6%	7%	8%	9%	10%
1	0.990 1	0.980 4	0.970 9	0.961 5	0.952 4	0.943 4	0.934 6	0.925 9	0.917 4	0.909 1
2	0.980 3	0.971 2	0.942 6	0.924 6	0.907 0	0.890 0	0.873 4	0.857 3	0.841 7	0.826 4
3	0.970 6	0.942 3	0.915 1	0.889 0	0.863 8	0.839 6	0.816 3	0.793 8	0.772 2	0.751 3
4	0.961 0	0.923 8	0.888 5	0.854 8	0.822 7	0.792 1	0.762 9	0.735 0	0.708 4	0.683 0
5	0.951 5	0.905 7	0.862 6	0.821 9	0.783 5	0.747 3	0.713 0	0.680 6	0.649 9	0.620 9
6	0.942 0	0.888 0	0.837 5	0.790 3	0.746 2	0.705 0	0.666 3	0.630 2	0.596 3	0.564 5
7	0.932 7	0.860 6	0.813 1	0.759 9	0.710 7	0.665 1	0.622 7	0.583 5	0.547 0	0.513 2
8	0.923 5	0.853 5	0.787 4	0.730 7	0.676 8	0.627 4	0.582 0	0.540 3	0.501 9	0.466 5
9	0.914 3	0.836 8	0.766 4	0.702 6	0.644 6	0.591 9	0.543 9	0.500 2	0.460 4	0.424 1
10	0.905 3	0.820 3	0.744 1	0.675 6	0.613 9	0.558 4	0.508 3	0.463 2	0.422 4	0.385 5
11	0.896 3	0.804 3	0.722 4	0.649 6	0.584 7	0.526 8	0.475 1	0.428 9	0.387 5	0.350 5
12	0.887 4	0.788 5	0.701 4	0.624 6	0.556 8	0.497 0	0.444 0	0.397 1	0.355 5	0.318 6
13	0.878 7	0.773 0	0.681 0	0.600 6	0.530 3	0.468 8	0.415 0	0.367 7	0.326 2	0.289 7
14	0.870 0	0.757 9	0.661 1	0.577 5	0.505 1	0.442 3	0.387 8	0.340 5	0.299 2	0.263 3
15	0.861 3	0.743 0	0.641 9	0.555 3	0.481 0	0.417 3	0.362 4	0.315 2	0.274 5	0.239 4
16	0.852 8	0.728 4	0.623 2	0.533 9	0.458 1	0.393 6	0.338 7	0.291 9	0.251 9	0.217 6
17	0.844 4	0.714 2	0.605 0	0.513 4	0.436 3	0.371 4	0.316 6	0.270 3	0.231 1	0.197 8
18	0.836 0	0.700 2	0.587 4	0.493 6	0.415 5	0.350 3	0.295 9	0.250 2	0.212 0	0.179 9
19	0.827 7	0.686 4	0.570 3	0.474 6	0.395 7	0.330 5	0.276 5	0.231 7	0.194 5	0.163 5
20	0.819 5	0.673 0	0.553 7	0.456 4	0.376 9	0.311 8	0.258 4	0.214 5	0.178 4	0.148 6
21	0.811 4	0.659 8	0.537 5	0.438 8	0.358 9	0.294 2	0.241 5	0.198 7	0.163 7	0.135 1
22	0.803 4	0.646 8	0.521 9	0.422 0	0.341 8	0.277 5	0.225 7	0.183 9	0.150 2	0.122 8
23	0.795 4	0.634 2	0.506 7	0.405 7	0.325 6	0.261 8	0.210 9	0.170 3	0.137 8	0.111 7
24	0.787 6	0.621 7	0.491 9	0.390 1	0.310 1	0.247 0	0.197 1	0.157 7	0.126 4	0.101 5
25	0.779 8	0.609 5	0.477 6	0.375 1	0.295 3	0.233 0	0.184 2	0.146 0	0.116 0	0.092 3
26	0.772 0	0.597 6	0.463 7	0.360 4	0.281 2	0.219 8	0.172 2	0.135 2	0.106 4	0.083 9
27	0.764 4	0.585 9	0.450 2	0.346 8	0.267 8	0.207 4	0.160 9	0.125 2	0.097 6	0.076 3
28	0.756 8	0.574 4	0.437 1	0.333 5	0.255 1	0.195 6	0.150 4	0.115 9	0.089 5	0.069 3
29	0.749 3	0.563 1	0.424 3	0.320 7	0.242 9	0.184 6	0.140 6	0.107 3	0.082 2	0.063 0
30	0.741 9	0.552 1	0.412 0	0.308 3	0.231 4	0.174 1	0.131 4	0.099 4	0.075 4	0.057 3
35	0.705 9	0.500 0	0.355 4	0.253 4	0.181 3	0.130 1	0.093 7	0.067 6	0.049 0	0.035 6
40	0.671 7	0.452 9	0.306 6	0.208 3	0.142 0	0.097 2	0.066 8	0.046 0	0.031 8	0.022 1
45	0.649 1	0.410 2	0.264 4	0.171 2	0.111 3	0.072 7	0.047 6	0.031 3	0.020 7	0.013 7
50	0.608 0	0.371 5	0.228 1	0.140 7	0.087 2	0.054 3	0.033 9	0.021 3	0.013 4	0.008 5
55	0.578 5	0.336 5	0.196 8	0.115 7	0.068 3	0.040 6	0.024 2	0.014 5	0.008 7	0.005 3

续表

期数	12%	14%	15%	16%	18%	20%	24%	28%	32%	36%
1	0.892 9	0.877 2	0.869 6	0.862 1	0.847 5	0.833 3	0.806 5	0.781 3	0.757 6	0.735 3
2	0.797 2	0.769 5	0.756 1	0.743 2	0.718 2	0.694 4	0.650 4	0.610 4	0.573 9	0.540 7
3	0.711 8	0.675 0	0.657 5	0.640 7	0.608 6	0.578 7	0.524 5	0.476 8	0.434 8	0.397 5
4	0.635 5	0.592 1	0.571 8	0.552 3	0.515 8	0.482 3	0.423 0	0.372 5	0.329 4	0.292 3
5	0.567 4	0.519 4	0.497 2	0.476 2	0.437 1	0.401 9	0.341 1	0.291 0	0.249 5	0.214 9
6	0.506 6	0.455 6	0.432 3	0.410 4	0.370 4	0.334 9	0.275 1	0.227 4	0.189 0	0.158 0
7	0.452 3	0.399 6	0.375 9	0.353 8	0.313 9	0.279 1	0.221 8	0.177 6	0.143 2	0.116 2
8	0.403 9	0.350 6	0.326 9	0.305 0	0.266 0	0.232 6	0.178 9	0.138 8	0.108 5	0.085 4
9	0.360 6	0.307 5	0.284 3	0.263 0	0.225 5	0.193 8	0.144 3	0.108 4	0.082 2	0.062 8
10	0.322 0	0.269 7	0.247 2	0.226 7	0.191 1	0.161 5	0.116 4	0.084 7	0.062 3	0.046 2
11	0.287 5	0.236 6	0.214 9	0.195 4	0.161 9	0.134 6	0.093 8	0.066 2	0.047 2	0.034 0
12	0.256 7	0.207 6	0.186 9	0.168 5	0.137 3	0.112 2	0.055 7	0.051 7	0.035 7	0.025 0
13	0.229 2	0.182 1	0.162 5	0.145 2	0.116 3	0.093 5	0.061 0	0.040 4	0.027 1	0.018 4
14	0.204 6	0.159 7	0.141 3	0.125 2	0.098 5	0.077 9	0.049 2	0.031 6	0.020 5	0.013 5
15	0.182 7	0.140 1	0.122 9	0.107 9	0.083 5	0.064 9	0.039 7	0.024 7	0.015 5	0.009 9
16	0.163 1	0.122 9	0.106 9	0.098 0	0.070 9	0.054 1	0.032 0	0.019 3	0.011 8	0.007 3
17	0.145 6	0.107 8	0.092 9	0.080 2	0.060 0	0.045 1	0.025 9	0.015 0	0.008 9	0.005 4
18	0.130 0	0.094 6	0.080 8	0.069 1	0.050 8	0.037 6	0.020 8	0.011 8	0.006 8	0.003 9
19	0.116 1	0.082 9	0.070 3	0.059 6	0.043 1	0.031 3	0.016 8	0.009 2	0.005 1	0.002 9
20	0.103 7	0.072 8	0.061 1	0.051 4	0.036 5	0.026 1	0.013 5	0.007 2	0.003 9	0.002 1
21	0.092 6	0.063 8	0.053 1	0.044 3	0.030 9	0.021 7	0.010 9	0.005 6	0.002 9	0.001 6
22	0.082 6	0.056 0	0.046 2	0.038 2	0.026 2	0.018 1	0.008 8	0.004 4	0.002 2	0.001 2
23	0.073 8	0.049 1	0.040 2	0.032 9	0.022 2	0.015 1	0.007 1	0.003 4	0.001 7	0.000 8
24	0.065 9	0.043 1	0.034 9	0.028 4	0.018 8	0.012 6	0.005 7	0.002 7	0.001 3	0.000 6
25	0.058 8	0.037 8	0.030 4	0.024 5	0.016 0	0.010 5	0.004 6	0.002 1	0.001 0	0.000 5
26	0.052 5	0.033 1	0.026 4	0.021 1	0.013 5	0.008 7	0.003 7	0.001 6	0.000 7	0.000 3
27	0.046 9	0.029 1	0.023 0	0.018 2	0.011 5	0.007 3	0.003 0	0.001 3	0.000 6	0.000 2
28	0.041 9	0.025 5	0.020 0	0.015 7	0.009 7	0.006 1	0.002 4	0.001 0	0.000 4	0.000 2
29	0.037 4	0.022 4	0.017 4	0.013 5	0.008 2	0.005 1	0.002 0	0.000 8	0.000 3	0.000 1
30	0.033 4	0.019 6	0.015 1	0.011 6	0.007 0	0.004 2	0.001 6	0.000 6	0.000 2	0.000 1
35	0.018 9	0.010 2	0.007 5	0.005 5	0.003 0	0.001 7	0.000 5	0.000 2	0.000 1	*
40	0.010 7	0.005 3	0.003 7	0.002 6	0.001 3	0.000 7	0.000 2	0.000 1	*	*
45	0.006 1	0.002 7	0.001 9	0.001 3	0.000 6	0.000 3	0.000 1	*	*	*
50	0.003 5	0.001 4	0.000 9	0.000 6	0.000 3	0.000 1	*	*	*	*
55	0.002 0	0.000 7	0.000 5	0.000 3	0.000 1	*	*	*	*	*

附表三　1元年金终值表

期数	1%	2%	3%	4%	5%	6%	7%	8%	9%	10%
1	1.000 0	1.000 0	1.000 0	1.000 0	1.000 0	1.000 0	1.000 0	1.000 0	1.000 0	1.000 0
2	2.010 0	2.020 0	2.030 0	2.040 0	2.050 0	2.060 0	2.070 0	2.080 0	2.090 0	2.100 0
3	3.030 1	3.060 4	3.090 9	3.121 6	3.152 5	3.183 6	3.214 9	3.246 4	3.278 1	3.310 0
4	4.060 4	4.121 6	4.183 6	4.246 5	4.310 1	4.374 6	4.439 9	4.506 1	4.573 1	4.641 0
5	5.101 0	5.204 0	5.309 1	5.416 3	5.525 6	5.637 1	5.750 7	5.866 6	5.984 7	6.105 1
6	6.152 0	6.308 1	6.468 4	6.633 0	6.801 9	6.975 3	7.153 3	7.335 9	7.523 3	7.715 6
7	7.213 5	7.434 3	7.662 5	7.898 3	8.142 0	8.393 8	8.654 0	8.922 8	9.200 4	9.487 2
8	8.285 7	8.583 0	8.892 3	9.214 2	9.549 1	9.897 5	10.260	10.637	11.028	11.436
9	9.368 5	9.754 6	10.159	10.583	11.027	11.491	11.978	12.488	13.021	13.579
10	10.462	10.950	11.464	12.006	12.578	13.181	13.816	14.487	15.193	15.937
11	11.567	12.169	12.808	13.486	14.207	14.972	15.784	16.645	17.560	18.531
12	12.683	13.412	14.192	15.026	15.917	16.870	17.888	18.977	20.141	21.384
13	13.809	14.680	15.618	16.627	17.713	18.882	20.141	21.495	22.953	24.523
14	14.947	15.974	17.086	18.292	19.599	21.015	22.550	24.214	26.019	27.975
15	16.097	17.293	18.599	20.024	21.579	23.276	25.129	27.152	29.361	31.772
16	17.258	18.639	20.157	21.825	23.657	25.673	27.888	30.324	33.003	35.950
17	18.430	20.012	21.762	23.698	25.840	28.213	30.840	33.750	36.974	40.545
18	19.615	21.412	23.414	25.645	28.132	30.906	33.999	37.450	41.301	45.599
19	20.811	22.841	25.117	27.671	30.539	33.760	37.379	41.446	46.018	51.159
20	22.019	24.297	26.870	29.778	33.066	36.786	40.995	45.752	51.160	57.275
21	23.239	25.783	28.676	31.969	35.719	39.993	44.865	50.423	56.765	64.002
22	24.472	27.299	30.537	34.248	38.505	43.392	49.006	55.457	62.873	71.403
23	25.716	28.845	32.453	36.618	41.430	46.996	53.436	60.883	69.532	79.543
24	26.973	30.422	34.426	39.083	44.502	50.816	58.177	66.765	76.790	88.497
25	28.243	32.030	36.459	41.646	47.727	54.863	63.249	73.106	84.701	98.347
26	29.526	33.671	38.553	44.312	51.113	59.156	68.676	79.954	93.324	109.18
27	30.821	35.344	40.710	47.084	54.669	63.706	74.484	87.351	102.72	121.10
28	32.129	37.051	42.931	49.968	58.403	68.528	80.698	95.339	112.97	134.21
29	33.450	38.792	45.219	52.966	62.323	73.640	87.347	103.97	124.14	148.63
30	34.785	40.568	47.575	56.085	66.439	79.058	94.461	113.28	136.31	164.49
40	48.886	60.402	75.401	95.026	120.80	154.76	199.64	259.06	337.88	442.59
50	64.463	84.579	112.80	152.67	209.35	290.34	406.53	573.77	815.08	1 163.9
60	81.670	114.05	163.05	237.99	353.58	533.13	813.52	1 253.2	1 944.8	3 034.8

附录　资金时间价值系数表

续表

期数	12%	14%	15%	16%	18%	20%	24%	28%	32%	36%
1	1.000 0	1.000 0	1.000 0	1.000 0	1.000 0	1.000 0	1.000 0	1.000 0	1.000 0	1.000 0
2	2.120 0	2.140 0	2.150 0	2.160 0	2.180 0	2.200 0	2.240 0	2.280 0	2.320 0	2.360 0
3	3.374 4	3.439 6	3.472 5	3.505 6	3.572 4	3.640 0	3.777 6	3.918 4	3.062 4	3.209 6
4	4.779 3	4.921 1	4.993 4	5.066 5	5.215 4	5.368 0	5.684 2	6.015 6	6.362 4	6.725 1
5	6.352 8	6.610 1	6.742 4	6.877 1	7.154 2	7.441 6	8.048 4	8.699 9	9.398 3	10.146
6	8.115 2	8.535 5	8.753 7	8.977 5	9.442 0	9.929 9	10.980	12.136	13.406	14.799
7	10.089	10.730	11.067	11.414	12.142	12.916	14.615	16.534	18.696	21.126
8	12.300	13.233	13.727	14.240	15.327	16.499	19.123	22.163	25.678	29.732
9	14.776	16.085	16.786	17.519	19.086	20.799	24.712	29.369	34.895	41.435
10	17.549	19.337	20.304	21.321	23.521	25.959.	31.643	38.593	47.062	57.352
11	20.655	23.045	24.349	25.733	28.755	32.150	40.238	50.398	63.122	78.998
12	24.133	27.271	29.002	30.850	34.931	39.581	50.895	65.510	84.320	108.44
13	28.029	32.089	34.352	36.786	42.219	48.497	64.110	84.853	112.30	148.47
14	32.393	37.581	40.505	43.672	50.818	59.196	80.496	109.61	149.24	202.93
15	37.280	43.842	47.580	51.660	60.965	72.035	100.82	141.30	198.00	276.98
16	42.753	50.980	55.717	60.925	72.939	87.442	126.01	181.87	262.36	377.69
17	48.884	59.118	65.075	71.673	87.068	105.93	157.25	233.79	347.31	514.66
18	55.750	68.394	75.836	84.141	103.74	128.12	195.99	300.25	459.45	770.94
19	63.440	78.969	88.212	98.603	123.41	154.74	244.03	385.32	607.47	954.28
20	72.052	91.025	102.44	115.38	146.63	186.69	303.60	494.21	802.86	1 298.8
21	81.699	104.77	118.81	134.84	174.02	225.03	377.46	633.59	1 060.8	1 767.4
22	92.503	120.44	137.63	157.41	206.34	271.03	469.06	812.00	1 401.2	2 404.7
23	104.60	138.30	159.28	183.60	244.49	326.24	582.63	1 040.4	1 850.6	3 271.3
24	118.16	158.66	184.17	213.98	289.49	392.48	723.46	1 332.7	2 443.8	4 450.0
25	133.33	181.87	212.79	249.21	342.60	471.98	898.09	1 706.8	3 226.8	6 053.0
26	150.33	208.33	245.71	290.09	405.27	567.38	1 114.6	2 185.7	4 260.4	8 233.1
27	169.37	238.50	283.57	337.50	479.22	681.85	1 383.1	2 798.7	5 624.8	11 198.0
28	190.70	272.89	327.10	392.50	566.48	819.22	1 716.1	3 583.3	7 425.7	15 230.3
29	214.58	312.09	377.17	456.30	669.45	984.07	2 129.0	4 587.7	9 802.9	20 714.2
30	241.33	356.79	434.75	530.31	790.95	1 181.9	2 640.9	5 873.2	12 941.	28 172.3
40	767.09	1 342.0	1 779.1	2 360.8	4 163.2	7 343.2	2 729.0	69 377.	*	*
50	2 400.0	4 994.5	7 217.7	10 436.	21 813.	45 497.	*	*	*	*
60	7 471.6	18 535.	29 220.	46 058.	*	*	*	*	*	*

附表四 1元年金现值表

期数	1%	2%	3%	4%	5%	6%	7%	8%	9%
1	0.990 1	0.980 4	0.970 9	0.961 5	0.952 4	0.943 4	0.934 6	0.925 9	0.917 4
2	1.970 4	1.941 6	1.913 5	1.886 1	1.859 4	1.833 4	1.808 0	1.783 3	1.759 1
3	2.941 0	2.883 9	2.828 6	2.775 1	2.723 2	2.673 0	2.624 3	2.577 1	2.531 3
4	3.902 0	3.807 7	3.717 1	3.629 9	3.546 0	3.465 1	3.387 2	3.312 1	3.239 7
5	4.853 4	4.713 5	4.579 7	4.451 8	4.329 5	4.212 4	4.100 2	3.992 7	3.889 7
6	5.795 5	5.601 4	5.417 2	5.242 1	5.075 7	4.917 3	4.766 5	4.622 9	4.485 9
7	6.728 2	6.472 0	6.230 3	6.002 1	5.786 4	5.582 4	5.389 3	5.206 4	5.033 0
8	7.651 7	7.325 5	7.019 7	6.732 7	6.463 2	6.209 8	5.971 3	5.746 6	5.534 8
9	8.566 0	8.162 2	7.786 1	7.435 3	7.107 8	6.801 7	6.515 2	6.246 9	5.995 2
10	9.471 3	8.982 6	8.530 2	8.110 9	7.721 7	7.360 1	7.023 6	6.710 1	6.417 7
11	10.367 6	9.786 8	9.252 6	8.760 5	8.306 4	7.886 9	7.498 7	7.139 0	6.805 2
12	11.255 1	10.575 3	9.954 0	9.385 1	8.863 3	8.383 8	7.942 7	7.536 1	7.160 7
13	12.133 7	11.348 4	10.635 0	9.985 6	9.393 6	8.852 7	8.357 7	7.903 8	7.486 9
14	13.003 7	12.106 2	11.296 1	10.563 1	9.898 6	9.295 0	8.745 5	8.244 2	7.786 2
15	13.865 1	12.849 3	11.937 9	11.118 4	10.379 7	9.712 2	9.107 9	8.559 5	8.060 7
16	14.717 9	13.577 7	12.561 1	11.652 3	10.837 8	10.105 9	9.446 6	8.851 4	8.312 6
17	15.562 3	14.291 9	13.166 1	12.165 7	11.274 1	10.477 3	9.763 2	9.121 6	8.543 6
18	16.398 3	14.992 0	13.753 5	12.689 6	11.689 6	10.827 6	10.059 1	9.371 9	8.755 6
19	17.226 0	15.678 5	14.323 8	13.133 9	12.085 3	11.158 1	10.335 6	9.603 6	8.960 1
20	18.045 6	16.351 4	14.877 5	13.590 3	12.462 2	11.469 9	10.594 0	9.818 1	9.128 5
21	18.857 0	17.011 2	15.415 0	14.029 2	12.821 2	11.764 1	10.835 5	10.016 8	9.292 2
22	19.660 4	17.658 0	15.936 9	14.451 1	13.163 0	12.041 6	11.061 2	10.200 7	9.442 4
23	20.455 8	18.292 2	16.443 6	14.856 8	13.488 6	12.303 4	11.272 2	10.371 1	9.580 2
24	21.243 4	18.913 9	16.935 5	15.247 0	13.798 6	12.550 4	11.469 3	10.528 8	9.706 6
25	22.023 2	19.523 5	17.413 1	15.622 1	14.093 9	12.783 4	11.653 6	10.674 8	9.822 6
26	22.795 2	20.121 0	17.876 8	15.982 8	14.375 2	13.003 2	11.825 8	10.810 0	9.929 0
27	23.559 6	20.705 9	18.327 0	16.329 6	14.643 0	13.210 5	11.986 7	10.935 2	10.026 6
28	24.316 4	21.281 3	18.764 1	16.663 1	14.898 1	13.406 2	12.137 1	11.051 1	10.116 1
29	25.065 8	21.844 4	19.188 5	16.983 7	15.141 1	13.590 7	12.277 7	11.158 4	10.198 3
30	25.807 7	22.396 5	19.600 4	17.292 0	15.372 5	13.764 8	12.409 0	11.257 8	10.273 7
35	29.408 6	24.998 6	21.487 2	18.664 6	16.374 2	14.498 2	12.947 7	11.654 6	10.566 8
40	32.834 7	27.355 5	23.114 8	19.792 8	17.159 1	15.046 3	13.331 7	11.924 6	10.757 4
45	36.094 5	29.490 2	24.518 7	20.720 0	17.774 1	15.455 8	13.605 5	12.108 4	10.881 2
50	39.196 1	31.423 6	25.729 8	21.482 2	18.255 9	15.761 9	13.800 7	12.233 5	10.961 7
55	42.147 2	33.174 8	26.774 4	22.108 6	18.633 5	15.990 5	13.939 9	12.318 6	11.014 0

附录　资金时间价值系数表

续表

期数	10%	12%	14%	15%	16%	18%	20%	24%	28%	32%
1	0.909 1	0.892 9	0.877 2	0.869 6	0.862 1	0.847 5	0.833 3	0.806 5	0.781 3	0.757 6
2	1.735 5	1.690 1	1.646 7	1.625 7	1.605 2	1.565 6	1.527 8	1.456 8	1.391 6	1.331 5
3	2.486 9	2.401 8	2.321 6	2.283 2	2.245 9	2.174 3	2.106 5	1.981 3	1.868 4	1.766 3
4	3.169 9	3.037 3	2.917 3	2.855 0	2.798 2	2.690 1	2.588 7	2.404 3	2.241 0	2.095 7
5	3.790 8	3.604 8	3.433 1	3.352 2	3.274 3	3.127 2	2.990 6	2.745 4	2.532 0	2.345 2
6	4.355 3	4.111 4	3.888 7	3.784 5	3.684 7	3.497 6	3.325 5	3.020 5	2.759 4	2.534 2
7	4.868 4	4.563 8	4.288 2	4.160 4	4.038 6	3.811 5	3.604 6	3.242 3	2.937 0	2.677 5
8	5.334 9	4.967 6	4.638 9	4.487 3	4.343 6	4.077 6	3.837 2	3.421 2	3.075 8	2.786 0
9	5.759 0	5.328 2	4.916 4	4.771 6	4.606 5	4.303 0	4.031 0	3.565 5	3.184 2	2.868 1
10	6.144 6	5.650 2	5.216 1	5.018 8	4.833 2	4.494 1	4.192 5	3.681 9	3.268 9	2.930 4
11	6.495 1	5.937 7	5.452 7	5.233 7	5.028 6	4.656 0	4.327 1	3.775 7	3.335 1	2.977 6
12	6.813 7	6.194 4	5.660 3	5.420 6	5.197 1	4.793 2	4.439 2	3.851 4	3.386 8	3.013 3
13	7.103 4	6.423 5	5.842 4	5.583 1	5.342 3	4.909 5	4.532 7	3.912 4	3.427 2	3.040 4
14	7.366 7	6.628 2	6.002 1	5.724 5	5.467 5	5.008 1	4.610 6	3.961 6	3.458 7	3.060 9
15	7.606 1	6.810 9	6.142 2	5.847 4	5.575 5	5.091 6	4.675 5	4.001 3	3.483 4	3.076 4
16	7.823 7	6.974 0	6.265 1	5.954 2	5.668 5	5.162 4	4.729 6	4.033 3	3.502 6	3.088 2
17	8.021 6	7.119 6	6.372 9	6.047 2	5.748 7	5.222 3	4.774 6	4.059 1	3.517 7	3.097 1
18	8.021 6	7.249 7	6.467 4	6.128 0	5.817 8	5.273 2	4.812 2	4.079 9	3.529 4	3.103 9
19	8.364 9	7.365 8	6.550 4	6.198 2	5.877 5	5.316 2	4.843 5	4.096 7	3.538 6	3.109 0
20	8.513 6	7.469 4	6.623 1	6.259 3	5.928 8	5.352 7	4.869 6	4.110 3	3.545 8	3.112 9
21	8.648 7	7.562 0	6.687 0	6.312 5	5.973 1	5.383 7	4.891 3	4.121 2	3.551 4	3.115 8
22	8.771 5	7.644 6	6.742 9	6.358 7	6.011 3	5.409 9	4.909 4	4.130 2	3.555 8	3.118 0
23	8.883 2	7.718 4	6.792 1	6.398 8	6.044 2	5.342 1	4.924 5	4.137 1	3.559 2	3.119 7
24	8.984 7	7.784 3	6.835 1	6.433 8	6.072 6	5.450 9	4.937 1	4.142 8	3.561 9	3.121 0
25	9.077 0	7.843 1	6.872 9	6.464 1	6.097 1	5.466 9	4.947 6	4.147 4	3.564 0	3.122 0
26	9.160 9	7.895 7	6.906 1	6.490 6	6.118 2	5.480 4	4.956 3	4.151 1	3.565 6	3.122 7
27	9.237 2	7.942 6	6.935 2	6.513 5	6.136 4	5.491 9	4.963 6	4.154 2	3.566 9	3.123 3
28	9.306 6	7.984 4	6.960 7	6.533 5	6.152 0	5.501 6	4.969 7	4.156 6	3.567 9	3.123 7
29	9.369 6	8.021 8	6.983 0	6.550 9	6.165 6	5.509 8	4.974 7	4.158 5	3.568 7	3.124 0
30	9.426 9	8.055 2	7.002 7	6.566 0	6.177 2	5.516 6	4.978 9	4.160 1	3.569 3	3.124 2
35	9.644 2	8.175 5	7.070 0	6.616 6	6.215 3	5.538 6	4.991 5	4.164 4	3.570 8	3.124 8
40	9.779 1	8.243 8	7.105 0	6.641 8	6.233 5	5.548 2	4.996 6	4.165 9	3.571 2	3.125 0
45	9.862 8	8.282 5	7.123 2	6.654 3	6.242 1	5.552 3	4.998 6	4.166 4	3.571 4	3.125 0
50	9.914 8	8.304 5	7.132 7	6.660 5	6.246 3	5.554 1	4.999 5	4.166 6	3.571 4	3.125 0

参 考 文 献

[1] 财政部会计资格评价中心. 财务管理[M]. 北京：中国财政经济出版社，2007.
[2] 孔德兰. 财务管理实务[M]. 北京：高等教育出版社，2008.
[3] 汤谷良. 财务管理案例[M]. 北京：北京大学出版社，2007.
[4] 中国注册会计师协会. 财务成本管理[M]. 北京：经济科学出版社，2009.
[5] 财政部企业司.《企业财务通则》解读[M]. 北京：中国财政经济出版社，2007.
[6] 宋秋萍. 财务管理实训教程[M]. 北京：中国财政经济出版社，2006.
[7] 张玉英. 财务管理[M]. 北京：高等教育出版社，2008.
[8] 邹敏，吴英姿. 财务管理实务[M]. 北京：清华大学出版社，2010.
[9] 孙德风，解建秀. 财务管理项目化教程[M]. 北京：冶金工业出版社，2010.
[10] 刘春华，宋永鹏. 财务管理实务[M]. 北京：中国人民大学出版社，2010.
[11] 曹惠民. 全国会计专业技术资格考试习题集[M]. 上海：立信会计出版社，2006.
[12] 张鸣. 财务管理学习题与案例[M]. 上海：上海财经大学出版社，2006.
[13] 涂必胜. 财务管理学习题集[M]. 上海：立信会计出版社，2005.
[14] 靳磊. 财务管理基础[M]. 北京：高等教育出版社，2007.
[15] 施金影. 财务分析[M]. 北京：高等教育出版社，2008.

北京大学出版社第六事业部高职高专经管教材书目

本系列教材的特色：

1. 能力本位。以学生为主体，让学生看了就能会，学了就能用；以教师为主导，授人以渔；以项目为载体，将技能与知识充分结合。

2. 内容创新。内容选取机动、灵活，适当融入新技术、新规范、新理念；既体现自我教改成果，又吸收他人先进经验；保持一定前瞻性，又避免盲目超前。

3. 精编案例。案例短小精悍，能佐证知识内容；案例内容新颖，表达当前信息；案例以国内中小企业典型事实为主，适合高职学生阅读。

4. 巧设实训。实训环节真实可行，实训任务明确，实训目标清晰，实训内容详细，实训考核全面，切实提高能力。

5. 注重立体化。既强调教材内在的立体化，从方便学生学习的角度考虑，搭建易学易教的优质的纸质平台，又强调教材外在的立体化，以立体化精品教材为构建目标，网上提供完备的教学资源。

财务会计系列

序号	书名	书号	版次	定价	出版时间	主编
1	财务活动管理	978-7-5655-0162-3	1-2	26	2013年1月	石兰东
2	财务管理	978-7-301-17843-0	1-2	35	2013年1月	林琳，蔡伟新
3	财务管理	978-7-5655-0328-3	1-2	29	2013年7月	翟其红
4	财务管理教程与实训	978-7-5038-4837-7	1-3	37	2009年11月	张红，景云霞
5	财务管理实务教程	978-7-301-21945-4	1-1	30	2013年2月	包忠明，何彦
6	中小企业财务管理教程	978-7-301-19936-7	1-2	28	2014年1月	周兵
7	财务会计（第2版）	978-7-81117-975-6	2-1	32	2010年3月	李哲
8	财务会计	978-7-5655-0117-3	1-1	40	2011年1月	张双兰，李桂梅
9	财务会计	978-7-301-20951-6	1-1	32	2012年7月	张严心，金敬辉
10	财务会计实务	978-7-301-22005-4	1-1	36	2013年1月	管玲芳
11	Excel财务管理应用	978-7-5655-0358-0	1-2	33	2013年5月	陈立稳
12	Excel在财务和管理中的应用	978-7-301-22264-5	1-1	33	2013年3月	陈跃安，张建成，袁淑清，刘啸尘
13	会计基本技能	978-7-5655-0067-1	1-3	26	2012年9月	高东升，王立新
14	会计基础实务	978-7-301-21145-8	1-1	27	2012年8月	刘素菊，潘素琼
15	会计基础实训	978-7-301-19964-0	1-2	29	2012年1月	刘春才
16	会计英语	978-7-5038-5012-7	1-2	28	2009年8月	杨洪
17	企业会计基础	978-7-301-20460-3	1-1	33	2012年4月	徐炳炎
18	基础会计	978-7-5655-0062-6	1-1	28	2010年8月	常美
19	基础会计教程	978-7-81117-753-4	1-1	30	2009年7月	侯颖
20	基础会计教程与实训（第2版）	978-7-301-16075-6	2-2	30	2013年1月	李洁，付强
21	基础会计教程与实训	978-7-5038-4845-2	1-5	28	2010年8月	李洁，王美玲
22	基础会计实训教程	978-7-5038-5017-2	1-3	20	2011年6月	王桂梅
23	基础会计原理与实务	978-7-5038-4849-0	1-1	28	2009年8月	侯旭华
24	成本费用核算	978-7-5655-0165-4	1-2	27	2012年9月	王磊
25	成本会计	978-7-5655-0130-2	1-1	25	2010年12月	陈东领
26	成本会计	978-7-301-21561-6	1-1	27	2012年11月	潘素琼
27	成本会计	978-7-301-19409-6	1-2	24	2012年11月	徐亚明，吴雯雯
28	成本会计	978-7-81117-592-9	1-3	28	2012年7月	李桂梅
29	成本会计实务	978-7-301-19308-2	1-1	36	2011年8月	王书果，李凤英

序号	书名	书号	版次	定价	出版时间	主编
30	成本会计实训教程	978-7-81117-542-4	1-4	23	2013年1月	贺英莲
31	会计电算化实用教程	978-7-5038-4853-7	1-1	28	2008年2月	张耀武，卢云峰
32	会计电算化实用教程（第2版）	978-7-301-09400-6	2-1	20	2008年6月	刘东辉
33	会计电算化项目教程	978-7-301-22104-4	1-1	34	2013年2月	亓文会，亓凤华
34	电算会计综合实习	978-7-301-21096-3	1-1	38	2012年8月	陈立稳，陈健
35	审计学原理与实务	978-7-5038-4843-8	1-2	32	2010年7月	马西牛，杨印山
36	审计业务操作	978-7-5655-0171-5	1-2	30	2013年1月	涂申清
37	审计业务操作全程实训教程	978-7-5655-0259-0	1-3	26	2012年4月	涂申清
38	实用统计基础与案例	978-7-301-20409-2	1-2	35	2013年7月	黄彬红
39	统计基础理论与实务	978-7-301-22862-3	1-1	34	2013年7月	康燕燕，刘红英
40	统计学基础	978-7-81117-756-5	1-2	30	2011年1月	阮红伟
41	统计学原理	978-7-301-21924-9	1-1	36	2013年1月	吴思莹，刑小博
42	统计学原理	978-7-81117-825-8	1-3	25	2011年11月	廖江平，刘登辉
43	统计学原理与实务	978-7-5038-4836-0	1-5	26	2010年7月	姜长文
44	管理会计	978-7-301-22822-7	1-1	34	2013年7月	王红珠，邵敬浩
45	预算会计	978-7-301-20440-5	1-1	39	2012年5月	冯萍
46	行业特殊业务核算	978-7-301-18204-8	1-1	30	2010年12月	余浩，肖秋莲

相关教学资源如电子课件、电子教材、习题答案等可以登录www.pup6.com下载或在线阅读。

扑六知识网（www.pup6.com）有海量的相关教学资源和电子教材供阅读及下载（包括北京大学出版社第六事业部的相关资源），同时欢迎您将教学课件、视频、教案、素材、习题、试卷、辅导材料、课改成果、设计作品、论文等教学资源上传到pup6.com，与全国高校师生分享您的教学成就与经验，并可自由设定价格，知识也能创造财富。具体情况请登录网站查询。

如您需要免费纸质样书用于教学，欢迎登录第六事业部门户网（www.pup6.cn）填表申请，并欢迎在线登记选题以到北京大学出版社来出版您的大作，也可下载相关表格填写后发到我们的邮箱，我们将及时与您取得联系并做好全方位的服务。

扑六知识网将打造成全国最大的教育资源共享平台，欢迎您的加入——让知识有价值，让教学无界限，让学习更轻松。

联系方式：010-62750667，sywat716@126.com、36021738@qq.com 或 linzhangbo@126.com，欢迎来电来信咨询。